Verena Kast

Neid und Eifersucht

Die Herausforderung durch unangenehme Gefühle

Walter-Verlag Zürich und Düsseldorf

Die Deutsche Bibliothek – CIP-Einheitsaufnahme

Kast, Verena:
Neid und Eifersucht : die Herausforderung durch unangenehme Gefühle / Verena Kast. – Zürich ; Düsseldorf : Walter, 1996
ISBN 3-530-40007-6

3. Auflage 1996
Satz: Jung Satzcentrum GmbH, Lahnau
Druck und Verarbeitung: Lengericher Handelsdruckerei, Lengerich
Printed in Germany
ISBN 3-530-40007-6

Inhalt

Danksagung 9

NEID

Einleitung

Das Gefühl des Neides 13
Auf der Suche nach dem eigenen Neid 15
Ein ganz alltägliches Beispiel vom Umgang mit Neid 16
Was ist Neid? 19
Neidauslöser 25
Der körperliche Ausdruck von Neid 28
Die Interaktion zwischen Neiderregenden und Neidenden 30
  Die bewundernden Neider und Neiderinnen 31
  Die ambivalenten Neiderinnen und Neider 33
  Aggressive Neiderinnen und Neider 35
  Aggressionsgehemmte destruktive Neiderinnen und Neider . . . 39
Die Reaktion auf den aggressiven und den aggressionsgehemmten destruktiven Ausdruck von Neid 41
Das Entwerten 43
Der Neid und das Selbstkonzept 44
Womit hängen diese verschiedenen Formen des Neidens zusammen? 46
Das unbewußte Schuldgefühl der Neiderreger und Neiderregerinnen 49
Identifikation mit dem Angreifer: Der Umgang mit den importierten Schuldgefühlen 51
Das Vermeiden von Neid 54
Wie mit den Neidern und Neiderinnen also umgehen? 55
Der böse Blick 56

Spezielle Neiderreger 60
Ansätze zur Neidbewältigung 63
Beschwichtigungsmodelle 64
Modelle, die eher die Selbstverwirklichung stimulieren 65
Modelle, die die Gesellschaft verändern wollen 66

Neidbiographien

Der verdeckte Neider 69
Die offene Neiderin 80
Der Vergleich 87

Theorien zur Entstehung des Neides

Melanie Kleins Theorie der Neidentstehung 93
Die gute Mutterbrust und die Aggression 93
Die gute Brust wird böse 94
Die Entwicklung einer Beziehung zum ganzen Objekt 95
Der «normale» frühkindliche Abwehrmechanismus der Spaltung 95
Durch Neid gestörter Prozeß der «normalen» Spaltung 96
Neid und Gier 97
Neid und Kreativität 97
Kritiken an Melanie Kleins Theorie 98
Die paranoid-schizoide Position und die depressive Position 100
Die projektive Identifizierung 103
Die drei Phasen der projektiven Identifizierung nach Odgen . 104
Neid und Ganzheit 106
Heilung von Neid 108
Melanie Kleins Theorie in einem größeren Zusammenhang gesehen 108

Der Neid auf sich selbst

Das neidische Traum-Ich 111
Ein maskierter Neidkonflikt 114
Offen neidisch 115
Der zu erschließende Neid 118

Der Neid in der Therapie

Gibt es Wege aus der Sackgasse? 127

Geschwisterrivalität und Neid

Die loyale Akzeptanz 138
Die konstruktive Dialektik 139
Die destruktive Dialektik 140
Die polarisierte Ablehnung 142
De-Identifizierung oder die verleugnete Beziehung 143
Die Neidgeschichte der Eltern 146
Das auserwählte Kind, der Neid und die Eifersucht 149

EIFERSUCHT

Einleitung

Was ist Eifersucht? 157
Der Umgang mit diesem Gefühl 160
Von der Schwierigkeit, sich zu Eifersucht zu bekennen 161
Die ganz normale Eifersucht 166

Themen im Rahmen der Eifersucht

Die Angst, verlassen zu werden 168
Die narzißtische Kränkung 168
Trennungswünsche 171
Der Rivale, die Rivalin 172
Beispiel für eine aufstörende Funktion
der konkurrierenden Eifersucht 176
Sein statt Haben 182
Schuldgefühle 186

Schlußgedanken 191

Anmerkungen 193
Literatur 199
Register 202

Danksagung

Ich möchte an dieser Stelle allen Menschen danken, die es mir ermöglicht haben, Einblick in die Dynamik des Neides zu gewinnen, insbesondere den Menschen, die mir erlaubt haben, Teile ihrer Geschichte darzustellen, aber auch den Teilnehmerinnen und Teilnehmern an meinem Seminar über Neid, die viele mir auch entferntere Gesichtspunkte eingebracht haben.

Ich bedanke mich bei Frau Marianne Schiess für ihre sorgfältige Lektorierung.

Viele meiner Einsichten verdanke ich dem Standardwerk zum Thema Neid von Helmut Schoeck *Der Neid und die Gesellschaft*.

Neid

Einleitung

Sind Sie auch von so vielen offen und verborgen neidischen Menschen umgeben? Finden Sie das auch so lästig und ungerecht? Denn nicht wahr – neidisch sind nicht wir, neidisch sind die anderen. Und es ist sehr unangenehm, daß Menschen neidisch sind. Warum können die einem nie gönnen, was man erworben, glücklich erhalten oder sich ergattert, vielleicht auch hart erarbeitet hat? Wenn es schon einmal Anlaß zur Freude gibt, warum müssen so viele einem immer statt dessen die Freude verderben? Und das nicht offen und ehrlich, sondern so verquer, hinten herum?

Spricht man mit Menschen über Neid, dann sieht es fast so aus, als wären wir mehrheitlich Neiderregerinnen und Neiderreger – und selten Neiderinnen und Neider. Ist dem wirklich so?

Das Gefühl des Neides

Das Gefühl des Neides ist ein sehr unangenehmes Gefühl. Wenn wir den Stich des Neides in uns spüren oder wenn wir ganz und gar von Gefühlen des Neides überschwemmt werden, dann fühlen wir uns nicht gut, wir fühlen uns dann auf jeden Fall in der «schlechteren Position», haben die Überzeugung, im Vergleich mit anderen ganz ungerechtfertigterweise schlechter wegzukommen, ohne eine Möglichkeit zu haben, dies in irgendeiner Weise zu ändern. Wir fühlen uns verletzt in unserem Selbstwertgefühl. Zugegeben oder nicht, wir geraten aus unserer Selbstwertbalance, wir müssen unseren Selbstwert neu regulieren. In der Folge der Kränkung werden wir ärgerlich, wütend, destruktiv, aber nicht etwa offen, sondern heimlich. Ist es da ein Wunder, daß wir uns dazu entschließen, unseren Neid zu verleugnen, die anderen Menschen für neidisch zu halten, den Neid also auf die anderen Menschen zu projizieren?

Neidisch zu sein ist überdies verpönt, neidisch hat man nicht zu sein. Neid ist eines der abgelehnten, der verachteten Gefühle. Es gibt viel Angst vor Neid. Von Kant stammt der Satz: «Der Neid gehört zur abscheulichen Familie der Undankbarkeit und der Schadenfreude.»[1] Kant benennt hier das emotionale Umfeld, in dem er den Neid ansiedelt: Bei der Undankbarkeit und der Schadenfreude. Wer möchte schon ein so «abscheuliches» Gefühl haben, geschweige denn vor anderen Menschen auch noch dazu stehen? Damit würde man ja zu einer doppelten Häßlichkeit stehen: Als Habenichts – man müßte nicht neiden, wäre man selbst in der Position des besitzenden Menschen – und als Mensch, der derart häßliche Gefühle hat.

Und dennoch ist es außerordentlich wichtig, daß wir dem Neid auf die Spur kommen. Denn Neidgefühle sind – zwar meistens maskiert – ungeheuer aggressive Gefühle; sie sind Angriffe auf unser eigenes Selbstwertgefühl und auf das Selbstwertgefühl anderer Menschen. Wird unser Selbstwertgefühl aber ständig angegriffen, dann sind wir viel weniger kreativ, als wir es sein könnten, sind viel weniger kompetent im Umgang mit dem alltäglichen Leben; wir sind viel unzufriedener, als wir es sein könnten, und wir reagieren leichter mit Feindseligkeit, möglicherweise mit Gewalt.

Jedes Gefühl hat aber auch eine Funktion in unserem psychischen Haushalt, hat einen Sinn. Welchen Sinn also hat der lästige, verpönte Neid? Wenn wir neidisch sind, dann begehren wir etwas, was der andere oder die andere vermeintlich oder wirklich hat, kann, ist, bekommt; und wir sind sicher, daß wir das nicht haben, nicht sind, nicht bekommen können – und daß das letztlich ungerecht ist. Im Gefühl des Neides drücken sich gleichzeitig ein Begehren und ein Wunsch aus, verbunden mit der Überzeugung, daß wir nicht bekommen können, was wir begehren. Das Gefühl des Neides signalisiert uns, anders ausgedrückt, daß wir nicht mehr einverstanden sind mit uns selbst. Entweder müssen wir nun mehr aus unserem Leben machen, oder wir müssen die Vorstellung von uns selbst verändern, diese der Realität besser anpassen oder aber die Realität verändern.

Das Gefühl des Neides ist nicht nur ein Angriff auf unseren Selbstwert, es hat auch für die längerfristige Regulierung unseres Selbstkonzepts eine außerordentlich wichtige Funktion. Es zwingt uns immer wieder, uns mit der Frage, was wir aus unserem Leben machen, was von unseren Talenten wir realisieren, aber auch, ob wir uns noch selber richtig wahrnehmen, auseinanderzusetzen. Wir können es uns also nicht leisten, den Neid weiter auf «die andern» zu projizieren. Wir berauben uns eines Regulativs im Selbstwertsystem und werden dadurch weniger kompetent im Umgang mit dem Leben, dafür aber um so bereiter zu Haß, Rache und verstecktem destruktivem Verhalten. Wir müssen lernen, produktiver mit dem Gefühl Neid umzugehen. Um das zu können, müssen wir die Äußerungen des Neides bei uns erkennen.

Auf der Suche nach dem eigenen Neid

Weil wir – begreiflicherweise – den Neid verdrängen, ist es gar nicht so einfach, dem eigenen Neid auf die Spur zu kommen. Wir werden also herausfinden müssen, hinter welchen psychischen Phänomenen sich Neid verbergen kann.

Bei plötzlichen, nicht erklärbaren Stimmungsumschwüngen können verdrängte Neidgefühle eine Rolle spielen. Auch in Situationen, in denen Menschen von sich sagen, sie fühlten sich plötzlich so «leer», lohnt es sich, nach Neidgefühlen zu fragen. Gewiß, auch das Verdrängen von anderen Gefühlen, zum Beispiel von Feindseligkeit, kann das Erleben von «Leere» bewirken, dennoch, es lohnt sich, die Frage nach Neid zu stellen. Auch bei «verschobenen» aggressiven Ausbrüchen – Ausbrüchen, bei denen man das Gefühl hat, daß sie eigentlich nicht zu der Situation gehören, die sie ausgelöst hat, ist nach einer gerade noch «bewältigten»

Neidattacke zu fragen, ebenso wenn ein Mensch oder eine Sache global und gründlich entwertet wird.

Ein ganz alltägliches Beispiel vom Umgang mit Neid

Auf einem Fest spielen zwei Männer Klavier. Beide sind um 35, kennen sich, haben teilweise miteinander die gleichen Schulen besucht. Es herrscht eine gute Stimmung, besonders gefällt, daß die beiden abwechselnd Klavier spielen. Der eine hört dann plötzlich abrupt auf, sagt, das sei doch Quatsch, und stellt sich ans Fenster, schaut hinaus. Er zieht sich ganz betont aus der gemeinsamen Unternehmung heraus, wirkt verstimmt. Die Anwesenden reagieren etwas irritiert, der andere spielt aber ruhig weiter – und der Zwischenfall wird kaum wirklich zur Kenntnis genommen.

Was ist in diesem Mann vorgegangen? Er selber sagte von sich, er habe sich plötzlich entleert gefühlt, habe ein Gefühl der großen Langeweile gehabt, es sei ihm einfach plötzlich «zum Kotzen» gewesen. Auf die Frage, was denn dieses Gefühl ausgelöst haben könnte, sagte er, er habe gemerkt, daß das Spiel seines Freundes besser aufgenommen worden sei als seines, sein Kollege habe besser die Bedürfnisse der Anwesenden getroffen, habe mehr Beifall bekommen.

Und dann brach es aus ihm heraus: «Immer bin ich bloß der Zweite. Ich hatte eine solche Wut auf F. [den Kollegen], eine richtige Welle von Wut kam hoch, und ich war beherrscht von dem Gefühl, daß das Leben einfach ungerecht ist. Es gab mir einen Wahnsinnsstich, ich wäre fast ohnmächtig geworden. Da hatte ich – natürlich nur ganz kurzfristig – Phantasien, ihm sein Getränk zu vergiften oder den Klavierdeckel über seine schönen Hände zu hauen. Das fand ich natürlich unannehmbar, sehr primitiv, da stellte ich diese Gefühle ab. Sagte mir, Schluß mit dieser blöden Leiderei. Und dann war ich eben verstimmt, dann wurde mir übel – ich hatte nichts getrunken – und dann: der Gipfel! Da kam doch dieser Kerl zu mir, sagte mir, wie toll wir einander durch unser Spiel stimulieren würden und ob wir jetzt nicht noch zu zweit improvisieren wollten, jetzt seien wir doch eingespielt! Er schien traurig, daß ich nicht mehr spielen wollte, aber das geschah ihm ganz recht!» Und dann fügte er bei: «Wahrscheinlich war er gar nicht traurig, innerlich hat er bestimmt triumphiert.»

Diese Episode kann als alltägliches Beispiel einer Neiddynamik gesehen werden: Das Gefühl des Neides wird als Stich erlebt, es wird verdrängt, und das hat dann eine spezielle, feindselige Wirkung auf einen selbst und auf die Beziehung zu anderen Menschen. Nicht ganz alltäglich an diesem Beispiel ist, daß der Mann so deutlich imstande ist zu schildern, was in ihm vorgegangen ist, und daß er freimütig zu seinen Rachephantasien steht. Neid verlangt nach Rache – nach recht destruktiver Rache hier sogar. Dadurch wäre man dann wieder der Stärkere, hätte den letzten Triumph. Denn immerhin: Das Gift könnte dem Kollegen das Leben kosten, der Klavierdeckel auf den Händen würde zumindest empfindlich schmerzen. Sehr deutlich ist bei dieser Schilderung zu sehen, daß im Moment, als der Mann sich den Neid versagt, der ja auch selbstquälerische Aspekte hat, dieser unangenehme Stimmungsumschwung erfolgt. Es kann also nicht einfach die Lösung sein, den Neid zu unterdrücken.

Der Kollege bietet, möglicherweise unbewußt, einen Ausweg aus der Neidsituation an. Er schlägt eine gemeinsame Unternehmung vor, eine Unternehmung, bei der das Wir-Erleben im Vordergrund steht und weniger die Konkurrenz, bei der aber doch auch ein spielerisches, konstruktives Rivalisieren möglich wäre. Dieser Ausweg kann in unserem Beispiel vom Neidischen nicht angenommen werden, zu intensiv ist in dieser Situation das Gefühl des Neides und die damit verbundene Gewißheit der Unterlegenheit, zu schlecht ist das Selbstwertgefühl. Der Vorschlag, der unter Umständen durchaus hätte dazu führen können, daß der Neid in ein konstruktives Rivalisieren überführt worden wäre, wird im Gegenteil im Sinne des Neides gedeutet: Der leidet so wenig an Neid, daß er einen Vorschlag zur Güte machen kann, der ist so selbstsicher, daß er diesen verrückten Vorschlag machen kann. Letztlich wird er triumphieren. Der Neidische unterschiebt dem Neiderreger den Triumph, den er doch eigentlich für sich haben möchte.

Die auslösende Erfahrung für diese Neiddynamik war folgende: Der Neider hatte wahrgenommen, daß das Spiel seines Kollegen besser aufgenommen wurde. Das mag so sein, ist möglicherweise aber eben seine subjektive Wahrnehmung. In Situationen, die unseren Neid ansprechen, sind wir nicht objektiv: Wir neigen dann dazu, die Leistungen, das Wesen, die Besitztümer der anderen mit einem Vergrößerungsglas zu sehen, unsere eigenen mit einem Verkleinerungsglas. Möglicherweise haben wir hier eine Situation, die sich im Leben des Neiders komplexhaft[2] wiederholt. Sein Ausbruch, er sei immer der Zweite, scheint darauf hinzudeuten. Er hat offenbar in seiner Lebensgeschichte schon öfter erlebt, daß er nicht die Position eingenommen hat, die er – er war Alleinkind – für sich als angemessen betrachtet.

Er kann mit diesem Neid nicht umgehen. Damit umgehen hieße, daß er seinen Neid spürt, daß er spürt, daß er auch haben möchte, was der andere hat, daß er sich aber damit abfindet – es ist, wie es ist –, darüber traurig wird und sich fragt, wo er denn mit sich einverstanden sein kann, wo er seine eigenen Werte hat. Das gelang ihm aber nicht. Er entwickelte destruktive Phantasien, verdrängte diese dann sofort, da er sie nicht mit seinem Bild von sich selbst, mit seinem Selbstkonzept, vereinen konnte, und fühlte sich dabei sehr schlecht. Die Aggression wandte sich also auch gegen ihn selbst, er zog sich zurück, wirkte verstimmt und erreichte mit seinem Verhalten, daß später dieses Fest als das Fest, an dem F. (der Kollege) «unsere ganze Jugendzeit am Klavier hat auferstehen lassen», in Erinnerung blieb. Vom Neider sprach niemand mehr.

Was ist Neid?

In der Emotion, die wir Neid nennen, sind verschiedene Emotionen wirksam, zum Beispiel Trauer, Wut und Haß. Neid ist also ein zusammengesetztes Gefühl; das heißt, daß einzelne der beteiligten emotionellen Komponenten mehr im Vordergrund stehen können. Ich brauche das Wort Emotion als einen Sammelbegriff für Stimmungen, für benennbare Gefühle und für aufwallende Gefühle im Sinne von Affekten.[3] Wir können neidisch gestimmt sein, bereit, alles unter dem Aspekt des Neidens zu sehen. Das sind wir zum Beispiel dann, wenn wir das Gefühl haben, grundsätzlich vom Leben schlecht behandelt zu werden, im Unterschied zu allen anderen, denen es ungerechterweise sowieso so viel besser geht als uns. Diese Stimmungen überfallen uns, wenn wir selbstunsicher sind, unzufrieden mit uns und der Welt.

Wir können aber auch Menschengruppen angehören, die wirklich ausgesprochen schlecht behandelt werden. Sind wir dann neidisch, hat der Neid eine Berechtigung, die Berechtigung, mehr Gerechtigkeit herzustellen.[4]

Das Gefühl des Neides ist dieser benennbare Stich, der uns angesichts einer Leistung, des Aussehens, des Eigentums eines anderen oder einer anderen durchfährt und uns mit Gefühlen der Ungerechtigkeit, der Trauer, des Ärgers, der Unzufriedenheit trifft. Man erlebt einen «Stich von Mißvergnügen» – da, wo man Vergnügen empfinden möchte, man sich also freuen möchte. Mit Neid als einem benennbaren Gefühl können wir in der Regel noch umgehen. Neid kann uns aber auch als ein sehr heftiges, aufwallendes Gefühl, als Affekt, überfallen, so daß nichts mehr in unserem Leben zählt – zumindest für eine gewisse Zeit –, außer dem Beneideten, dem Neid und den Überlegungen, wie man sich von diesem schrecklichen Affekt befreien könnte, was sich dann meistens in Rachephantasien niederschlägt.

Für das Wort Neid brauchen wir gelegentlich auch das Wort Mißgunst. Wenn wir neidisch sind, dann gönnen wir einem Menschen etwas nicht, sind mißgünstig, statt daß wir einem anderen

Menschen das vermeintliche oder das wirkliche Glück gönnen. Das heißt, wir könnten also auch in der Position eines Menschen sein, der eine Gunst vergeben kann, die Gunst, das, was der andere oder die andere hat, zeigt, gestaltet, wohlwollend anzusehen und zu bewerten. Da wird nun der eine oder die andere sagen: «Aber da stimmt etwas nicht. Ich bin nicht grundsätzlich mißgünstig, ich gönne den Menschen durchaus etwas – doch da, wo ich neidisch bin, da geht eben etwas nicht mit rechten Dingen zu, da will ein Mensch bewundert werden für etwas, das ihm oder ihr gar nicht zusteht. Ich möchte auch so unverfroren sein, meine Sachen so schamlos zu präsentieren.» Wo wir in dieser Art zu argumentieren beginnen und wir so sicher sind, daß unsere Empörung berechtigt ist, ist es hochwahrscheinlich, daß Neid von unserer Seite aus im Spiele ist.

Im allgemeinen sind Menschen eher neidisch auf Privilegien als auf Fähigkeiten. Sind wir aber im Gefühl des Neides, dann bereitet es uns verhältnismäßig wenig Mühe, Fähigkeiten als Privilegien darzustellen, damit wäre dann unser Neiden wieder verständlicher. Immerhin, es könnte auch berechtigter Neid sein.

Berechtigter Neid wäre ein Neid, der daraus resultiert, daß die sozialen Unterschiede zu groß sind, der Neid müßte dazu führen, daß diese zu großen Unterschiede aufgehoben werden. So sagt etwa Krüger, der Neid der Frauen auf die Vorteile der Männer sei immer noch zu gering, sonst würden sie etwas verändern.[5] Auch wenn es berechtigten Neid gibt, sind wir auf der Suche nach dem so leicht zu verdrängenden Neid, nach unserer Mißgunst.

Wie schon gesagt, drückt der Ausdruck Mißgunst auch aus, daß wir eine Gunst zu vergeben hätten, die Gunst, Wesen oder Leistung eines anderen Menschen zu akzeptieren. Wer eine Gunst zu vergeben hat, ist ein Gönner, eine Gönnerin, reagiert aus einer Position des Reichtums heraus. Sind wir mißgünstig, dann offenbar aus einer Position der Armut, aus der Position der Zukurzgekommenen. Die Frage nach dem Umgang mit Neid ist also auch die Frage danach, wie wir gönnende Menschen werden.

Ein anderer alter Ausdruck für Neid ist Abgunst. Drückt sich in der Mißgunst das Mißbehagen aus, dann in der Abgunst der Akt, daß wir einem anderen Menschen unsere Gunst absprechen.

Im leider antiquierten Ausdruck Scheelsucht für Neid wird deutlich, daß es eine Voraussetzung für die Entwicklung von Neid ist, daß man auf die anderen Menschen schielt, sich heimlich und süchtig mit den anderen Menschen vergleichen muß. Aus diesem süchtigen Sich-Vergleichen – wobei oft Nichtvergleichbares miteinander verglichen wird – entsteht der Neid. Nun müssen Menschen sich in einem gewissen Rahmen vergleichen, daraus beziehen wir unser Gefühl der Differenz zum anderen und zur anderen. Das wiederum hilft uns, in unserer Identität sicherer zu werden: Indem wir herausfinden, wo wir gleich sind wie andere, wo wir aber auch verschieden sind, finden wir heraus, was unser ureigenes Wesen ausmacht. Das ist nicht möglich ohne den Vergleich. Nun gibt es aber ein ständiges quälendes Vergleichen, das gerade der Versicherung unserer Identität entgegensteht, sie im Gegenteil durch die Entwicklung von heftigem Neid verunsichert.

Diese alten Ausdrücke für Neid tragen schon recht viel zum psychologischen Verständnis bei. Zusammenfassend können wir sagen: Neid ist ein Gefühl, das uns – gelinde gesagt – mit Mißvergnügen erfüllt, das uns aus der Position eines wohlwollenden, dem anderen Menschen auch etwas gönnenden Menschen, aus einer liebevollen Haltung also, herauskatapultiert und uns konfrontiert mit dem Selbstbild eines oder einer Zukurzgekommenen, der oder die in dieser Mangelsituation «sitzen» bleibt. Diese Selbstwahrnehmung wehren wir indessen ab, sie ist zu kränkend, sie würde uns zu sehr entwerten, und das halten wir nicht aus. Statt dessen entziehen wir den anderen Menschen unsere Wertschätzung. Am Grunde des Neides steht aber ein verstohlenes Schielen und damit auch ein geheimes, nichtsdestoweniger süchtiges Vergleichen mit den anderen Menschen – und die verzweifelte Hoffnung, ein anderer oder eine andere werden zu können.

Das «Mißvergnügen», wie der Neid auch genannt wird, ist eine Mischung aus Angst, Gefühlen von Hilflosigkeit und von Ohnmacht, von Ärger, von Feindseligkeit und von Gefühlen der Minderwertigkeit, verbunden mit Gefühlen von – meistens unterdrückter – Trauer. Das Gefühl des Selbstwerts verändert sich dahingehend, daß wir uns zurückgesetzt vorkommen, auch wenn wir es gar nicht sind. Es ist die Kränkung, daß ein anderer Mensch uns überlegen oder zumindest vermeintlich überlegen ist. Es ist die Reaktion darauf, daß wir nicht jederzeit das beste Kind der besten Mutter sind.

Aus diesem Gefühl des Gekränktseins heraus und der damit verbundenen Feindseligkeit und weil konstruktives Rivalisieren nicht möglich zu sein scheint, entsteht der Wunsch, zu vernichten, zu zerstören, ohne daß man einen sichtbaren Vorteil hat – außer daß man nicht mehr neiden muß. Diese Beunruhigung, die der Neid bewirkt, soll aus der Welt geschaffen werden. Und die Aktionen der Zerstörung sollen unsichtbar sein.

Neidisch zu sein heißt also nicht einfach, daß man das, worum man neidet, auch haben möchte, es kann so sein, muß aber nicht. Entweder begehrt man, was Neid erregt hat, oder man möchte, daß es aus der Welt verschwindet, damit es dieses unsinnige Begehren, das nie eine Erfüllung finden wird, gar nicht mehr geben kann. Was Neid erregt, soll nicht mehr vorkommen in meiner Welt, denn was Neid auslöst, beunruhigt, stellt immer auch die Frage an uns, ob wir nicht auch eine andere Frau, ein anderer Mann, ein anderer Mensch sein könnten? Das ist eine beunruhigende Frage. Eine Frage, die alle unsere Arrangements, die wir mit uns selber treffen, um es auch einigermaßen bequem zu haben, in Frage stellt. Und das will der Neid ja auch. Deshalb beneiden wir vorwiegend Menschen, mit denen wir uns in unserer Lebenssituation etwa vergleichen können. Menschen, die sehr herausragen, werden weniger beneidet, sie werden eher bewundert.

Die Emotion Neid ist eine Emotion, die unsere Entwicklung stimulieren will. Entwicklung ist aber immer mit Veränderung, mit Komplikation, mit Arbeit verbunden. Deshalb ist Entwicklung nicht besonders beliebt, auch wenn wir sie durchaus als attraktives Programm im Munde führen. Unser Umgang mit dem Neid zeigt es deutlich: Statt uns herausfordern zu lassen, entwerten wir das Neiderregende, versuchen wir, es zu zerstören, es in seiner Bedeutsamkeit zu beeinträchtigen. Hätten wir Menschen mit dieser Abwehr des Neides Erfolg, gäbe es letztlich nichts Außergewöhnliches mehr auf dieser Welt, es wäre alles nivelliert. Nichts und niemand würde auffallen, niemand würde aus dem Durchschnitt heraustreten, es gäbe keine Größe, weder im Erreichen von Zielen noch im Scheitern.

Nun soll der Neid ja unter anderem letztlich auch dafür sorgen, daß kein Mensch sich über den anderen Menschen erhebt, daß niemand sich herausstellt – das ist sein etwas verborgener gesellschaftlicher Wert. Deshalb werden viele Menschen dahingehend erzogen, ihre Talente nicht zu zeigen, die Freude über ihre Kompetenz nicht auszudrücken oder nur sehr leise, ihr Unglück, aber nie ihr Glück zu formulieren, um nicht Neid zu erregen. Gesprochen wird dann davon, man müsse den Neid der Götter vermeiden. Gemeint ist wohl, daß der Mensch seine Stellung im ganzen Lebensgefüge als Mensch finden soll, sich nicht auf eine Stufe mit den Göttern stellen soll, sich nicht mit den eigenen Größenideen identifizieren soll. Das hat natürlich etwas für sich – die Größenideen werden uns noch zu beschäftigen haben –, dennoch: Ich finde den Neid der Mitmenschen gefährlicher als den Neid der Götter, er wirkt wie verborgene Tretminen. Allerdings – spricht man vom Neid der Götter, dann ist damit auch gemeint, daß neidische Menschen so gefährlich sein können wie Götter. Und früher nahm man ja an, daß Götter auch gefährlich sind.

Um die gefürchtete Neidentwicklung bei den Mitmenschen zu vermeiden, schlägt Nietzsche vor, mit jeder Erfolgsmeldung auch eine Mißerfolgsmeldung zu verknüpfen. Dies soll den Neid der Mitmenschen in Grenzen halten. Es gibt in der Neidliteratur noch mehr solcher Ratschläge, wie man sein Licht unter den Scheffel stellen soll, damit weniger Neid ausgelöst wird. Diese Ratschläge sind alle problematisch, denn sie laufen darauf hinaus, eine Neidentwicklung zu vermeiden. Und: die Vorschläge gehen alle auf Kosten des Neiderregers und der Neiderregerin. Es ist für unser Selbstwertgefühl und ein belastbares Identitätsgefühl wichtig, daß wir die Freude über Gelungenes ausdrücken können, aber auch, daß andere Menschen wahrnehmen, was wir schaffen, was wir tun. Das ist besonders für Kinder sehr wichtig. Erlauben wir uns diese Freude nicht, schmälern wir unser Selbstwertgefühl, damit aber auch unsere Kompetenz, Leben zu gestalten.

Neid hat die Funktion, Herausragendes sichtbar zu machen und zu befragen, Neid hat aber auch die Funktion, sich selber – im Angesicht von Herausragendem – zu befragen. Haben wir wirklich eine besondere Leistung gebracht, oder blasen wir uns bloß auf? Nehmen wir die Herausforderung an, unsere Objekte des Neides und uns selbst zu befragen, dann beginnen wir allenfalls, mit einem Menschen zu rivalisieren.

Rivalität wird auch bezeichnet als aktiver Neid, als tätiger Neid. Das Wort Rivalität kommt vom lateinischen «rivalis» und meint die, die am selben Fluß wohnen, die sich daher abgrenzen, sich aber auch miteinander arrangieren müssen. Wenn wir rivalisieren, dann ziehen wir uns nicht aus Neidgründen zurück, sondern wir kämpfen und entwickeln dabei Seiten von uns selbst. Rivalisieren können wir aber nur, wenn wir in unserem Selbstwert nicht gar so sehr verunsichert oder nicht so sehr verunsicherbar sind. Allerdings ist auch die Rivalität oft noch ganz dem Neidsystem verpflichtet – und da gibt es immer Sieger und Verlierer –, und es ist ein Rivalisieren, das den Namen schon fast nicht mehr verdient. Das Rivalisieren im besten Sinne kann man zum Beispiel bei hervorragend begabten Menschen mit einem guten Selbstwertgefühl sehen, die einander immer wieder Ideen zuspielen, sie weiterentwickeln, durchaus in einem sportlichen Wettstreit, bei dem es aber vor allem darum geht, sich gegenseitig zu stimulieren. Wo es allein um Macht geht, um Größe, um Gewinnen, da ist ein spielerisches Rivalisieren erschwert.

In unserer Gesellschaft hat das Konkurrenzdenken einen festen Platz, die Idee, daß man durch Kooperation mehr erreichen könnte, setzt sich kaum durch. Vielleicht wird sich das in Zukunft ändern, denn immerhin betonen Wissenschaftlerinnen wie Lynn Margulis, daß die heutigen Zellen unseres Körpers ein Ergebnis von Kooperation, nicht von Konkurrenz seien.[6] Unser verbreitetes Konkurrenzdenken könnte auch auf einem falsch verstandenen Darwin beruhen: Zwar stimmt es wohl, daß die Stärksten einer Gattung überleben, es ist aber sehr wahrscheinlich, daß die Stärksten die Kooperativsten und damit auch die Anpassungsfähigsten sind.

In unserem Alltagsdenken spielt die Frage, wer der Beste oder wer die Beste ist, immer noch eine sehr große Rolle, auch wenn sie – außer jeweils in sportlichen Wettkämpfen – nicht abschließend zu beantworten ist. Die Sehnsucht des Menschen, definitiv als auserwählt anerkannt zu sein, scheint doch sehr groß zu sein. Diese ständige, wenn auch verschobene – denn eigentlich ginge es dabei um die Frage nach dem geglückten Leben – Frage nach dem Größten, der Besten ist natürlich geradezu angetan, den Neid anzustacheln. Der Neid, würde man ihn ernst nehmen und nicht aus ihm heraus zerstörerisch werden, würde aber gerade darauf hinzielen, daß jeder Mensch aus sich das Beste macht, aus seinem Leben in etwa das macht, was möglich ist. Menschen, die genügend selbstsicher sind, können kooperativer sein, können besser aus einem Wir-Erleben heraus und aus dem Geist der Teilhabe etwas gestalten.

Neidauslöser

Was uns wertvoll erscheint, was unser Begehren weckt und was wir zunächst faktisch oder vermeintlich nicht haben können, kann Neid auslösen. Hier wird deutlich, wie nah Neid eigentlich bei der Trauer ist! Wenn wir etwas verlieren, das einen Wert dargestellt hat in unserem Leben, dann trauern wir. Und im Trauerprozeß lösen wir uns ab von dem, was wir verloren haben, willigen wiederum ins Leben ein ohne das Wertvolle, das wir verloren haben.[7] Der neidische Mensch versteht es nicht, zu trauern darüber, daß ihm oder ihr etwas fehlt, und weil diese Trauerarbeit nicht geleistet wird, kann auch nicht eine neue Zielrichtung im Sinne eines aktiven Begehrens von etwas, das uns auch erfreuen könnte, sich zeigen und eingeschlagen werden. Man kann Neid sehen als Abwehr von Trauer. Die Fähigkeit zu trauern wäre gefragt, trauern können wir aber nur, wenn wir uns immer wieder auf unser originäres Selbst zurückorganisieren können[8]; können wir das nicht, dann werden wir bei Verlusten depressiv – oder auch neidisch.

Es ist wenig sinnvoll, sich zu fragen, ob man ein großer Neider oder eine große Neiderin ist, es ist sinnvoller, sich zu fragen, in welchen Situationen man neidisch wird und wie sich dieser Neid dann jeweils anfühlt und was er von uns will.

Es gibt Situationen, die neidträchtiger sind als andere. Sichtbare Erfolge können Neid auslösen, das blendende Aussehen eines Menschen, das besondere Wesen eines Menschen – man kann neidisch sein auf das heitere Wesen, man kann aber auch neidisch sein auf das melancholische Wesen eines Menschen. Eine weitere Neidquelle ist das Ansehen, das jemand genießt, oder auch recht oft der Besitz, der materielle – gelegentlich auch der geistige. Die Energie eines Menschen, seine oder ihre Lebenskraft oder Lebenslust kann eine Quelle von Neid sein. Aber auch abstraktere und subjektivere Erfahrungen, wie etwa, daß man einem Menschen zuschreibt, mehr Glück zu haben als man selbst, lösen Neid aus.

Damit diese Unterschiede – die selbstverständlich zwischen den Menschen existieren – Neid auslösen, muß der jeweils so ärgerlich sichtbare, in Frage stehende Wert ein für uns wichtiger, erstrebenswerter Wert sein. Wer keinen Erfolg anstrebt, wird kaum neidisch sein, wenn ein anderer Mensch erfolgreich ist. Auch wer auf einem besonderen Gebiet keinen Erfolg anstrebt, wird in diesem Bereich kein Neider, keine Neiderin – die Frau, die zum Beispiel keine Sängerin sein will, wird nicht neidisch auf den Erfolg von Sängerinnen sein, sie wird im Gegenteil hoffen, daß es viele erfolgreiche Sängerinnen geben wird. Wo ein in Frage stehender Wert für unser Leben nicht attraktiv ist, sind wir normalerweise nicht neidisch, es sei denn, unser Selbstwert ist schon so sehr beeinträchtigt, daß wir grundsätzlich auf alles und alle neidisch sind, der Neid sich also bereits generalisiert hat.

Und: neidisch werden wir dort, wo wir bei einem Vergleich uns und unsere Leistung zum vornherein verloren geben. Wir bewerten uns dann zumindest unbewußt dem fraglichen Wert gegenüber als inferior, als unterlegen, unfähig, bei einer gleichzeitigen zwingenden inneren Verpflichtung, auch so oder besser sein zu müssen. Dieser Widerspruch zwischen innerer Forderung und dem Wissen, daß das nicht gelingt, nicht gelingen wird, ist quälend.

Wird nun das Neidischsein auch noch offensichtlich, so wird der Neider oder die Neiderin noch einmal zurechtgewiesen: «Man» ist nicht neidisch in unserer Gesellschaft, zumindest nicht in einer offenen Weise. Wir wissen sehr genau, daß der Neid uns in Gefahr bringt, gegen die Mitmenschlichkeit zu verstoßen, deshalb wird die Haltung des Neides auch bei anderen Menschen, besonders bei Kindern, getadelt, was dem schon unter Druck geratenen Selbstwertgefühl gerade noch den Rest gibt.

Unsere Identität – und damit unser Selbstsein – ist immer auf Korrigierbarkeit hin angelegt, muß immer wieder neu definiert und akzeptiert werden. Viele Erfahrungen im Alltag labilisieren unser Selbstwertgefühl – einige stärken es aber auch. Wir bleiben zudem oft hinter dem zurück, was wir eigentlich realisieren möchten, ohne uns damit einverstanden zu erklären, ohne unser Selbstkonzept unseren realen Begebenheiten und Möglichkeiten anzupassen.

Der Vergleich mit in unseren Augen Hervorragendem – was ja auch den Reichtum des Lebens ausmachen würde – stellt unser Gewordensein andauernd in Frage. Grund genug also, um immer wieder neidisch zu sein. Neid ist aber ein verpöntes Gefühl, also tun wir so, als hätten wir ihn nicht. Deshalb erfinden wir viele Abwehrstrategien; statt dessen sollten wir Strategien erfinden, die es uns ermöglichen, besser mit dem Neid umzugehen.

Der körperliche Ausdruck von Neid

Wie sehen Menschen aus, die permanent neidisch sind? Sieht man den Neid überhaupt? So wie man Freude sieht, Wut, Angst?

In den Metamorphosen des Ovid[9] wird die Mißgunst, die Invidia, ausführlich beschrieben: Das Dach ihres Hauses ist «umdunkelt von schwarzem Gifthauch», das Haus liegt verborgen in einem Tal, ohne Sonne, ohne Wind, düster, erfüllt von lähmender Kälte,

> «entbehrt immer des Feuers und hat des Nebels immer die Fülle [...] Bleiche haust ihr im Antlitz, am ganzen Leibe ihr Dürre, nie ein gerader Blick, es faulen greulich die Zähne, gallengrün die Brust, die Zunge giftunterlaufen. Lachen ist ihr fremd, es sei denn gelockt durch den Anblick von Schmerzen, Schlafes genießt sie nicht, von wachen Sorgen gestachelt; aber zum Ärger sich sieht sie Erfolge den Menschen beschieden, siecht im Sehen dahin, zernagt und zernagend in einem, ist ihre Marter sich selbst.»

Wenn sie sich auf den Weg macht, um jemanden «mit ihrer Sucht zu impfen», hält sie einen dornigen rankenumwundenen Stab, ist in schwarzes Gewölk verhüllt, wohin sie auch tritt, dörrt sie die Kräuter aus, «versengt die Spitzen des Wachstums [...], verseucht Völker, Städte und Häuser».

Was hier von der Invidia im Extrem geschildert wird, trifft auch, in abgeschwächter Form, auf neidische Menschen zu. Auch sie sind umwölkt, von einer giftigen Düsternis, nicht etwa von einer friedlichen Melancholie, auch ihnen haftet etwas «Verhocktes» an, keine Sonne, keine Wärme, kein Wind, keine Bewegung, ihr Lebensraum ist ein Raum der beharrlichen Düsternis.

Es fehlt das lebendige Leben, die Leidenschaft; denn der Neid schränkt die Vitalität ein. Wir kennen den Ausdruck, daß jemand blaß vor Neid wird. Ein Lebensentwurf, bei dem so sehr kontrolliert werden muß, der so sehr geprägt ist von der Angst, nicht gut genug zu sein, engt unendlich ein, engt auch die Blutgefäße ein – die Blässe ist dann eine der Folgen davon, aber auch die Kälte. Menschen, die einen neidischen Lebensentwurf haben, werden meistens mit der Zeit «spitzig», sie haben zusammengepreßte, dünne Lippen.

Der Neid wird auch als der Fürst der Galle beschrieben, zur Blässe käme also noch die Farbe der Galle. Gelb vor Neid – es ist ein grünliches Gelb gemeint –, damit wird Bezug genommen auf Hippokrates, der dem Element Feuer die gelbe Galle zugeordnet hat, die letztlich in der Temperamentenlehre, die sich immerhin etwa zwei Jahrtausende gehalten hat, dem Temperament des Cholerikers zugeordnet wird. Dem Choleriker, der eine mißmutige Lebensstimmung hat, eine große Unzufriedenheit und Empfindlichkeit, reizbar ist, leicht auf aggressive Affekte anspringt, ohne wirklich Konsequenzen daraus zu ziehen.

Der Neid wird auch mit Gift in Verbindung gebracht, Gift, das den neidischen Menschen selbst vergiftet, Gift aber auch, das die ganze Umwelt vergiftet, bildhaft so wunderschön dargestellt von Ovid, daß die Kräuter verdorren, wo die Invidia hintritt, daß das Wachstum von den Spitzen her zerstört wird – also von außen nach innen –, daß ganze Landstriche verseucht werden.

Die Ausdrucksmerkmale sind beim Neidischen lange nicht so ausgeprägt wie zum Beispiel beim Ängstlichen, der Niederschlag im Körperlichen ist eher verborgen, Probleme mit den Augen, mit den Verdauungsorganen sind in der Regel wenig sichtbar, der Neid äußert sich eher in der atmosphärischen Gestimmtheit, in dieser unfroh-mißmutigen, gereizten Stimmung, die sich wie ein Frost über das eigene Leben und das Leben der anderen legt, vor allem aber über alles, was wachsen möchte.

Beschrieben wird bei Ovid aber auch, wie dieser Neid zernagt und auch zernagend wirkt. Dieses von innen her zernagend Aufgefressenwerden von Neid, dieses Martyrium, wird dargestellt. Keine Ruhe ist möglich – meines Wissens hat man noch nie Schlafstörungen mit Neid in Verbindung gebracht, müßte das aber dringend tun –, keine Freude, es sei denn Schadenfreude: Das weist alles darauf hin, daß der neidische Mensch mit sich zerfallen ist und unendlich viele Lebenskräfte zur Abwehr des Lebendigen einsetzt, sich also immer mehr der Lebenskraft, die er oder sie doch eigentlich so dringend sucht, beraubt.

Die Interaktion zwischen Neiderregenden und Neidenden

Anhand verschiedener Formen des Neidens möchte ich dessen Wirkung auf die Beziehungen und das jeweilige Umgehen damit, also auch die Abwehr davon, herausarbeiten.

Im Gespräch mit Menschen, die etwas an sich haben, das den Neid der Mitmenschen mehr als üblich erregen kann, kommt beim Thema Neid zunächst Empörung über Neider und Neiderinnen zum Ausdruck. Da werden viele Geschichten erzählt, die im Grunde genommen alle etwa die gleiche Botschaft beinhalten: «Wir schaffen, unterhalten, tun mehr, als man eigentlich von uns erwarten könnte, wir tragen zum Wohlbefinden der Menschheit etwas bei. Statt daß wir dafür geliebt, bewundert, anerkannt würden, werden wir beneidet, unfair kritisiert. Auch wenn wir natürlich Anerkennung bekommen, das ‹Beiprodukt Neid› ist unübersehbar.» Sie alle empfanden die Äußerungen des Neides, die ihnen entgegengebracht wurden, als ungerecht, böse, gehässig und destruktiv, lästig. Sie stellten sich fast als so etwas wie «begabte Opfer» dar, die sich für die anderen aufopfern und dafür gestraft werden. Das wurde nicht so verbalisiert, klang aber durch. Die Erfahrung des Neides wurde im Gespräch aber auch sofort umgedeutet, etwa in dem Sinne: «Daß die anderen so neidisch sind, beweist, daß wir gut sind.»

Auf der Verhaltensebene hatte der entgegengebrachte Neid

verschiedene Wirkungen. Einige der Neiderreger und Neiderregerinnen hatten den Eindruck, für die Neider und Neiderinnen zusätzlich etwas tun zu müssen, aus einer wohl grundsätzlich eher depressiven Haltung heraus. Diese Menschen fühlen sich schuldig, daß sie begabter sind, und müssen ihre Schulden bezahlen. Auf der Seite der Neider und Neiderinnen kommt dazu, daß sie ihren Neid oft durch Ansprüchlichkeit, die sich möglicherweise sogar als ansprüchliches Interesse gibt, tarnen.

Andere vertraten den Standpunkt, Neiderinnen und Neider einfach stehen zu lassen, Beziehungen mit ihnen abzubrechen; diese letzteren reagieren aus einer eher aggressiven Grundhaltung heraus auf Ansprüchlichkeiten und versteckte oder offene Boshaftigkeiten von Neidern. Es wurde in den Gesprächen aber auch deutlich, daß es verschiedene Qualitäten von Neid gibt. Ich habe daher eine Unterteilung in bewundernde Neider und Neiderinnen, ambivalente Neider und Neiderinnen, aggressive (giftige, rachsüchtige) Neiderinnen und Neider und aggressionsgehemmte destruktive Neiderinnen und Neider vorgenommen.

Die bewundernden Neider und Neiderinnen

Hier handelt es sich um Menschen, die zu ihrem Neid stehen können. Sie spüren den Neid und können offen sagen, daß sie jetzt jemanden um etwas beneiden. «Du hast ein Buch geschrieben, das ich am liebsten selbst geschrieben hätte!» «Du hast wieder einmal dein sprichwörtliches Glück, soviel Glück im Leben möchte ich auch einmal haben!» Diese Menschen gehen mit ihrem Neid so um, daß sie das im Zeichen des Neides stehende Werk, das Glück, die Leistung bewundern, diese gerade in ihrem Wert stehen und erstehen lassen, und nur aus einer gewissen Übertreibung des Idealisierens kann man erschließen, daß Neid auch abgewehrt wird.

Diese Neiderinnen und Neider lösen in der Regel Freude aus, sie drücken Begeisterung aus, Wertschätzung – und das ist für jeden Menschen, der gerade eine Energieleistung oder eine Konzentrationsleistung gebracht hat, nährend. Sehr oft wird vom bewundernden Menschen auch der eigene Neid mit angesprochen, eher scherzhaft, obenhin. Man spricht in der Folge über die Sache, es wird weiter weder geneidet noch bewundert, gelegentlich bahnen sich aus solchen bewundernden Neidinteraktionen Beziehungen an. Denn sind wir befreundet mit Menschen, die hervorragende Leistungen bringen oder etwas sehr Schönes geschaffen haben, ist es viel einfacher, nicht oder nur wenig zu neiden – man hat durch die Beziehung in einem gewissen Sinne Anteil an dieser Leistung, man kann an ihr teilhaben. Durch die Teilhabe haben wir eine Möglichkeit, mit Neid umzugehen. Miteinander taucht man ein in die Fülle der Lebensmöglichkeiten, die sich gerade in diesem hervorragenden Werk zeigen und die es erlauben, Anteil an dem Reichtum des Lebens zu haben.[10]

Diese bewundernden Neiderinnen und Neider suchen von sich aus die Teilhabe, entweder über die Sache, über Beziehung oder allenfalls auch über eine Hilfeleistung. Es gelingt ihnen dadurch, sich produktiv mit dem Neid auseinanderzusetzen. Sie können sich zum Beispiel fragen, was der aufkeimende Neid ihnen sagen wollte, spüren aber auch – mit Genugtuung –, daß sie den Neid überwunden haben, daß sie die angemessene Wertschätzung einem anderen Menschen oder einem Werk gegenüber haben können. Sie verbessern ihr Selbstwertgefühl durch die Überwindung der Neidhaltung, fühlen sich als Gönnende und als solche reich. Von diesen Menschen, die nicht frei von Neid sind, aber auch nicht so neidisch, daß sie zerstören müssen um jeden Preis, kann man lernen, wie man mit Neid produktiv umgehen kann. Sie lassen den Neid zu, nehmen ihn wahr, erleben ihn aber als Herausforderung, als Beunruhigung auch, die in der Regel ausgedrückt werden und in die Frage münden: Sollte ich vielleicht auch mehr aus meinem Leben machen? Die Neidbewältigung geschieht durch die Teilhabe an den Neiderregern und Neiderregerinnen, was zum einen ein Gefühl der Zugehörigkeit schafft, andererseits aber auch den Eindruck vermittelt, dazuzugehören – die Distanz zu denen, die Neid erregen, ist verringert. Diese Neidenden müssen nicht in der Mißgunst bleiben, sie können diese in Gunst umwandeln, und sie wissen von sich in Situationen, in denen sie auch schmerzlicher neiden, daß sie es normalerweise schaffen, sich aus dieser Situation der Armut in eine der reichmachenden Teilhabe zu bewegen.

Deshalb ist es auch so, daß Freundschaft dazu führt, einander weniger zu neiden. In der Freundschaft gewährt man einander ein hohes Maß an Teilhabe. In einer Umfrage unter Frauen hat es sich aber auch herausgestellt, daß Frauen diejenigen Freundinnen als ihre besten Freundinnen bezeichnen, die am wenigsten neiden oder die über ihren Neid sprechen können.[11]

Die ambivalenten Neiderinnen und Neider

Ambivalenz bedeutet, daß zwei verschiedene Bewertungen der gleichen Situation in uns miteinander im Streit liegen: im Falle von Neid der Wunsch, nicht zu neiden, eine Leistung stehen lassen zu können, sie vielleicht zu bewundern, und die Neidreaktion mit der damit verbundenen Tendenz zu entwerten, vielleicht gar zu zerstören. Ambivalente Neiderinnen und Neider machen Komplimente mit Spitzen: «Du hast außergewöhnlich schön gesungen, es ist mir richtig unter die Haut gegangen, du mußt sehr viel geübt haben, daß dir das gelungen ist.» Mehrdeutige Sätze wie: «Du hast den Neid verdient» lassen bei den Neiderregenden eine gewisse Hilflosigkeit aufkommen. Hat man nun die Bewunderung verdient oder wirklich den Neid? Die Bewunderung oder die ganzen Nachteile des Beneidetwerdens?

Bewußt versuchen diese ambivalenten Neiderinnen und Neider, den Neid zu kontrollieren, ihre Neidreaktion – auch vor sich selbst – zu verbergen. Bewußt wollen auch sie Anteil haben und Anteil nehmen an dem, was bei ihnen Neid auslöst, unbewußt aber ist das Gefühl des Neides recht groß. Neiderregerinnen und Neiderreger können diese ambivalenten Neiderinnen und Neider nun in die eine oder in die andere Position hineinstoßen. Nimmt man vor allem die Bewunderung auf, bezieht man sich auf die Bewunderung, dann können neidende Menschen sich auch als «gönnend», als großzügig erleben, als Menschen, die es zulassen, daß ein anderer Mensch etwas kann, was sie auch gerne könnten. Sie fühlen sich dadurch nicht allzu klein und mickrig. Gelegentlich hilft ihnen das sogar, auch den Neidanteil auszudrücken und dadurch die Aufforderung an sich selbst zu sehen, die darin steckt.

Es ist aber viel wahrscheinlicher, daß Neiderreger und Neiderregerinnen auf den verborgenen Neidanteil reagieren, denn solche ambivalenten Komplimente sind verletzend, besonders auch deshalb, weil es falsche Komplimente sind, die letztlich verwirren: Welchen Anteil soll man nun wirklich aufnehmen? Hat man eine Rose bekommen oder eine faule Tomate? – Man hat beides bekommen, und man kann sich nun entweder über die Rose freuen und sich bedanken oder sich über die faule Tomate ärgern und sich beschweren. Reagiert man auf den Neidanteil, dann werden die Neiderinnen und Neider in ihren Neid hineingestoßen, fühlen sich dadurch beschämt und eben neidisch. Sie fühlen sich dadurch zusätzlich auch ausgestoßen.

Ambivalente Neiderinnen und Neider sind sich weniger bewußt über ihre Fähigkeit zu neiden als die bewundernden – und sie sind vor allem aufgewachsen mit der Maxime, daß sie nicht neiden dürfen, daß sie sich unbeliebt machen, wenn sie neiden. Unter diesen ambivalenten Neiderinnen und Neidern finden sich Menschen, die lange unter ihren Neidgefühlen gelitten und an ihnen gearbeitet haben und daher meinen, sie müßten doch jetzt endlich «neidlos» geworden sein. Neidlosigkeit ist aber kein Ideal, ideal ist es, wenn der Neid zugelassen werden kann, er einen aber nicht ganz und gar beherrscht. Die sinnvolle Beunruhigung, die vom Neid ausgeht, kann nur produktiv aufgenommen werden, wenn der Neid zugelassen wird.

Aggressive Neiderinnen und Neider

Aggressive Neiderinnen und Neider sind rachsüchtig, sie wollen verletzen, sie wollen entwerten und tun das auch. Der rachsüchtige Neider, die rachsüchtige Neiderin ist ein Mensch, der oder die aus Neid heraus das Neiderregende entwertet und damit meistens auch den Menschen, der Neid erregt. Diese Entwertungen können auf vielfältige Weise erfolgen, wenn möglich dermaßen gekonnt, daß die Entwertung gar nicht so deutlich wird, der Neiderreger oder die Neiderregerin nur an seiner oder an ihrer plötzlich sich verschlechternden Stimmung spürt, daß etwas Entwertendes in der Luft liegt. Die Aggression erfolgt heimlich – wirkt daher unheimlich und führt bei der Neiderregerin, beim Neiderreger zu einer diffusen Angstspannung. Darin wird die heimliche Macht der aggressiven Neider und Neiderinnen sichtbar.

Eine Sängerin hatte nach der Geburt ihres Kindes erneut einen Auftritt, ein Comeback. Dieses war ein großer Erfolg, die Sängerin wurde mit stürmischer Begeisterung vom Publikum gefeiert. Eine Kollegin, die ebenfalls wegen des Entschlusses, Kinder zu haben, nicht mehr aufgetreten war, traf sie und fragte sie, ob ihr Comeback nicht etwas übereilt gewesen sei. Sie selber wolle sich lieber den Kindern widmen, das könnte sich sonst rächen. Ohne dies weiter auszuführen, begann sie von einer jungen Sängerin zu schwärmen, die eine Nebenrolle sehr gut gesungen hatte. Von der sagte sie, die habe ein «Wahnsinnstalent», eines Tages könnten alle anderen zusammenpacken.

Die Kollegin hat in dieser Situation, die in ihr offenbar sehr viel Neid ausgelöst hat, aggressiv neidisch reagiert: Zunächst spricht sie überhaupt nicht von der Leistung. Sie beurteilt das Verhalten der erfolgreichen Sängerin als «nicht gut», was sich einmal rächen werde. Diese Drohung steht im Raum, ist an sich unpräzise, würde eine Nachfrage erfordern, die die Neiderregerin natürlich – ihr blieb die Luft weg – nicht stellte. Die Neiderin stellt sich mit ihrer Aussage als Stellvertreterin einer Rachegöttin dar. Sie entwertet nicht nur die Leistung der Sängerin, sie stellt auch einen anderen Wert als den erstrebenswerteren hin (länger bei den Kindern bleiben). Das darf sie natürlich für sich gerne so halten, allerdings, wäre sie sich ihres Entschlusses sicher, müßte sie nicht so neidisch werden beim Comeback ihrer Kollegin. Sich selber sieht sie durch dieses Manöver wenigstens als die bessere Mutter. Sie muß für sich den Wert des erneuten Auftretens und damit natürlich auch des großen Risikos, ob sie noch gefällt, ersetzen durch den Wert des Länger-bei-den-Kindern-Bleibens. Dazu kommt die Idealisierung der Nebenrolle. Das ist ein recht bekannter Trick: Man spricht gar nicht über den Neiderreger oder die Neiderregerin, man spricht über einen Menschen im Umfeld, eine Arbeit im Umfeld – und implizit wird dabei der Neiderreger oder die Neiderregerin entwertet, ohne daß ein böses Wort fällt, ohne daß verbal eine Entwertung stattfindet. Das ist auch der Grund, warum «neue Besen» immer wieder gut kehren. Renommierten Menschen gegenüber ist meistens ein großes Neidpotential vorhanden, also bietet es sich an, ein aufstrebendes Talent in den Himmel zu heben. Da aber alle einmal «neue Besen» waren und alle neuen Besen auch alt werden, geht es allen irgendwann gleich.

Eine andere, offener aggressive Form des giftigen Neidens kann man in den übertriebenen Kritiken sehen, die gar keinen guten Faden an einer Sache lassen, Kritiken, die hingebungsvoll etwa nachweisen, daß ein Autor, eine Autorin von Anfang bis Ende nur Unsinn erzählt. Dazu gehört auch das Zerfetzen von Standpunkten in Diskussionen, in denen dem einen oder der anderen klar gemacht wird, daß man so einfach nicht denken kann. Diese Formen der übertriebenen Kritik sind immerhin offen. Dennoch fühlt man sich als Neiderreger oder Neiderregerin verletzt, vergiftet, man fühlt sich nicht gesehen, auch nicht gesehen in dem, was man zu bringen glaubte mit einer Arbeit, man fühlt sich lächerlich gemacht. Es ist ein doppelter Angriff: ein Angriff auf den Selbstwert und auf das Geschaffene. Der Angriff ist von der Art, daß man sich nicht wehren kann – denn wo sollte man beginnen? Den Kritiker, die Kritikerin auf seinen oder ihren Neid hin befragen?

Bei dieser Form des aggressiv entwertenden Neides reagiert der Neiderreger, die Neiderregerin in der Regel auch mit Entwertung, als Abwehr von Scham und Enttäuschung. Bei der offenen Form der aggressiven Entwertung kann man sich darüber beklagen, daß der Kritiker, die Kritikerin zu beschränkt war, um den Inhalt überhaupt einigermaßen richtig aufzunehmen. Bei der verdeckt entwertenden Form erfolgt im allgemeinen eine pauschale Ablehnung, eine pauschale entwertende Beschimpfung. Bei den aggressiven Neidern und Neiderinnen kann man daher meistens nicht mehr eine wohlwollende, bewundernde Seite erkennen und ansprechen.

Das Gefühl des Neides kann von diesen Menschen auch nicht mehr als Herausforderung verstanden werden, selber etwas zu leisten oder ihr Selbstkonzept besser an die Realität und an sich selbst anzupassen. Das Sein und das Schaffen eines anderen Menschen bedroht ihren Selbstwert so sehr, daß sie nur noch entwerten und verleugnen können. Das sind Menschen, die selten produktiv mit Neid umgehen können. Sie kommen aber auch selten dazu, selber etwas zu schaffen, was ihnen wichtig ist, denn sie sind damit beschäftigt, sich mit anderen Menschen zu vergleichen, sich mit ihren eigenen Möglichkeiten von vornherein verloren zu geben und sich daher zu bemitleiden. Sie beschäftigen sich mit den vermeintlichen Erfolgen der anderen statt mit ihren eigenen Möglichkeiten, und sie sind überzeugt davon, daß sie, wären sie nur eines Tages wirklich bereit, wäre die Situation wirklich einmal günstig, etwas zu machen, alle andern in die Tasche stecken würden. Sie können sich aber nicht auf das jetzt und hier ihnen Mögliche konzentrieren. Statt dessen schaffen sie sich eine Größenidee von etwas, das sie leisten könnten, wenn…, und an dieser illusionären Größenidee werden dann auch die Leistungen der anderen Menschen gemessen, und daran gemessen haben natürlich diese auch keinen Bestand. Solche Größenideen sind selbst von den beneideten Menschen nicht einzulösen; der eigene Selbstwert des Neiders oder der Neiderin ist also durch die übertriebene Kritik vorübergehend stabilisiert, allerdings durch eine latente Forderung, die diesen Menschen sehr einengen, einschnüren wird in der Zukunft. Die Sängerkollegin in unserem Beispiel glaubt, daß sich ihr Bei-den-Kindern-Bleiben später auszahlen wird. Diese Größenidee ist besonders gefährlich, weil die Erfüllung davon nicht nur von ihr allein abhängt. Wehe, wenn es sich nicht auszahlen sollte oder nicht in der Münze, in der sie es sich vorstellt.

Eine andere Form der Stabilisierung des Selbstwerts verläuft über destruktive Phantasien, über Rachephantasien. Diese kreisen um die Ideen, was beneideten Menschen alles angetan werden könnte, damit sie in dem, worum sie beneidet werden, gehemmt werden. Dahin gehört etwa die – natürlich ganz selten geäußerte – Phantasie, bei einem Schnellauf dem vor einem laufenden Menschen mit einem gezielten Schritt den Laufschuh auszuziehen. Diese Phantasie kann auch symbolisch verstanden und daher von Menschen gepflegt werden, die an sich nichts mit Schnellauf im wörtlichen Sinn zu tun haben. Noch lieber als sich selbst zu rächen, hoffen Neider und Neiderinnen auf das Schicksal. Sie sind außerordentlich begabt zur Schadenfreude.[12] Sie freuen sich auch dann noch, klammheimlich oder öffentlich, wenn den von ihnen beneideten Menschen wirklich schlimme Dinge zustoßen wie ernsthafte Krankheiten oder Unfälle. Dieses Thema war vor allem Schopenhauer wichtig. Er sagt folgendes über die verborgene Rache:

> «Daher ist sein [des Neiders, VK] einziger Wunsch, Rache an seinem Gegenstand zu nehmen. Hierbei nun aber befindet er sich in der unglücklichen Lage, daß alle seine Schläge machtlos fallen, sobald an den Tag kommt, daß sie von ihm ausgegangen sind. Daher also versteckt er sich so sorgsam wie die geheimen Wollustsünden, und wird nun ein unerschöpflicher Erfinder von Listen, Schlichen und Kniffen, sich zu verhüllen und zu maskieren, um ungesehn seinen Gegenstand zu verwunden.»[13]

Was Schopenhauer hier geschrieben hat, trifft das Phänomen eines bestimmten Umgangs mit Neid recht präzis. Der Haß, der im Neid steckt, verlangt nach Rache. Diese wiederum darf aber nicht offensichtlich sein, sonst wäre ja der Neider oder die Neiderin entlarvt, und das wäre eine weitere Kränkung. Die heimlichen Rachephantasien, zu denen der Neider oder die Neiderin nicht stehen darf, die verdrängt werden müssen, schwächen das Selbstwertgefühl dieser Menschen noch zusätzlich, denn je weiter wir entfernt sind von unseren wahren Gefühlen, um so unechter sind wir, um so weiter entfernt von uns selbst, und das hat einen direkten Einfluß auf unser Selbsterleben. Den Neiderregern und Neiderregerinnen indessen sind diese heimlichen Phantasien unheimlich, sie sind beunruhigend, da nicht faßbar, dennoch ahnbar und wecken natürliche paranoide Phantasien, Phantasien des – nicht wirklich zu verifizierenden – Verfolgtwerdens oder des Bedrohtseins. Neiderregerinnen und -erreger haben deshalb die Tendenz zu verstecken, was Neid erregen könnte, was eine Dämpfung ihres Selbstwertgefühls bewirken kann.

Aggressionsgehemmte destruktive Neiderinnen und Neider

Diese Neiderinnen und Neider sind zwar sehr neidisch, aber sie schweigen. Sie tun so, als wäre überhaupt nichts Besonderes geschehen, nichts, was der Erwähnung wert wäre. Wir haben es hier mit einer blanken Verleugnung zu tun. Diese Neidenden geben Menschen, die zum Beispiel eine besondere Leistung erbracht haben, das Gefühl, etwas ganz und gar Alltägliches, sogar etwas Belangloses gemacht zu haben, das Mindeste, was man eigentlich von dieser Person erwarten konnte. Die Bedeutung dessen, was Neid erregt hat, wird damit vernichtet.

Die schon erwähnte Sängerin, die ihr erfolgreiches Comeback feierte, wurde an einem der auf das Konzert folgenden Tage von einem Kollegen angerufen. Sie war begierig, von ihm, dem Fachmann, zu erfahren, wie er es denn gefunden hatte, erwartete auch, daß er sie aus diesem Grunde anrief, und war voll – auch etwas ängstlicher – Erwartung. Dieser Kollege erwähnte das Konzert mit keinem Wort, sondern erkundigte sich nach der Kinderärztin der Sängerin, denn er brauche dringend eine gute Kinderärztin. Sie gab ihm Auskunft, daran schloß sich ein Gespräch über Babypuder an, und zuletzt wurde besprochen, ob die Kinder einmal gemeinsam spielen könnten. Kein Wort über das Konzert, und die Sängerin hatte nicht den Mut, danach zu fragen. Sie fühlte sich innerlich sehr einsam, ausgenützt und hatte das Bedürfnis, sich abzuwenden, weil alle diese Menschen eigentlich nichts über sie wissen wollten. Und allmählich machte sich in ihr eine diffuse Angst breit, sie fragte sich, was denn eigentlich alle die Menschen von ihrer Leistung dächten, die nichts darüber sagten. Sie fragte sich, ob das Publikum vielleicht gar nicht begeistert gewesen sei, sie es sich nur eingebildet hätte, die Kritik in der Zeitung von einem ihr besonders wohl gesinnten Menschen geschrieben, sie in Tat und Wahrheit aber eine Katastrophe gewesen sei und es bloß niemand wage, es ihr ehrlich zu sagen. Die Sängerin wurde sehr unsicher über ihre Leistung, sie reagierte fast paranoid, und zwar deshalb, weil das Gift der verleugnenden Neider kaum sichtbar ist und dieses Verleugnen auch dergestalt kommunikationsverschließend wirken kann, daß eine Rückfrage nicht mehr möglich zu sein scheint. Auch der nicht geäußerte Neid ist ein Angriff auf das Selbstwertgefühl des Neiderregers oder der Neiderregerin. Die Sängerin rief dann von sich aus Kolleginnen und Kollegen an, von denen sie den Eindruck hatte, daß sie weniger neidgeplagt waren, und bekam auch professionelle Reaktionen auf ihr Comeback, die durchaus ermutigend ausfielen.

Die verleugnenden Neider und Neiderinnen geben mit ihrem Verleugnen zum Ausdruck, daß eigentlich nur auf der Welt sein dürfte, was sie selber geschaffen haben oder wozu sie zumindest ihre Zustimmung gegeben haben. Es ist eine ungeheuer grandiose Forderung an sich selbst, und spätestens hier wird deutlich: Wer so verdeckt destruktiv neidisch mit Menschen umgeht, steckt selber in einem ungeheuren Würgegriff von Anforderungen, die er oder sie nicht erfüllen kann.

Die Reaktion auf den aggressiven und den aggressionsgehemmten destruktiven Ausdruck von Neid

Der Neid der anderen verdirbt – zumindest vorübergehend – die Freude an der Leistung[14], ihr Mitfreuen würde stimulieren. Nun lassen sich Neiderregerinnen und Neiderreger nicht einfach hemmen durch den Neid der andern – auch wenn diese es vielleicht gerne möchten. Öfter weckt deren Neid den Trotz: Jetzt erst recht! Auch das ist ein Verhalten im Dienste der Selbstwertregulierung: Zweifel an unserer Kompetenz oder Kreativität kann als Herausforderung verstanden werden, diese zu beweisen.

Dennoch, die Freude über etwas Gelungenes kann durch den aggressiv destruktiv geäußerten Neid getrübt sein. Das ist insofern von einer gewissen Wichtigkeit, als die Beeinträchtigung der Freude das Selbstwertgefühl schwächt, wodurch die Ichaktivität eine Einbuße erleiden kann. Gehen wir von der Idee aus, daß es gut ist, wenn Menschen aktiv und kreativ sein können, gehen wir zusätzlich von der Idee aus, daß ein gutes Selbstwertgefühl die Voraussetzung dafür ist, daß Menschen weniger gewalttätig sein müssen, dann sind auch diese Freudenhemmer – so gering sie zu sein scheinen – von großer Wichtigkeit. Neiderregerinnen und Neiderreger empfinden das Zerstören ihrer Freude als höchst ungerecht. Entweder haben sie in ihrer eigenen Wahrnehmung etwas Besonderes geleistet, das Anerkennung verdient, oder aber sie werden um etwas beneidet, für das sie nichts können – etwa für Schönheit –, weshalb sie auch nicht verstehen, warum sie bestraft werden müssen. Es gibt schöpferische Menschen, denen dieses Hemmen der Freude ihre Arbeit sehr erschwert, ihnen gerade den Elan raubt, den sie eigentlich haben müßten, um kreativ zu sein.

Der giftige Neid löst Angst aus im Neiderreger, in der Neiderregerin, Angst, daß diese Neider bloß darauf warten, daß sie einmal in einer Situation stecken, in der sie ein gutes Wort bräuchten und in der der Neider oder die Neiderin dann statt dessen etwas Schädigendes tun, zum entscheidenden Schlag ansetzen könnte. Es ist die – wohl berechtigte – Angst vor Rache, Angst davor, daß Neider und Neiderinnen versuchen, die Schwachstellen aufzuspüren und sie hemmungslos ins Rampenlicht zu zerren, möglichst heimlich noch dazu. Das ist etwas, was sehr häufig geschieht, bedenken wir, wie oft zum Beispiel die Schwachstellen – oder das, was man dafür hält – von Prominenten gesucht, aufgebauscht und ausgeschlachtet werden! Es ist die Angst vor dem oder der wenig Besitzenden, und es ist die Rache der in dieser Situation Besitzlosen, die ganz vergessen, daß in anderen Situationen sie selber die Besitzenden sind, den gleichen Mechanismen also ausgesetzt.

Eine Entwicklung zur Teilhabe hin ist nicht mehr möglich, beide Parteien schotten sich voneinander ab. Eine Folge davon ist eine Art von Geiz: Neiderreger und Neiderregerinnen sprechen nicht mehr über ihre Ideen, weil sie Angst vor dem giftigen Neid haben. Damit setzt eine große Verarmung der Gespräche ein: Von Dingen, die einem wichtig sind, spricht man nicht mehr, denn entweder werden einem die Ideen geklaut, oder man erntet Neid. Neider und Neiderinnen sind dort, wo sie neiden – und vielleicht nicht nur dort –, eh geizig. Sie wollen nichts weggeben, denn sie sind ja schon Zukurzgekommene. Und ihnen gibt ja auch niemand etwas. Damit stellt sich ihnen die Frage nicht, ob sie überhaupt etwas wegzugeben hätten.

Der Vorteil des aggressiven, giftigen Neides ist, daß das Gift deutlich zu spüren ist, daß man sich nicht fragen muß, ob man da etwas hineinprojiziert. – Aber das Leben ist vergiftet. Diese Aggressionsgehemmten, die das Neiderregende totschweigen, verbreiten eine große Irritation. Neiderreger und Neiderregerin bemühen sich oft, doch noch eine Reaktion zu bekommen, wenn auch mit wenig Erfolg. Da sie häufig auch auf Provokationen keine Antwort bekommen, geben sie schließlich auf, legen ihrerseits Distanz zu diesen Menschen, geben diese Menschen in ihrer Bedeutung für sie auf. Allenfalls ist dieses Aufgeben mit Verachtung und Entwertung verbunden, allenfalls auch mit Selbstzweifeln in dem Sinne, ob man auch richtig wahrgenommen hat.

Das Entwerten

Unter all den Strategien, die die Neidischen entwickeln, spielt die früher erwähnte Entwertung des anderen Menschen eine große Rolle. Durch sie kann das eigene Ich beruhigt werden: «Was regst du dich so auf, was der kann, ist doch nichts Besonderes, im Gegenteil, eigentlich ziemlich banal...» Dieses Entwerten kann sich auf eine Leistung eines Menschen beziehen, kann sich aber auch auf den Menschen selbst beziehen (was er gemacht hat, ist ja ganz gut, aber er ist eine so kaputte Person, eine so neurotische Person...). Und: das Entwerten kann zu einer generellen Haltung dem Leben gegenüber werden. Da leben dann Menschen plötzlich in einer Welt, in der nie etwas besonders ist, in der nie etwas wirklich schön ist, interessant, neu, aufregend. Es ist dann alles belanglos. Sie selber und ihr Leben verfallen in der Folge auch der Belanglosigkeit. Was vor Neid schützen sollte, bringt letztlich doch die große Leere.

Das Entwerten ist ein destruktiver Akt. Wir Menschen sind so «gebaut», daß wir für das, was wir tun, auch eine gewisse Wertschätzung brauchen. Ganz ohne narzißtische Zufuhr kann kein Mensch leben. Diese versichert uns in unserem Selbstwertgefühl und gibt uns die Energie, die wir brauchen, um weiter aktiv zu sein, etwas zu wagen, etwas zu tun. Das bedeutet natürlich nicht, daß wir ständig gelobt werden müssen, aber es wäre gut, würde eine Leistung, die wir als solche empfinden, von einigen Menschen wenigstens in gewissem Maße auch «objektiv» anerkannt. Die schleichende Entwertung – gegen eine offene könnte man sich viel besser zur Wehr setzen – unterminiert das Selbstwertgefühl und vermindert den Gestaltungswillen – außer bei den Menschen, die sich trotzig und kraftvoll dagegen absetzen. Aber auch sie sind angewiesen auf Menschen, die das, was sie tun, wertschätzen.

Der Neid und das Selbstkonzept

Die Qualität des Neides hängt damit zusammen, wie unser Selbstwertgefühl und unser Gefühl der Identität habituell und in der jeweiligen Situation sind. Das Gefühl unserer Identität und unseres Selbstwertes hängen einerseits damit zusammen, wie die Struktur unserer grundlegenden Komplexe ist, ob uns Teilhabe gestattet wurde oder nicht, aber auch, wie weit wir uns altersgemäß von Vater- und Mutterkomplexen abgelöst haben[15], wie weit es uns gelungen ist, altersgemäße Autonomie und Bindungsfähigkeit zu erreichen. Das Gefühl des Selbstwerts und der Identität sind aber auch von der jeweiligen Lebenssituation und von äußeren glückhaften oder traumatischen Ereignissen abhängig. In Umbruchsituationen haben wir ein weniger sicheres Gefühl von uns selbst, tendieren also auch dazu, eher neidisch zu reagieren als sonst. So beklagen sich viele Menschen in Trauersituationen, daß sie nun auch noch neidisch seien auf die Menschen, die keinen Verlust zu verarbeiten hätten, und überhaupt grundsätzlich eher neidisch seien als sonst. In solchen Situationen kann uns gerade der Neid zeigen, was zu verwirklichen in unserem Leben anstünde.

Es kann aber grundsätzlich gesagt werden: Je autonomer Menschen sind, je bewußter sie gleichzeitig auch bezogen sind auf Mitmenschen und je besser sie sie selbst sein, sich selbst akzeptieren können, um so eher können sie mit auftauchendem Neid produktiv umgehen.

Fromm sagt in diesem Zusammenhang, Neid stamme aus der fehlenden Selbstliebe.[16] Er weist sowohl auf das schlechte Selbstwertgefühl und das problematische Selbstkonzept neidischer Menschen als auf die psychologische Brutstätte des Neides hin. Sein Gedankengang ist der folgende: Menschen, die nicht fähig sind, sich selbst zu lieben, sind selbstsüchtig. Sie sind süchtig darauf, auf die eigenen Kosten zu kommen, sie haben Angst, zu kurz zu kommen. Die Angst, nicht genug zu bekommen, läßt sie nach den anderen Menschen schielen, und es entwickelt sich dann ein brennender Neid auf die Menschen, die als Mehrhabende erkannt werden. Selbstsüchtig, so schließt Fromm, sind Menschen, die sich selber nicht leiden können und die nichts dagegen unternehmen, die nichts tun, um sich selber besser akzeptieren zu können. Der Selbstsüchtige ist ständig mit sich selbst beschäftigt, er ist unsicher, unbefriedigt. Fromm sieht das als Folge davon, daß der oder die Betreffende sich selbst nicht lieben kann. Er meint weiter, in unserer Gesellschaft spräche man andauernd von Selbstverwirklichung und Selbstakzeptanz, aber letztlich betreffe dies nur den Intellekt und die Willenskraft. Er postuliert also – und das etwa 1941 –, daß wir eigentlich, sprechen wir von Selbstverwirklichung, oft nur die Segmente meinen, deren Entwicklung gesellschaftlich von uns erwartet und auch honoriert wird. Alle anderen Segmente, die auch Anteile unseres Selbst sind und die zum Teil ebenfalls verwirklicht werden müßten, damit wir unser «wahres» Selbst erleben könnten, werden trotz des Appells an die Selbstverwirklichung verdrängt. Diese Argumentation von Fromm ist heute noch bedenkenswert, etwa dann, wenn gewissen Therapieformen vorgeworfen wird, sie würden Seiten der Menschen entwickeln, die nichts «nützen» (Differenzierung der Gefühle).

Selbstsüchtig und damit anfällig für Neid und Geiz werden wir dann, wenn wir zu wenig von dem, was wirklich zu unserem Leben gehört, auch wirklich leben, wenn wir zu wenig unser originäres Selbst entwickeln. Die damit verbundene Unsicherheit in der eigenen Identität bewirkt eine Labilität im Selbstwerterleben. Zu unserem wahren Selbst zu finden, wird aber unter anderem dadurch verhindert, daß unser Ichkomplex noch zu sehr identifiziert ist entweder mit einem ursprünglich negativen Mutterkomplex oder einem ursprünglich negativen Vaterkomplex[17] und daß wir im Zusammenhang damit zu sehr beeinflußt sind von dem, was gesellschaftlich von uns erwartet wird.

In der Selbstsucht steckenzubleiben, würde also heißen, nicht das Entwicklungsstadium zu erreichen, in dem es möglich ist, sich ungeachtet dessen, was die Eltern sagen oder gesagt haben oder was die Gesellschaft sagt oder gesagt hat, das Recht darauf und die Verantwortung dafür herauszunehmen, das zu verwirklichen, was einem persönlich das Wichtigste ist im Leben – selbstverständlich in der Verbundenheit mit den anderen Menschen.

Womit hängen diese verschiedenen Formen des Neidens zusammen?

Es ist immer wieder deutlich geworden, daß wir angesichts eines anderen Menschen, der etwas hat, kann, bekommt, ein plötzliches, schmerzhaftes Begehren spüren, das, was uns aus unserer Ruhe aufstört, auch zu bekommen oder es zumindest unsichtbar zu machen, damit es unser vergebliches Begehren nicht mehr wecken kann. Denn durch dieses Begehren spüren wir einen Mangel bei uns, wir vergleichen uns mit anderen und stehen unter dem Eindruck, ungerechterweise zu kurz zu kommen. Unser Selbstwertgefühl kann dadurch von einem Moment zum anderen verunsichert sein: Wir fühlen uns zurückversetzt, gelähmt – und spüren gleichzeitig die Notwendigkeit, mindestens so gut, so erfolgreich sein zu müssen wie andere.

So besehen kann man die Gefühle des Neides und die daraus resultierenden Phantasien und Verhaltensweisen bereits als eine Abwehr der Kränkung verstehen, durch die Wahrnehmung von etwas, das wir auch begehren. Der plötzlich und heftig erlebte Mangel bewirkt eine grundsätzliche Unzufriedenheit mit uns selbst, ein Zerfallensein mit uns selbst, eine Wut auf uns selbst, auf die eigene «Erbärmlichkeit». Diese Wut wird dann auf Neiderregerinnen und Neiderreger gelenkt, erbärmlich sind diese, nicht wir Neiderinnen und Neider.

Die Qualität des Neidens hängt also wesentlich vom Gefühl des Selbstwerts und vom damit verbundenen Gefühl des Selbstseins, der Identität, ab. Und zwar davon, wie diese Gefühle habituell, im Laufe des Lebens, geworden sind, aber auch wie die jeweilige aktuelle Lebenssituation sich darstellt. Je autonomer wir sein können und je besser wir auch in Beziehungen vernetzt sind, je besser wir unser originäres Selbst oder unser wahres Selbst leben können, um so gefestigter ist unser Selbstwertgefühl, um so realistischer und wohlwollender unser Selbstkonzept, um so weniger müssen wir destruktiv neiden.

Die Konzepte über das, was zu einem mehr originären Selbst führt, sind je nach Theorie verschieden, treffen sich aber dennoch im Hauptanliegen: Verantwortung für sich selbst übernehmen zu wollen und zu können, brachliegende Seiten an sich selbst zu entwickeln und zu integrieren. Fromm spricht von der Selbstliebe, die vor allem über die Selbstakzeptanz zu erreichen ist und die anstelle der Selbstsucht steht, die zu Neidreaktionen geradezu herausfordert. Über diese Selbstakzeptanz, die im wesentlichen darin besteht, sich selbst zu erkennen und sich auch in seiner Begrenztheit – dennoch als Mensch, der sich entwickeln kann – zu akzeptieren, sich mit sich selbst als Werdendem oder als Werdender einverstanden zu erklären. Das führt zu immer mehr Selbstsein und letztlich dazu, daß man – nach Fromm – geboren wird, bevor man stirbt.[18] In der Jungschen Terminologie ginge es im wesentlichen um Individuation, darum, in der Auseinandersetzung zwischen Bewußtsein und Unbewußtem die zu werden oder der zu werden, die oder der man letztlich ist.[19] Ein wesentlicher Aspekt davon ist die altersgemäße Ablösung aus Vater- und Mutterkomplexen.[20]

Neiderreger und Neiderregerinnen erinnern uns daran, daß es Elemente des Selbst gibt, die zu realisieren wichtig wären für die Entwicklung unseres wahren Selbst. Gestehen wir uns den Neid ein, dann kann sich langsam, in der Auseinandersetzung mit dem

Neiderregenden, herauskristallisieren, welcher Selbstanteil bei uns zur Entwicklung ansteht. Können wir diese Anteile entwikkeln, werden wir weniger selbstsüchtig, werden wir in der Folge auch weniger neidisch.

Es geht keineswegs darum, das Beneidete einfach zu kopieren und in unser Leben zu übertragen. Neiderreger und Neiderregerinnen können durchaus auch Menschen sein, die besonders gut die Werte verkörpern, die in einer Gesellschaft angestrebt werden. Diese Werte müssen nicht notwendigerweise zu unserem wahren Selbst gehören, der Neid auf solche Werte kann uns aber darauf hinweisen, daß wir gerne besser integriert und angesehen wären. Der Neid würde uns dann zeigen, daß «Dazugehören» für uns ein großer Wert ist. Und dafür läßt sich ja – ohne daß die Seele dabei verkauft werden muß – etwas tun.

Neiderreger und Neiderregerinnen können uns aber auch darauf hinweisen, daß wir unser Selbstkonzept überdenken müssen, daß unsere Ideale zum Beispiel nicht mit den realen Möglichkeiten übereinstimmen oder daß unsere Vorstellungen, die aus der Kompensation eines problematischen Selbstwertgefühls entstanden sind, uns in einen Zirkel des Versagens vor uns selbst hineinführen. Sie können uns auch darauf hinweisen, daß diese Kompensationen, die zur Gewohnheit geworden sind, gar nicht mehr notwendig sind, weil unser Selbstwert unterdessen viel besser geworden ist.

Neiderreger und Neiderregerinnen wären also auf jeden Fall eine Herausforderung zu mehr Selbstverwirklichung – wir könnten ihnen dankbar sein. Weil wir diese Herausforderung aber über die Erfahrung eines Mangels erleben, werden wir dann, wenn wir Mängel nicht als etwas verstehen, was verändert werden kann, mit Feindseligkeit reagieren. Was uns da als eigentlich erstrebenswert entgegentritt, muß entwertet werden. Weil nicht wir es in die Welt gesetzt haben, wird es als etwas hingestellt, was «eigentlich nicht sein sollte», als etwas Falsches, etwas Ärgerliches. Das aber und die versteckten aggressiven Reaktionen aus dieser Situation heraus erlebt der Neiderreger oder die Neiderregerin als Angriff auf seinen beziehungsweise ihren Selbstwert. Statt Bestätigung erleben sie Mißbilligung – oder falsches Lob. Der Prozeß des Neidens, mit der gegenseitigen Einwirkung von Neidenden und Beneideten, strapaziert den Selbstwert von beiden, Angst und Aggression begleiten diese Situationen. Mit dieser Selbstwertproblematik gehen Neider und Neiderinnen anders um als Neiderreger und Neiderregerinnen.

Das unbewußte Schuldgefühl der Neiderreger und Neiderregerinnen

Neider und Neiderinnen geben also den Neiderregerinnen und Neiderregern das Gefühl, etwas gemacht zu haben oder etwas darzustellen, was zu verurteilen ist. Ihre feindselige, rachsüchtige Gesinnung zeigt deutlich, daß etwas nicht in Ordnung ist. Nun teilt aber der Neiderreger oder die Neiderregerin dieses Gefühl in keiner Weise. Er oder sie hat etwas geschaffen, oft unter großen Mühen – die allerdings von Neidern und Neiderinnen nicht gesehen werden, diese sehen das Ergebnis, nicht den Weg – und meistens auch gar nicht nur für sich selbst, das eigentlich Bewunderung oder zumindest Anerkennung verdienen würde. Hier entsteht nun ein großer gefühlsmäßiger Widerspruch: Für etwas, das an sich «sehr in Ordnung» ist, bekommt der Neiderreger oder die Neiderregerin die Rückmeldung – selten direkt, aber durch das emotionale Verhalten einiger Mitmenschen unmißverständlich ausgedrückt –, daß das, was er oder sie macht, für die anderen Menschen ganz und gar nicht in Ordnung ist, zumindest wird das Beneidete in Frage gestellt. Das macht ratlos – und strapaziert auch das Selbstwertgefühl des Neiderregers oder der Neiderregerin.

Die Reaktionen auf diese Infragestellung hin sind verschieden: Es werden Gefühle des Mißvergnügens wach, eine heimliche, unheimlich säuerliche, aggressive Stimmung macht sich breit, und gerade weil die entgegenschlagende Mißstimmung nicht eindeutig auszumachen ist, kann sie zu einem generalisierten Mißtrauen führen, auch zu einer generalisierten Neiderwartung samt der damit verbundenen Abwehr. Kommt noch dazu, daß die eigene Neidaggression projiziert wird – Neiderreger und Neiderregerinnen sind ja in anderen Situationen ebenfalls Neider und Neiderinnen und fühlen sich dann als Opfer. Als Folge können sie sich zurückziehen in die Einsamkeit, auf der mitmenschlichen Ebene den Menschen grundsätzlich mit Mißtrauen begegnen und verbittert werden.

Aus dieser Lebenssituation heraus ist es ihnen oft nicht mehr möglich, das zu schaffen, was sie eigentlich schaffen könnten, oder es gelingt ihnen nicht mehr, das Geschaffene auch unter die Menschen zu bringen. Das bedeutet aber, daß ihr Selbstwertgefühl immer schlechter wird, sie sich noch mehr zurückziehen und sich allenfalls noch als «verkannte Künstler» verstehen. Ich sage damit nicht, daß es nicht wirklich verkannte Künstler gibt, sondern ich weise darauf hin, daß die Neiddynamik dazu führen kann, daß Menschen, die mit etwas Bestätigung durchaus ihren Weg machen würden, diesen nicht mehr machen können.

Es gibt aber auch andere Reaktionen: etwa die Trotzreaktion, die darin besteht, daß Neiderreger und Neiderregerinnen erst recht etwas schaffen, erst recht zeigen, was sie erreichen können – was ihnen dann wiederum geneidet wird –, vielleicht etwas selbstkritischer als zuvor, aber mit der vitalen Überzeugung, sich nicht durch den Neid der anderen das eigene Leben beeinträchtigen lassen zu müssen.

Eine weitere Reaktion auf die Neiderfahrung ist die Identifikation mit den Angreifern. Diese kann sich darin äußern, daß die Neiderreger oder die Neiderregerinnen dieses Schuldig-gesprochen-Werden selbst übernehmen. Sie fühlen sich dann schuldig und müssen etwas dagegen unternehmen, oder sie entwerten die eigene Leistung oder sie überbewerten sie – als Abwehr der Entwertung, wie es die Neider und Neiderinnen heimlich oder offen auch tun.

Identifikation mit dem Angreifer: Der Umgang mit den importierten Schuldgefühlen

Diese Schuldgefühle müssen der Neiderregerin oder dem Neiderreger nicht bewußt sein, denn sie sind für ihr eigenes Erleben nicht schuldig geworden. Sie haben ja sowieso nur die Wahl, entweder schuldig sich selbst gegenüber zu werden, indem sie ihr Potential nicht ausschöpfen, oder schuldig gesprochen zu werden, wenn sie sich über den Durchschnitt der Menschheit erheben. Diese introjizierten Schuldgefühle können sich zum Beispiel in Wiedergutmachungsstrategien zeigen, etwa darin, daß Neiderregerinnen und Neiderreger sich besonders hilfsbereit zeigen, «freiwillig» irgendeine Fron auf sich nehmen, zum Beispiel Interviews geben, die sie gar nicht geben wollen, um irgend etwas «Böses», das sie aber überhaupt nicht als solches erkennen und benennen können, auszugleichen. Wenn wir Schuldgefühle haben, sind wir der Überzeugung, in irgendeiner Weise Schulden bezahlen zu müssen als Wiedergutmachung.

Neider und Neiderinnen rechnen mit dieser Bereitschaft, haben geradezu die Gewißheit, sie hätten das Recht, vom Neiderreger oder von der Neiderregerin etwas Besonderes zu fordern. In den Schulbiographien von begabten Kindern hört man immer wieder, daß sie die anderen abschreiben ließen, gelegentlich sogar Arbeiten für die weniger Begabten übernahmen. Das sollte an sich den Neid der weniger Begabten beschwichtigen, tut es aber nicht – oder nur vorübergehend –, denn in dieser Geste zeigt sich der Begabte ja gerade als der Mensch, der mehr zu vergeben hat. Neiderreger und Neiderregerinnen verstehen das jedoch aus ihrer Psychologie heraus nicht. Sie sind identifiziert mit dem Lebensgefühl der Fülle.

Diese latenten Schuldgefühle können primär mit den Neiderinnen und Neidern zu tun haben, etwa dadurch verursacht sein, daß diese deutlich ihre Unzufriedenheit signalisieren, signalisieren, daß sich da ein Mensch in ihren Augen schuldhaft benimmt. Sie können aber auch daher stammen, daß die Neider und Neiderinnen ihre eigenen Schuldgefühle – im Zusammenhang mit der Verantwortung für die eigene Begabung, die sie vielleicht nicht ganz übernehmen – zusätzlich noch dem Neiderreger oder der Neiderregerin delegieren.

Die Schuldgefühle können weiter damit einen Zusammenhang haben, daß in uns Menschen ein Gefühl für Gleichheit angelegt ist: Keiner und keine soll viel mehr haben als ein anderer, eine andere, sei dies Ansehen, Lob, Beachtung oder Geld. Das ist eine der Grundlagen der menschlichen Solidarität. – Das ist aber nur die eine Seite. Auf der anderen Seite sehnen sich die Menschen nach Idealen und schaffen sich immer wieder Idole als Identifikationsfiguren des gelungenen und gelingenden Lebens. Allerdings wecken diese Idole nicht mehr den Neid. Bei den wirklich herausragenden Menschen ist die Distanz zu groß, mit ihnen braucht man sich nicht mehr zu vergleichen – daß es sie gibt, gibt uns das Gefühl, daß Leben gelingen kann, daß es auch etwas Außergewöhnliches im Leben geben kann.

Die latenten Schuldgefühle können aber auch damit zu tun haben, daß Neiderreger und Neiderregerinnen ihren eigenen Neid nicht wahrhaben wollen und ihn verdrängen. Auf diese latenten Schuldgefühle wird nicht nur mit Wiedergutmachungstendenzen reagiert: Man kann auch ärgerlich werden über diese Delegation – denn schuldig bleiben sich doch schließlich die Neider und Neiderinnen selbst etwas, sonst müßten sie nicht neiden –, man kann aggressiv werden, sich entschließen, sich noch weniger vom Neid der anderen beeinträchtigen zu lassen. Unangemessene Forderungen werden als solche hervorgehoben oder abgeschmettert. Es gäbe auch eine ruhige Art, mit dem Neid umzugehen, wissend, daß es keinen vernünftigen Grund für diese Schuldgefühle gibt und keinen Grund für Reaktionen, weder etwas zu tun, wozu man keine Veranlassung hat, noch aggressiv zu werden. Dazu gehört das Wissen darum, daß man Neid erregt, daß es nicht zu vermeiden ist, ja, daß Neid zu erregen – natürlich nicht in einer provozierenden Form – sogar dem Fortgang des Lebens dient. Es gehört auch zu einem realistischen

Selbstkonzept zu akzeptieren, daß man ein Neiderreger oder eine Neiderregerin sein kann.

Das bedeutet aber noch nicht, daß man die Formen des Umgangs mit dem Neid, den die Mitmenschen darbieten, akzeptieren muß. Für das eigene Wohlbefinden ist es sinnvoll, sich mit Menschen zu umgeben, die wenig neiden und die über den Neid auch sprechen können. Dennoch wird jeder Neiderreger deutlich wissen müssen, daß er in einer bestimmten Situation vom «Schicksal» bevorzugt ist. Das ist sehr wichtig zu wissen, denn wir alle sind immer einmal in der Position des Neiderregers oder der Neiderregerin. Wir alle sind – zumindest in den Augen der Mitmenschen – immer auch einmal in einer bevorzugten Position.

Eine andere Form der Identifikation mit dem Angreifer besteht darin, daß man sich selbst und das von einem Geschaffene heimlich entwertet oder es grandios überbewertet. Das heimliche Sich-Entwerten kann sich in einer zu großen Bescheidenheit zeigen. Da erklären Menschen, das, was sie geschaffen hätten, sei ganz «normal», nichts Besonderes, das könnte jeder andere, jede andere auch, wenn er oder sie nur wollte. Möglicherweise erklären sie auch, es könnte alles noch besser sein, wenn...

Mit dieser Entwertung werden sie einerseits schuldig sich selbst gegenüber, denn das Gefühl des sicheren Wertes von sich selbst, von dem, was man kann, hat, ist, wird dadurch verfälscht und muß allenfalls auch kompensiert werden. Zum anderen geben sie in ihrer vermeintlichen Bescheidenheit den Mitmenschen zu verstehen, daß sie doch eigentlich dasselbe auch leisten müßten. Oder diese drohende Entwertung wird durch eine grandiose Überbewertung dessen, was geschaffen worden ist, kompensiert – und alle, die das nicht verstehen, sind eben nicht genial genug, um mitzukommen.

Es wird deutlich: Je mehr Neid erlebt wird, um so eher wird auch der Neiderreger oder die Neiderregerin in seinem oder ihrem Selbstkonzept beeinflußt, und das kann, besonders wenn das Selbstwertgefühl habituell nicht besonders gut ist, zur Lähmung der Schaffenskraft führen.

Das Vermeiden von Neid

Das Erregen von Neid kann unangenehme Folgen haben, die zu fürchten sind. Aus diesem Grunde versuchen Menschen immer wieder, den Neid zu vermeiden. Versuchen wir allerdings, keinen Anlaß für Neid zu geben, dürfen wir uns nicht zeigen, dürfen wir nicht zeigen, was wir können, was wir geschaffen haben. Wir müssen uns verschließen vor den anderen. Das hieße also zum Beispiel, daß jemand eine für ihn oder für sie zündende, wunderbare Idee hat, aber keinem Menschen etwas davon erzählt. Damit kann aber auch auf die Idee nicht eingegangen werden, man kann nicht sprechen darüber, niemand wird mitbegeistert, kein kreativer Dialog kann sich anschließen.

Keinen Neid erregen zu wollen heißt also, sich sehr abzuschotten von den anderen Menschen, heißt auch, unspontan zu werden, Lebendigkeit nicht mehr zeigen zu dürfen. Darf man keinen Neid erregen, ist es nicht mehr möglich, über die Dinge zu sprechen, die einen wirklich am meisten erfüllen. Menschen werden so verschlossen, einsam, arm – das Wesentliche kann nicht mehr geteilt werden. Reichtum kommt aber vom Teilen, vom Austausch.

Wird kein Neid mehr erregt, dann wird alles ziemlich nivelliert, nichts Besonderes geschieht mehr, wir werden konformistisch, wagen es nicht mehr, in irgendeiner Weise hervorzustechen. Würde das Erregen von Neid von vielen Menschen in einer Gesellschaft vermieden, käme das einem Entwicklungsstillstand gleich. Niemand würde mehr die Menschen in ihrer Selbstzufriedenheit aufstören. Schoeck weist nach, daß Gesellschaften, die sehr rigoros fordern, daß man keinen Neid erregt, sich nicht mehr entwickeln.[21] Gesellschaften sind nach seinen Untersuchungen dann am kreativsten und am innovativsten, wenn ihre Mitglieder so handeln, als gäbe es keinen Neid.[22] Es ist uns selten bewußt, daß wir auch eine Entwicklung hemmen, wenn wir versuchen, den Neid der anderen nicht zu erregen, daß wir dann im Dienste des Konservativen stehen. Daran denken wir nicht, sondern wir vermeiden Neiderregung, um den Mitmenschen das unangenehme

Gefühl des Neidenmüssens zu ersparen, vor allem aber, um nicht unter den schlechten Gefühlen und deren unangenehmen Folgen durch die Neiderinnen und Neider leiden zu müssen.

Wie mit den Neidern und Neiderinnen also umgehen?

Im Alten Testament, in den Sprüchen 23,6, heißt es:

> «Iß kein Brot bei einem Mißgünstigen und laß dich nicht nach seinen Leckerbissen gelüsten. Denn wie einer, der alles bei sich berechnet, so ist er. Iß und trink, sagt er zu dir, ohne es dir jedoch im Herzen zu gönnen. So mußt du denn den Bissen, den du genossen hast, wieder ausspeien, und du hast deine freundlichen Worte verschwendet.»

Ein kurzer, prägnanter Text, der mit großer Eindeutigkeit darauf hinweist, den Neidischen zu meiden. Gelegentlich mag es uns ja erscheinen, als ob die Leckerbissen der Mißgünstigen – gerade weil sie so selten einen hergeben – ganz besonders gut sein könnten: eine narzißtische Verführung, würden wir sagen. Und dieser sollte man besser nicht erliegen. Denn sogar wenn etwas unter dem Aspekt der Freundlichkeit gegeben wird, das Unfreundliche – der Geiz – ist bloß verdeckt, so sagt uns das Predigerzitat. Dieser Text geht geradezu davon aus, daß Neid und Geiz einander bedingen. Das ist an sich auch logisch, denn wenn wir neiden, dann werden wir nicht einen Menschen noch zusätzlich beschenken, weil er oder sie dann noch reicher, noch glücklicher, noch mehr zu beneiden wäre.

Dieser Text bezieht sich aber auch darauf, daß der Mißgünstige eine doppelte Botschaft vermittelt: Iß und trink – aber gleichzeitig: tu es nicht. Möglicherweise spricht der Text von den ambivalenten Neidern, auf die dieses Verhalten in hohem Maße zutrifft. Es ist aber auch denkbar, daß der Prediger grundsätzlicher warnen will: Es wäre naiv, im Umgang mit Neid zu sehr an das Gute im Menschen zu glauben.

Auch die Märchen haben eine einfache Art, mit Neiderinnen

und Neidern umzugehen: Sie müssen sterben. Die bekannteste Neiderin in dem Märchen ist wohl die Stiefmutter von Schneewittchen, die sich in feurigen Schuhen zu Tode tanzen muß. Was wir subjektstufig, das heißt, wenn wir die Stiefmutter als «Neiderin» verstehen, dahingehend interpretieren können, daß die Neidpersönlichkeit in uns, kommt sie mit der Hitze des Lebens, mit Bewegung, mit Leidenschaft in Beziehung, sich buchstäblich zu Tode tanzt, eliminiert wird. Das heißt: Man kann die Neidpersönlichkeit eliminieren durch Entwicklung.

Der böse Blick

Den neidischen Blick nennt man auch den «bösen» Blick. Die Äußerung von Neid wird oft im Blick gesehen, im neidischen, «scheelsüchtigen», eben dem «bösen» Blick – und Neidabwehr war denn auch sehr lange in der Geschichte der Menschheit die Abwehr des bösen Blickes, mit dem man immer zu rechnen hatte.[23] Dem bösen Blick attestierte man die Macht, Krankheit, Verderben, Tod, Vergiftung über einen Menschen zu bringen, Grund genug, viele Vorkehrungen zu treffen, um ihn zu erkennen, aber auch, um ihn abzuwehren.

Die Idee des bösen Blickes muß damit zusammenhängen, daß das Gefühl des Neides in den Augen sichtbar wird. Seelische Regungen sind ja oft im Ausdruck der Augen erkennbar. – Wenn auch vielleicht nicht ganz so genau, wie wir das gerne wahrhaben möchten, so daß sich durchaus auch die Frage stellt, was wir denn jeweils an emotionalem Ausdruck in die Augen unserer Mitmenschen hineinlegen. Die Frage stellt sich, ob wir im bösen Blick des anderen Menschen unserem eigenen, projizierten Neid begegnen. So oder so bleibt er aber höchst gefährlich. Es ist natürlich durchaus denkbar, daß sich in einer Situation, die Neid erregt, das aufwallende Mißvergnügen, das wir mit Neid verbinden, und die aggressive Abwehr davon, gleichzeitig in einem wilden, bösen Blick niederschlagen.

Die «Neidstrahlen» des Blickes sollen – so will es der Volksglauben – den Neiderreger oder die Neiderregerin eliminieren oder quälen, langes Siechtum bringen oder den Tod. Milch verdirbt, Pflanzen gehen ein, Spiegel zerspringen unter dem neidischen Blick. Diese «Neidstrahlen» kommen entweder direkt aus den Augen, oder durch sie werden an sich unsichtbare Vampire aktiviert. Im Glauben an den bösen Blick drückt sich also deutlich der Glaube an die Zerstörungskraft des Neides aus.

Die Idee des bösen Blickes scheint so alt wie das Menschengeschlecht zu sein und weltweit eine Rolle zu spielen. Den bösen Blick können alle Menschen haben, vor allem aber Menschen, die selber faszinieren, wie Hexen und Zauberer, und solche, die verhext sind, aber auch solche mit einer ungewöhnlichen Lebensform, zum Beispiel Zigeuner. Besonders aber Menschen, die an ihren Augen irgendeine Auffälligkeit aufweisen. Es sind wohl Menschen, die einem «fremd» erscheinen, denen man vor allem die Macht des bösen Blickes anprojiziert, ein Versuch, den alltäglichen, tödlichen Neid als Abwehr an bestimmte Menschengruppen zu delegieren.

Den bösen Blick ziehen vor allem Menschen und Tiere auf sich, die schön und gut sind oder schön und schwach: zarte Kinder beispielsweise, schwangere Frauen, aber auch schönes Milchvieh, Menschen auf dem Höhepunkt des Glücks. Was zu hell und zu gut ist, zieht den bösen Blick an, aber auch Übergangssituationen hin zu etwas Werdendem, Wachsendem, zu etwas, das neu wird. Dafür ist gerade auch das Kind ein Symbol. Deshalb mußte das göttliche Kind in der Mythologie immer mit Dämonen kämpfen und sich auseinandersetzen, und das göttliche Kind erweist sich gerade dadurch als göttlich, daß es sich als diesen Dämonen überlegen erweist.

Auch im Aberglauben beginnt der Neid dort, wo eine entschiedene neue Lebendigkeit einsetzt.[24] Der böse Blick wird besonders in Übergangssituationen, also in unstabilen Zuständen, gefürchtet, weil hier zusätzliche Schwierigkeiten nicht tolerierbar sind.

Bei der Enttarnung des bösen Blickes wurde besonders dem versteckten Neid im Lob Rechnung getragen. Wurde etwa ein Kind zu sehr bewundert, dann mußte der Bewunderer oder die Bewunderin das Wort «unberufen» oder «unbeschrien» beifügen, dies, um den bösen Blick abzuwehren und zum Ausdruck zu bringen, daß die Bewunderung wirklich den Neid überwog. Im Volksglauben war Bewunderung immer maskierter Neid.

Beim Wahrnehmen oder Ahnen des bösen Blickes muß man den Blick selber abwenden, das heißt, sich abwenden, die Distanz zum Neider oder zur Neiderin vergrößern. Damit verbunden ist, daß man nicht im Bannstrahl dieses bösen Blickes bleibt.

Eine weitere Form der Abwehr hat mit dem Zurückwerfen des bösen Blickes zu tun. Bekannt sind Spiegel und Amulette, auch sie in Augenform, meistens in einem dunklen Blau gehalten, mit einem größeren dunklen Punkt in der Mitte, umgeben von konzentrischen Kreisen. Da diese Amulette selbst einen Augencharakter haben, kann man schließen, daß man durch ein stilisiertes Auge den bösen Blick sozusagen dem Sender oder der Senderin zurückgibt. Diese Amulette sind aber auch Symbole der Ganzheit, sie zentrieren den Blick auf die Mitte, provozieren also, betrachtet man sie, Sammlung und Konzentration auf die eigene Mitte. Sie haben auch eine gewisse Ähnlichkeit mit den Darstellungen des Auges Gottes. Sich abzuwenden vom bösen Blick hieße also, sich zu zentrieren und sich gleichzeitig in einer stabilen Struktur zu wissen, die beschützt.

Ein anderes Amulett gegen den bösen Blick ist die Hand der Fatima in der Geste der Abwehr. Hier wird in der Identifikation mit der Fatima eine Grenze gegen den bösen Blick aufgezeigt, aufgezeigt, daß man diese Form der aggressiven Grenzüberschreitung nicht toleriert.

Die Symbole der Abwehr sind Symbole des Körpers: Augen und Hände; die Gesten sind Gesten des Sich-Abwendens und Grenzen-Markierens. Die Abwehr besteht darin, daß der Neiderreger oder die Neiderregerin sich distanziert, abgrenzt, sich auf die eigene Mitte konzentriert, auch auf die eigene Kreativität und Spontaneität. So dienten auch rote Bänder zur Abwehr des bösen Blickes, was etwa bedeuten könnte, daß der Neiderreger oder die Neiderregerin sich auf die eigene Lebendigkeit bezieht. In eine ähnliche Richtung gehen die phallischen Amulette und die Lustgesten, die zur Abwehr des bösen Blickes dienen. Wesentlich scheint zu sein, sich auf die eigenen Potenzen zu besinnen und sich mit diesem bösen Blick nicht einzulassen.

Was aber, wenn die Abwehr nicht funktioniert? Wenn der böse Blick also übermächtig wird? Je mächtiger der böse Blick, das heißt aber auch, je mehr Angst die Menschen vor dem Neid haben, um so mächtiger muß das Heilmittel werden, bis eben hin zum Auge Gottes. Es gibt allerdings eine Mächtigkeit des bösen Blickes, dem der einzelne Mensch nichts mehr entgegenzusetzen hat, wo kollektive Abwehrrituale notwendig werden, wo man früher zum Beispiel eine zauberkundige weise Frau brauchte, die Rituale kannte, um den bösen Blick zu bannen.

Ich fasse zusammen: Im Aberglauben sind einige Hinweise gegeben, wie man mit dem neidischen Blick umgehen kann. Zunächst gilt es, diesen neidischen Blick überhaupt wahrzunehmen und ihn zu enttarnen – als zerstörerisch und als böse. Dabei hilft es zu wissen, welche Situationen besonders neiderregend sind. Dem Neider oder der Neiderin muß dann entschieden entgegengetreten werden, der aggressive Übergriff muß entschieden abgewehrt werden, dies äußerlich in einer klaren Distanzierung, innerlich in einer Konzentration auf die eigene Mitte, auf die eigenen Lebensmöglichkeiten, auf die eigene Lebenslust. Wo dies nicht genügt, muß dieses eigene Zentrum in Zusammenhang gebracht werden mit dem Wissen um das Eingebundensein in eine größere, göttliche, schützende Ordnung.

Spezielle Neiderreger

Alles, was bewundert werden könnte, was darauf hinweist, daß es in diesem Leben für uns auch noch «Wunder» gibt, kann Neid auslösen. Alles irgendwie Hervorragende löst Neid aus. Menschen, mit denen wir uns einigermaßen vergleichen können, lösen eher Neid aus als andere: zum Beispiel Menschen, die in ähnlichen Berufen, Lebensumständen, in etwa demselben Alter sind, die ähnliche Ausbildungen haben. Sie fordern zum konstruktiven Rivalisieren heraus; wo das nicht möglich ist, kann leicht Neid erlebt werden.

Nun gibt es aber auch Menschen, die den Neid der anderen geradezu herausfordern. Immer wieder trifft man Menschen, die glaubhaft von sich sagen, sie seien nicht besonders neidisch, dann aber von Situationen erzählen, in denen sie vom «blanken Neid» erfaßt werden oder worden sind. Sie erzählen von Menschen, denen anscheinend alles nur so zufliegt oder die von «Vätern» oder «Müttern» protegiert die Treppen geradezu hinauffliegen, und sie erzählen von Menschen, die durch Vortäuschen von Leistung, zum Beispiel von Begabung, etwas erreichen. Die Menschen, die diese Form von Neid ausdrücken, zu ihm auch stehen können, erkennen in der Regel ihren Anteil am Neiden gut: Sie wissen beispielsweise, daß sie nicht protegiert werden und es natürlich lieben würden, auch protegiert zu sein. Sie würden natürlich auch gern einmal «billig» zu einem Erfolg kommen. Das erklärt aber nicht die Heftigkeit des in diesen Situationen ausgelösten Neides.

Es ist bekannt, daß narzißtische Neiderreger und Neiderregerinnen, die sich über ihren narzißtischen Darstellungsdrang relativ unbewußt sind, besonders leicht Neid erregen, einen Neid, der in den Neidern und Neiderinnen am ehesten pädagogische Absichten weckt: «Der muß doch wissen, daß er so nicht auftrumpfen kann», «Die meint doch, sie könnte jeden in die Tasche stekken, irgend jemand muß da doch einmal Klartext sprechen ...».

Diese narzißtischen Neiderreger und Neiderregerinnen haben meistens eine spezifische Vorgeschichte: Sie haben irgendeine

Eigenschaft, mit der sie es verstehen, Bewunderung oder eben Neid zu wecken. Sie sind «etwas Besonderes». Möglicherweise sind sie von Eltern, die es für ihr narzißtisches Gleichgewicht dringend brauchten, zu etwas Besonderem gemacht worden. Das heißt nun gerade nicht, daß die Eltern sie in ihrer Eigenart belassen konnten und sich unendlich freuten über dieses Kind und es dadurch natürlich als etwas Besonderes sahen. Solche Kinder müssen, um geliebt zu werden, immer eine besondere Leistung oder ein besonderes Aussehen zeigen, damit sich die Eltern einigermaßen gut fühlen können.

Ihnen fehlt also gerade das Gefühl, grundsätzlich akzeptiert und geliebt zu sein – so wie sie eben sind. Sie lernen aber rasch, welche Eigenschaften sie perfektionieren und immer auch – etwas exhibitionistisch – ins richtige Licht setzen müssen, damit sich ihre Eltern mit ihnen schmücken können. Dadurch können sie sich selbst auch bewundern, zeigen einen Gestus der Selbstbewunderung. Zum anderen fühlen sie sich aber auch entwertet, denn sie spüren ihren unsicheren Grund, spüren teilweise auch, daß sie nur geschätzt sind, wenn sie dieses Besondere bringen. Sind sie damit erfolgreich, dann wird dieses Besondere kompensatorisch gepflegt und ausgebaut, das heißt, es wird perfektioniert, um dem immer und überall drohenden Gefühl, ungeliebt zu sein, auf Ablehnung, Rachsucht, Haß, Neid zu stoßen, zu entgehen.[25]

Können sie an sich glauben, dann verbinden sich bei ihnen Größenphantasien, Macht und exhibitionistische Tendenzen. Das und ihre heftige Abwehr der Entwertung, die es auch den Mitmenschen zunächst nicht erlaubt, sie zu entwerten[26], führt dazu, daß sie überzeugend wirken, daß sie den Eindruck vermitteln, viel zu erreichen. Sie sind auch besonders attraktiv für Menschen, die selber ein ernsthafteres narzißtisches Problem haben, denn da ist doch einer oder eine, der oder die es geschafft hat, an die man sich anhängen kann. Sie wissen in der Regel auch gut, die anderen Menschen für ihre Zwecke einzuspannen, sie verstehen es, Kontakte zu knüpfen, denn es fällt ihnen nicht ein, daß sie auch stören könnten. Sie halten sich für eine Bereicherung, und die Notwendigkeit, etwas Besonderes zu sein, bringt sie dazu, ihre Ziele beharrlich zu verfolgen, auch tatsächlich größere Leistungen zu erbringen. Die Angst dahinter ist in der Regel nicht sichtbar. Solange sie identifiziert sind mit ihrer Größenphantasie, solange sind sie überzeugend. Und nur wer genauer hinsieht, kann erkennen, daß da eher eine große Täuschung am Werk ist, denn daß etwas Großes geschieht.

Sie selber haben eine große Angst, ausgebeutet zu werden, weil sie schon als Kinder mit ihrer Besonderheit ausgebeutet worden sind. Sie sind selbst auch zutiefst neidisch. Aber dazu stehen sie nicht. Zuinnerst sind sie überzeugt davon, daß alle anderen es besser haben. Eigentlich sind sie sehr bedürftig, sie müßten Wärme, Anerkennung, Interesse bekommen, sie können das alles aber nicht annehmen, sie müssen es entwerten. Würden sie es in seinem Wert, den es für sie darstellt, belassen, dann müßten sie neiden. Um das zu verhindern, entwerten sie das, was sie bekommen könnten.

Diese insgeheim großen Neider und Neiderinnen können, da sie etwas Besonderes an sich perfektioniert haben, zu großen Neiderregern und Neiderregerinnen werden. Das wiederum hätte eine große Bedeutung für sie im Sinne des Sich-Befragens. Der Neid der anderen Menschen befragt ja auch unsere Leistungen, fragt beispielsweise danach, ob sie wirklich sind, auf welche Weise sie entstanden sind, ob wir Menschen dazu «benützen» oder ob wir gemeinsam mit anderen inspiriert etwas erreichen können. Der Neid der Mitmenschen fragt unter anderem auch nach Echt oder Unecht. Nur, solange Menschen mit ihren Größenphantasien identifiziert sind, fragen sie nicht nach Echtheit, der Neid der anderen Menschen bringt sie eher dazu, ihre Besonderheit noch mehr zu zeigen.

Trägt die Größenphantasie nicht mehr, dann ist meistens ein depressiver Zusammenbruch die Folge, dann wird die Bedürftigkeit, die Leere erlebt. Es ist – ich möchte nochmals darauf hinweisen – keineswegs so, daß Menschen mit einer solchen «narzißtischen Biographie» nicht fähig wären, große Leistungen zu bringen, etwas Besonderes zu erreichen. Sie können sich allerdings sehr oft an ihren Leistungen gar nicht wirklich freuen, denn die bringen ja gerade wiederum das, was sie fürchten: Neid, Mißgunst, Haß ... Und: In der Kreativitätsforschung ist doch verhältnismäßig deutlich herausgearbeitet worden, daß wirklich kreative Menschen problembezogen und wenig selbstwertbezogen sind[27]. Interessant ist, daß Menschen, die das ganze Leben unter dem Aspekt des Neides sehen – deutliche Neidentwicklung wird geradezu als ein Charakteristikum der narzißtischen Persönlichkeitsstörung betrachtet[28] –, gerade dort, wo sie Kompensationsstrategien des Besonderen entwickelt haben, besonders viel Neid erregen. Sie erregen Neid, um nicht selber neidisch zu werden, denn der eigene Neid würde eine große Leere bewirken und vernichtende Gefühle der Scham.[29]

Ansätze zur Neidbewältigung

Neid kann nicht ein für allemal bewältigt werden, er wird eine ständige Aufgabe des Menschen sein und bleiben. Dennoch kann man lernen, besser mit Neid umzugehen.

Es gibt und gab schon immer kollektive Welt- und Lebensdeutungen, um den Menschen zu helfen, ihren Neid für sie erträglich zu machen, ihn in Schranken zu halten. Das zeigt, wie fundamental das Neidproblem ist. Mit dem Neid muß umgegangen werden können, um ein Mindestmaß an Solidarität unter den Menschen zu sichern, trotz der sichtbaren und spürbaren Ungleichheiten und Ungerechtigkeiten, die ja nicht wegzudiskutieren sind.

Zwei Tendenzen sind dabei erkennbar: Auf der einen Seite finden sich beschwichtigende Modelle, Modelle, die deutlich die Selbstverwirklichung stimulieren und damit den produktiven Umgang mit Neid fordern, und auf der anderen Seite gibt es Modelle, die die Gesellschaft in dem Sinne verändern wollen, daß die Ungleichheiten immer mehr ausgemerzt werden. Diese Modelle können natürlich auch untereinander kombiniert werden.

Beschwichtigungsmodelle

Dazu gehören einmal die Theorien von der angeborenen Überlegenheit einer Elite. Da bei der Neidbewältigung Idealisierung hilfreich ist, um den eigenen Selbstwert wieder einigermaßen zu stabilisieren, nützt man diesen Bewältigungsmechanismus: Die Elite, die eigentlich Neid auslösen würde, kann kollektiv – und das wird vom einzelnen jeweils übernommen – idealisiert werden. Diese Abwehr von Neid fördert nun allerdings den Aufbau von Autoritätsfiguren einerseits und von solchen Autoritätsfiguren Abhängige andererseits. Den Autoritäten wird dann auch die Verantwortlichkeit für das Leben und für den Fortschritt delegiert.

Entwicklungspsychologisch gesehen heißt das, daß beim Beschwichtigungsmodell, das die Überlegenheit einer Elite akzeptiert, der Ichkomplex des einzelnen noch von den Elternkomplexen abhängig ist, die auf die Autoritäten projiziert werden. Wen diese Weltsicht indessen überzeugt, der schafft sich damit eine Zone der Neidfreiheit, allerdings um den Preis von Autonomieverlust und Autoritätsabhängigkeit. Die Überzeugung, selber auch etwas zum Wohl der Gemeinschaft beitragen zu können und auch zu müssen, tritt in den Hintergrund. Damit ist aber eine zusätzliche Schwächung des Selbstwertgefühls verbunden. Für die Mündigkeit des Menschen wird nichts getan – im Gegenteil.

Andere beschwichtigende Modelle stammen aus den Religionen. Wenn etwa Entsagung zu einem hohen Wert erklärt wird, wenn Bescheidenheit, Demut, Armut, Einfachheit zu zentralen Werten erhoben werden, dann braucht der Mensch auch nicht zu neiden, dann kann er oder sie froh sein, nicht zu den irgendwie Hervorstechenden zu gehören – es sei denn in den Werten der Bescheidenheit, der Demut, der Armut ... Mit diesen Überzeugungen verbunden ist gelegentlich die Überlegung, daß man im Jenseits für die Ungerechtigkeiten auf dieser Welt entschädigt wird.

Auch verschiedene religiöse und philosophische Vorstellungen von «Glück und Pech» und «Schicksal» können uns helfen im Umgang mit den Ungerechtigkeiten. Denn wenn es ein Schicksal gibt, das Glück und Pech ein für allemal am Anfang des Lebens zuteilt, so daß die Ungerechtigkeit, aber auch die eigene Mittelmäßigkeit nicht als unser eigenes Verschulden gesehen werden müssen, dann ist es ein Gebot der Gelassenheit, auch angesichts von fremdem Glück ruhig zu bleiben. Sogar die griechischen Götter galten als letztlich von den Moiren, den Schicksalsgöttinnen, abhängig.[30] Können Menschen daran glauben, daß ihnen ein persönliches Schicksal zugeteilt ist, dann neiden sie weniger, weil sie davon ausgehen, daß jeder Mensch das ihm zustehende Schicksal erfüllt. – Natürlich kann man dann immer noch neidisch sein, weil dem einen oder der anderen ein besseres Schicksal zugeteilt worden ist.

Geht man dagegen davon aus, daß jeder seines eigenen Glükkes Schmied ist, dann ist dem Neiden Tür und Tor geöffnet.

Modelle, die eher die Selbstverwirklichung stimulieren

Es gibt Modelle, die den Glauben an ein Schicksal mit der Idee der Selbstverwirklichung kombinieren, zum Beispiel im heute oft an die Stelle des Schicksalsbegriffs getretenen karmischen Gedanken. Die Idee des Karmischen erklärt die Ungleichheit im Leben: Sie ist eine Folge davon, was wir im letzten Leben versäumt haben oder uns durch schlechtes Verhalten erworben haben. Da wir existentiell erleben, daß wir immer wieder etwas, das uns wichtig ist, dann doch nicht verwirklichen, kann es einleuchten, daß man in einem nächsten Leben etwas abzuarbeiten hat.

Eine psychologische Theorie, deren konsequente Umsetzung auch den Neid minimieren würde, ist die Theorie der Individuation von C. G. Jung, bei der es darum geht, daß jeder und jede ein Leben lang versucht, der Mensch zu werden, der er oder sie letztlich ist, sich selbst wirklich zu finden. Da ginge es dann keineswegs darum, ein anderer Mensch sein zu wollen, sondern im Gegenteil darum, herauszufinden, was denn das je Eigene ausmacht.

Von Jung gibt es weiter die Theorie, daß es so etwas wie ein Menschheits-Selbst gibt.[31] Geht man von einem solchen Menschheits-Selbst aus, dann ist es nicht mehr so wichtig, wer einen Beitrag geleistet hat, wichtig ist, daß überhaupt Beiträge zum Leben geliefert werden. Es kommt dann wirklich mehr darauf an, daß jeder Mensch das Seine oder das Ihre zu diesem Leben beiträgt. Es kommt also in diesem Modell darauf an, das eigene Selbst zu leben. Das gibt ein Lebensgefühl der Lebendigkeit und der Fülle anstelle der narzißtischen Furcht, zu kurz zu kommen. Als Bild kann man das Symbol vom Lebensbaum beiziehen, an dem alle Menschen je ein Blatt wären – und jedes Blatt hätte «nur» die Aufgabe, das Blatt zu sein, das es ist.

Modelle, die die Gesellschaft verändern wollen

Die Veränderungen solcher Modelle zielen in Richtung von mehr Gleichheit und von mehr Gerechtigkeit.

In diesem Zusammenhang wurden vor allem die Kibbuzim studiert. Obwohl hier sehr viel Gleichheit und auch eine recht gerechte Verteilung der Güter und der Arbeit zu herrschen scheint, ist der Neid dennoch nicht verschwunden.[32] Immer gibt es Menschen, die mehr, und solche, die weniger haben, mehr oder weniger sind. Das Problem des Neidens kann man auch nicht einfach auf der Ebene des Besitzes lösen. Der Neid hat eben nicht nur damit zu tun, daß die Menschen nicht gleich viel haben, Neid ist in einer wesentlichen und komplizierten Weise auch mit unserem Selbstwertgefühl verbunden, und: Neid schafft Ungleichheit.

Der Neid erzwingt soziale Veränderungen. Revolutionen haben oft das Ziel, mehr soziale Gerechtigkeit herbeizuführen, und häufig ist Neid ein Auslösefaktor. Werden die Unterschiede innerhalb einer Gesellschaft zu groß, dann kann der Neid die Menschen dazu antreiben, eine gesellschaftliche Veränderung herbeizuführen. Der Neid kann auf der kollektiven Ebene auch zeigen, daß zwischen dem, was ist, und dem, was wünschenswert wäre, eine zu große Differenz klafft, daß etwas verändert werden muß – ähnlich, wie wir es auch auf der individualpsychologischen Ebene gesehen haben.

In diesem Zusammenhang spricht man von «berechtigtem» Neid. Was allerdings berechtigter Neid ist und was destruktiver Neid ist, sieht je nachdem, von welcher Warte aus man das beurteilt, anders aus. Als destruktiver Neid wird jeweils ein Neid bezeichnet, von dessen Auswirkungen man sich gestört fühlt. Destruktiver Neid kann aber durchaus genauer bezeichnet werden: Es ist der Neid, der keine Veränderung will, der die Veränderung geradezu blockiert, alles beim alten bleiben lassen will.

Neidbiographien

Emotionen haben immer auch eine Geschichte in unserem Leben, deshalb hat jeder und jede auch eine Neidgeschichte. Unsere Geschichte, die wir mit dem Neid haben, ist keine schöne Geschichte – aber eine wirkliche –, es geht um die Geschichte des Umgangs mit Mangel, Verzweiflung und der daraus resultierenden Hinterhältigkeit. Sie kann mehr oder weniger ausgeprägt sein. Anhand der folgenden Neidbiographien wird es möglich sein, noch differenzierter die Psychodynamik des Neides herauszuarbeiten.

Der verdeckte Neider

Helmut (der Deckname stammt von dem Mann selbst) ist 32 Jahre alt und meint von sich, er kenne den Neid überhaupt nicht.

Helmut ist der Erstgeborene von zwei Söhnen, zunächst einmal der ganze Stolz seines Vaters. Die Familie ist emotional sehr verschlossen, es werden wenig Gefühle gezeigt. Das wesentliche Grundthema der Familie: Man muß es allen recht machen. Es ist denn auch recht viel – uneingestandene – Angst in diesem Familiensystem auszumachen, Angst, es den anderen nicht recht zu machen, Angst zu versagen, Angst, nicht mehr angesehen zu sein. Der Vater hält sich für den besten Handwerker im Dorf, er ist ordentlich, und er arbeitet ordentlich. Helmut erinnert sich an einen Kernsatz seines Vaters: «Man muß halt der Beste sein.» Alle anderen, die das gleiche, vom Aussterben bedrohte Handwerk betrieben, mußten ihre Betriebe schließen, nur der Vater konnte seinen Betrieb aufrechterhalten – deshalb war er nachgewiesenermaßen der Beste.

Drei Jahre nach der Geburt von Helmut wurde sein Bruder geboren. Fast anschließend an die Geburt wurde festgestellt – so meint Helmut sich zu erinnern –, daß dieser Bruder das absolute «Abbild» des Vaters sei, seinem Vater also wesentlich mehr gleiche als er, Helmut. Er erlebte, daß von einem Moment zum anderen sich «niemand mehr» für ihn interessierte, bloß «die Großmutter hat sich dann meiner erbarmt». Offenbar mußte Helmut eine Erklärung haben, warum das Interesse seines Vaters von ihm abgezogen wurde. Die Idee, daß der Bruder ein Abbild des Vaters sei, gibt eine Erklärung, die es Helmut möglich macht, den Verlust des Interesses nicht mit Schuldgefühlen zu verarbeiten – denn für diese Ähnlichkeit kann er ja nichts. Er ließ sich von der Großmutter in der Folge gebührend bewundern. Die Veränderung in der Bedeutung der Beziehungspersonen ist auch anhand der vorhandenen Fotos nachweisbar. Sah man ihn vor der Geburt des Bruders meistens mit dem Vater und der Mutter auf einem Foto, in allen nur erdenklichen Situationen, selten nur mit den Großeltern, dann nach der Geburt des Bruders fast nur noch mit der Großmutter. Meistens steht er da als kleiner, sehr geschniegelter Bub, schön angezogen, die Haare am Kopf geklebt – das ist natürlich auch die Mode einer gewissen Zeit –, neben ihm die Großmutter, und die beiden schauen sich auf vielen Fotos sehr liebevoll an. Fast wirken sie wie ein etwas ungleiches Liebespaar.

Ansonsten sagt Helmut von sich, er habe meistens allein gespielt, mit Kisten und Schachteln, die er jeweils zu Autos umfunktioniert habe. Seinen Bruder habe er nicht wirklich wahrgenommen, er habe ihn «übersehen». Als er in den Kindergarten gekommen sei, habe er der «Tante» immer geholfen – so erinnert er sich. Die anderen Kinder fand er kindisch, außer einem Mädchen, für das er sich interessierte. Mit diesem Mädchen hätte er eine nähere Beziehung haben wollen, er bot ihr an, sie jeweils bei ihr zu Hause abzuholen. Sie lehnte ab mit den Worten, die er noch heute erinnert: «Mit dir laufe ich nicht in den Kindergarten, du gehörst nicht wirklich zu den Kindern.» Diese Zurückweisung traf ihn sehr – und er «übersah» in der Folge auch dieses Mädchen.

Im Schulalter wurde er der Liebling des Lehrers, die Großmutter spielte kaum mehr eine Rolle, außer daß sie die guten Noten bewundern durfte. Er versuchte, dem Lehrer dessen «Wünsche von den Augen abzulesen». Er war ein guter Schüler, hatte aber immer den Eindruck, er müsse sehr viel dafür tun, er löste zum Beispiel jeden Tag Extraaufgaben, die er sich vom Lehrer geben ließ.

In der Klasse war auch ein Mädchen, das sehr begabt war, aber ohne größeren Ehrgeiz und ohne das Bestreben, sich durch spezielle Dienstfertigkeit besonders beliebt zu machen. Helmut erinnerte sich, daß sie über ganze Seiten «wie eine Sau» schrieb, weil sie nicht einsah, warum sie schön schreiben sollte. Dennoch übertraf sie ihn meistens in den Noten. Er kannte übrigens die Noten der Mitschülerinnen und Mitschüler – er war so etwas wie ein Notenkontrolleur. Dieses Mädchen beunruhigte ihn sehr. Er erinnert sich, daß er verschiedentlich versucht hatte, mit seinem Vater über diese Beunruhigung zu sprechen – er fühlte sich überfordert, denn, wieviel Mühe er sich auch gab, sie überholte ihn immer –, lachend, und ohne darauf besonders stolz zu sein, wie es ihm schien. Wenn er mit dem Vater darüber sprechen wollte, sagte dieser sehr rasch: «Ich hoffe, du bist doch der Beste in der Schule!» und: «Es wäre doch gelacht, wenn du dich von einem Mädchen überflügeln ließest.» Er blieb also mit seiner Not einer Überforderung allein, der Vater ließ es nicht zu, daß sich zwischen ihnen ein Wir-Gefühl aufbaute, das so wichtig gewesen wäre zur Stabilisierung seines Selbstwertgefühls.[33] Es blieb nur die Möglichkeit, die Größenidee seines Vaters, der Beste zu sein, zu übernehmen. Diese Identifikation mit der Größenidee eines Elternteils spielt bei der Entwicklung des Neides eine große Rolle.

Eine weitere Gefahr drohte ihm von einem anderen Jungen. Dieser war auch sehr gut in der Schule und sozial viel erfolgreicher als Helmut. Er war es, der zum Beispiel die Fußballmannschaft zusammenstellte. Helmut wollte einmal auch mitspielen, war aber ungeschickt, wurde wieder weggeschickt mit den Worten: «Du bist sowieso Lehrers Arschleckerle.» Das Weggeschicktwerden, aber auch dieser Ausspruch kränkten ihn sehr. Er lief zum Lehrer, erzählte, wie übel es ihm ergangen war, machte den beneideten Mitschüler schlecht, erzählte aber nichts vom «Arschleckerle». Der Lehrer meinte, er solle halt lernen, besser Fußball zu spielen. Diese Bemerkung enttäuschte Helmut zutiefst – sie bewirkte einen Einbruch in der Beziehung zu diesem Lehrer. Zum Glück – so sagt er – kam er eh bald zu einem anderen Lehrer. Von den gemeinsamen Spielen hielt er sich fern – er war doch nicht «so primitiv wie die anderen» – und verlegte sich aufs Lesen.

Er besuchte dann das Gymnasium. Er rivalisierte nicht mehr mit den anderen. Zwar wußte er immer noch über die Noten der anderen in etwa Bescheid, wußte oft auch – bevor es der betreffende Schüler selber wußte –, wer schlecht stand. Er selber war notenmäßig in einem mittleren Bereich, fühlte sich aber allen anderen haushoch überlegen.

Eine haushohe Überlegenheit gab es denn auch tatsächlich: Er entdeckte die Mädchen und hatte viele sexuelle Kontakte. Oft habe er drei und mehr Freundinnen gleichzeitig gehabt, sagte er. Das blieb natürlich nicht geheim – die Mädchen waren verletzt, wütend, traurig. Erst heute geht ihm auf, was er diesen Mädchen angetan hat, damals fand er sich einen «ganz tollen Hecht». Er war auch ein ausgesprochen narzißtischer Neiderreger, er tat alles, damit seine Kollegen ihn mit den Mädchen sahen. Sie apostrophierten ihn als «ekelhaften Aufschneider». Insgeheim waren sie aber doch sehr neidisch, ließen sich von ihm Ratschläge geben, wie man denn so beliebt werde bei den Mädchen. Bei den Müttern der Mädchen hatte er zunächst einen guten Ruf, er sei so anständig, so verantwortlich, so sauber. Diesen Ruf konnte er natürlich nicht sehr lange aufrechterhalten. Als sein Ruf endgültig ruiniert war, war die Zeit des Gymnasiums vorbei – er ging zum Studium in eine etwas fernere Stadt. Auffallend ist, daß er zu keinem dieser Mädchen eine längere Beziehung hatte – die längste hatte drei Wochen gedauert –, und er hatte auch keinen Freund.

Sein Bruder, der auch am Gymnasium war, wurde von Helmut als «minderbegabt» eingestuft, als einer, der nur den Fußball geliebt habe und «nur» technisch begabt sei. Helmut wollte immer seinem Vater beweisen, daß er den falschen Sohn mehr geliebt hatte.

Im Studium war er ein Einzelgänger, er kannte keine Neidprobleme, wußte aber auffallend gut Bescheid darüber, was bei seinen Mitstudenten und Mitstudentinnen schieflief. Im übrigen wurde er zu einem Meister der Bewunderung; er entwickelte für sich eine Technik, durch die man sich «in Bewunderung hineinsteigern kann». Durch seine Bereitschaft zu bewundern wirkte er wenig neidisch und war von vielen durchaus gern gelitten. Problematisch wurde es, als er sein Studium abschloß. Er hatte wesentlich weniger gute Noten als erwartet. Er rettete seinen Selbstwert zunächst, indem er die Ansicht vertrat, eigentlich sollten geniale Menschen nur von genialen Menschen geprüft werden. Damit idealisierte er sich selbst – er wäre eigentlich genial – und entwertete die Prüfer.

Der Zusammenbruch ereignete sich, als er für eine Spezialausbildung anschließend an sein Studium nicht zugelassen wurde. Er bat um ein Gespräch und sagte dem zuständigen Ausbildner, er wäre doch viel geeigneter als alle, die schon im Studiengang akzeptiert seien. Er lobte dann den Ausbildner, daß er ein so sorgfältiges Auswahlverfahren entwickelt hätte. Dadurch werde die Ausbildung noch wertvoller, noch attraktiver. Er beklagte sich aber auch, daß ausgerechnet bei ihm nun doch ein Irrtum unterlaufen sei, daß seine Qualitäten nicht gesehen worden seien. Der Ausbildner wollte wissen, wie er das denn eigentlich beurteilen könne. Daraufhin machte Helmut einige Menschen, die bereits in diesem Ausbildungsgang akzeptiert waren, schlecht. Der Ausbildner konfrontierte ihn, indem er ihm sagte, was er da vorbringe, sei doch nichts anderes als Ausdruck eines unqualifizierten Neides. Darauf er: «Neid kenne ich nicht!» Der Ausbildner erwiderte, er habe noch viel zu lernen, er solle eine Psychotherapie machen. Ziel der Therapie war – von Helmut aus gesehen – ihn zu befähigen, zu der Zusatzausbildung zugelassen zu werden. Er mußte diese unbedingt machen, weil sonst, so meinte er, sein Vater von ihm enttäuscht wäre.

Helmut ist ein «verdeckter» Neider. Es stellt sich die Frage, ob das geschlechtsspezifisch ist, ob Männer eher dazu tendieren, versteckt zu neiden, Frauen eher dazu, offen zu neiden.[34]

Den Boden für diese Neidbiographie finden wir im System der Herkunftsfamilie von Helmut, in der es so wichtig war, der Beste zu sein. Dabei ist von untergeordneter Bedeutung, in welchem Bereich man der Beste ist. Man könnte aus einer Familie kommen, in der Lebensfreude als höchster Wert gesehen wird. Es gibt auch Familien, in denen das Sich-Drücken vor jeder Verantwortung höchstes Ziel ist. Muß man in einem Familiensystem der Beste sein, dann ist der Zweitbeste bereits der Verlierer. Helmut erzählt davon, daß sein Vater sich einmal in der Gemeinde zu einer Wahl gestellt habe. Gewählt wurde nur einer, eben der mit der höchsten Stimmenzahl. Sein Vater hatte nur die zweithöchste Stimmenzahl erreicht, also verloren, und darauf einen markanten Einbruch in seinem Lebensgefühl erlitten mit erheblichen Selbstzweifeln und Zweifeln daran, ob es mit der Wahl seine Richtigkeit gehabt habe. Er war nur mit Mühe zurückzuhalten, die Wahl anzufechten. In solchen Familien herrscht ein starker Leistungsdruck. Der Druck in Helmuts Familie ging vor allem vom Vater aus, wurde aber durch die Mutter nicht korrigiert. Ein solches Familiensystem vermittelt seinen Mitgliedern den Eindruck, nur dann in Ordnung zu sein, wenn man auch der Beste oder die Beste ist.

Eine zweite Voraussetzung für die Entwicklung zu einem Neider ist bei Helmut in der gründlichen Entthronung durch den Bruder zu sehen. Nach drei Jahren – in denen Helmut offenbar sehr im Zentrum des Interesses und der Beachtung gestanden hatte – war er plötzlich unwichtig geworden. So zumindest hat er die Geburt des Bruders erlebt. Es ist an sich ja normal, daß ein zweites Kind geboren wird, es ist auch normal, daß das erste Kind mit Eifersucht reagiert. Und auch wenn ein Kind die Entthronung als sehr hart erlebt, muß das von den Eltern aus nicht so hart gemeint worden sein. Bei Helmut hatte ich allerdings den Eindruck, daß wirklich beide Eltern sich auf das neue Kind stürzten, daß sich Helmut zu Recht entwertet vorkam, links liegengelassen, dem Wohlwollen der Großmutter anheimgegeben. Das würde zu diesem Familiensystem, in dem man der Beste sein muß, passen.

Ein solches Familiensystem kennt nur Gewinner und Verlierer, und aus irgendeinem schwer einzusehenden Grunde wurde Helmut zum Verlierer. Darauf reagiert er aber kämpferisch, er ist nicht einfach bereit, das zu akzeptieren. Zunächst sichert er sich das Wohlwollen der Großmutter, wird dann zu einem Musterknaben: Er versucht, sich bei den Erwachsenen beliebt zu machen, versucht, viel zu lernen. Den Neiderreger, seinen Bruder, hat er einfach entwertet und übersehen. Dieses Verhalten überträgt sich in der Folge auf alle Neiderregerinnen und Neiderreger, er übersieht sie und idealisiert sich selber. Er bleibt mit dem Ichideal des Vaters identifiziert. Er versucht auch, Vaters geheime Ansprüche zu erfüllen in der Hoffnung, dann wieder die erste Position bei ihm einzunehmen.

Es ist bekannt, daß Kinder dann einen einigermaßen stabilen Selbstwert entwickeln, wenn Eltern ihnen immer wieder das Gefühl geben, daß sie an ihnen teilhaben können, so daß aus einem Gefühl des Wir-machen-das-miteinander ein gutes Lebensgefühl entstehen kann. Wird dem Kind von seinen Eltern nicht erlaubt, in großen Bereichen in dieses Wir-Gefühl einzuschwingen, dann sucht es Bereiche, wo das möglich ist – und Helmut fand diesen Wir-Bereich im Ichideal. «Wir verstehen uns schon, wir wollen die Besten sein.» Dieses überhöhte Ichideal, das einen großen Druck auf sein Leben ausübt, das auch unmenschlich ist, ist deshalb besonders schwierig, weil damit die Hoffnung auf die Wiedergewinnung verlorener Anerkennung und die Liebe der Eltern verbunden ist. Es geht nicht nur darum, immer der Beste zu sein, sondern es geht letztlich um viel mehr, um die Daseinsberechtigung.

Helmut verbindet die Forderung, der Beste sein zu müssen, mit der Idee, der Bravste sein zu müssen, und vor allem: hilfreich sein zu müssen. Im Kindergarten hilft er der «Tante», in der Schule dem Lehrer. Daß eine Mitschülerin und ein Mitschüler Neid erregen, wäre nun die Situation, in der dieses Problem bearbeitet werden könnte; ohne viel darüber nachzudenken, hätte er akzeptieren können, daß andere auch begabt sind, daß man sich an ihnen messen kann, daß konstruktives Rivalisieren lustvoll sein kann. Dazu hätte er aber seine Not dem Vater klagen können müssen. Hätte ihm dieser – statt neidsystemimmanent zu reagieren, das heißt im vertrauten Schema: «Man muß der Beste sein» – etwa gesagt, das sei doch viel spannender, wenn andere auch etwas könnten, dann hätte er Druck von dem Knaben genommen. Der Vater hat aber implizit bestätigt: Du hast der Beste zu sein, basta. Daß damit auch noch eine schlimme, mädchenentwertende Haltung mitvermittelt wurde, sei hier am Rande vermerkt.

Der Vater hat, statt ihm Druck wegzunehmen, den Druck auf Helmut verstärkt, und seit dieser Zeit kann man sehen, daß dieser die Tendenz hat, die anderen Menschen zu entwerten und sich selber zu idealisieren. Er schafft es mit seinen Abwehrmechanismen – für sich selbst wenigstens –, der Beste zu sein, der Beste zu bleiben. Dazu gehört seine Form des Kontrollierens. Man kann dies als einen Ausfluß des Neides sehen: Da beäugt einer kritisch die anderen Menschen, um zu wissen, wo man neiden könnte. Ich halte diesen Kontrollzwang eher für eine Art der projektiven Identifizierung: Was ihn innerlich bedroht, projiziert er nach außen, und da muß es unter Kontrolle gehalten werden, weil es sonst zu beunruhigend würde. Daran wird deutlich, wie umfassend der Neid bei diesem Mann war, mußte er doch eigentlich alles in seiner Umwelt kontrollieren. Von außen hat man nicht den Eindruck, einen neidischen Menschen vor sich zu haben, sondern eher einen zwanghaften. Der Zwang hat aber die Funktion, nichts Lebendiges, auch «Unkontrollierbares» zuzulassen.

Einmal ist er seiner Selbstidealisierung gerecht geworden, bei der sexuellen Eroberungsfähigkeit während seiner Adoleszenz. Da fühlte er sich eine gewisse Zeit im wahrsten Sinne des Wortes «omnipotent», etwas, das er ja immer schon sein wollte. Er hatte aber keine wirklichen Beziehungen zu Mädchen; diese waren vielmehr seine Trophäen. Er hatte weder eine Beziehung zu Mädchen noch zu Jungen, er lebte fast beziehungslos. Das ist etwas, was sehr deutlich zu einer Neidbiographie gehört: Helmut braucht die Mädchen, er mißbraucht sie, es geht aber nicht um Liebe, sondern um das Ansehen der eigenen Persönlichkeit. Deshalb können diese «Beziehungen», die ja vom Interesse am anderen Menschen gespeist sein müßten, nicht dauern.

In dieser Zeit seines Lebens erregte er aber auch viel Neid. Sehr deutlich hatte er hier eine Fähigkeit – die Mädchen für sich zu interessieren – zu einer kompensatorischen Haltung ausgebaut und wurde damit zu einem großen Neiderreger. Er selber spürte seinen Neid nicht.

Wird soviel Neid abgewehrt, dann ist zu erwarten, daß eines Tages die Abwehr nicht mehr möglich ist, daß der offene Neid durchbricht – oder eine sehr ernsthafte Identitätskrise sich anbahnt. An der Universität entwickelte Helmut – zur Abwehr des allerdings unbewußten Neides – seine Bewunderungstechnik. Diese half ihm, seinen Neid nicht zu spüren, und brachte ihm zumindest oberflächlich gute Kontakte. Mit den ihn enttäuschenden Ergebnissen bei der Prüfung an der Universität konnte er gerade noch umgehen, indem er die Selbstidealisierung verstärkte: «Geniale Menschen sollten nur von genialen Menschen geprüft werden dürfen.» Als er aber für die Zusatzausbildung abgelehnt wurde, konnte er sich nicht mehr idealisieren, er fühlte sich verkannt, sah sich als Menschen, der sich so unendlich große Mühe gab und es dennoch nie jemandem recht machen konnte.

Therapie suchte Helmut auf, weil er sich davon den Zugang zur Zusatzausbildung versprach. Im Vordergrund blieb dabei die Aussage, seinem Vater sei diese Ausbildung sehr wichtig. Als er – auf meine Intervention hin – den Vater fragte, wie wichtig ihm diese Zusatzausbildung sei, erwiderte dieser, er lege überhaupt keinen Wert darauf, ihm wäre es wesentlich wichtiger, daß er endlich sein eigenes Geld verdiene. (Der Analysand war zu diesem Zeitpunkt 32 Jahre alt, hatte also sehr lange studiert.)

Hier wird sichtbar, wie sehr Helmut durch seinen Vaterkomplex bestimmt wird, das heißt nicht mehr durch das, was der Vater aktuell denkt und fühlt, sondern von alten Erwartungen und Befürchtungen im Zusammenhang mit dem Vater bestimmt ist. Noch immer ordnet er seine Wünsche den vermeintlichen «Wünschen des Vaters» unter. Auch wenn Menschen wie Helmut in einer solchen Situation den Eindruck vermitteln, ichstark zu sein, weil sie eigentlich alles tun, was «man» so von ihnen erwartet, auch sehr angepaßt sind: identifiziert mit dem Vaterkomplex[35] haben sie ein sehr labiles, leicht zu verunsicherndes Selbstwertgefühl, weil sie nicht ihr eigenes Selbst im Leben verwirklichen können.

Therapieziel war es, den Ichkomplex von Helmut aus dieser Bindung an den Vaterkomplex und die damit verbundenen Forderungen des Ichideals abzulösen. Das ist ein langwieriger Ablöse- und Differenzierungsprozeß. Helmut hat den als fordernd erlebten Vater seiner Kindheit verinnerlicht; er kann viele ablehnende Vatersätze erinnern, die alle in dem einen münden könnten: «Wenn du nicht der Beste bist, dann bist du nichts wert.» Der Beste kann er aber nicht sein. Wird man mit einer solchen Brutalität in die zweite Reihe gestellt, muß man diejenigen in der ersten Reihe beneiden.

An die Stelle dieses Vatersatzes müßten die Fragen treten: Was ist mein Bestes? Wo kann ich mein Bestes geben? Wofür interessiere ich mich wirklich? Was kann ich gut? Wie fühle ich mich dabei? Wo ist mein Platz in dieser Welt? Und hier könnte er auch seinen Neid produktiv einsetzen, indem er sich, wenn er neidet, fragte, was er denn von dem, was er jetzt nur bei anderen neidet in sein Leben integrieren sollte. Es geht bei Helmut darüber hinaus aber auch um die neue Selbsteinschätzung, um dieses Sich-damit-einverstanden-Erklären, daß er nicht der Beste sein kann, daß er aber sein Bestes für sein eigenes Leben geben kann. Es geht um das Finden des eigenen originären Selbst, nicht einfach um eine gute Anpassung.

Auch wenn es so aussieht, als hätte die Geburt des Bruders die große Selbstwertproblematik ausgelöst, so wird deutlich, daß schon zuvor eine massive Störung des eigenen Selbsterlebens vorhanden gewesen sein muß. Die erhöhte Bereitschaft zum Neiden stammt aus einem ursprünglich unsicheren Selbstwert- und Lebensgefühl. Diese Tendenz zum Neiden macht dann in der Folge Kinder wie Helmut einsam, oft auch fast beziehungslos. Zudem sind sie immer überfordert. Sie müssen immer weiter sein, als sie sind, oft haben sie die Ausstrahlung von ernsten, kleinen Erwachsenen. Sie haben ihre Daseinsberechtigung nicht einfach dadurch, daß es sie gibt, daß sie existieren, sie müssen immer noch etwas Besonderes tun, um sich diese zu erwerben.

Zu helfen bietet sich in dieser Situation geradezu an, denn beim Helfen bringt man sich selbst in eine gute Position, die den Selbstwert vorübergehend stabilisiert, und helfende Kinder bekommen von den Erwachsenen zumindest viel Lob und Anerkennung, wenn auch nicht die Liebe, die sie haben möchten.

Beim verdeckten Neid fehlt oft das offene Rivalisieren, das offene Kräftemessen mit einem Kameraden, einer Kameradin, die sich in «Reichweite» befindet. Kinder mit Neidtendenzen ziehen sich in eine Grandiosität zurück – «Ich bin sowieso besser als alle anderen» –, pflegen Größenphantasien und wissen oft in der Realität gar nicht mehr, was sie eigentlich wirklich können. Und sie wissen nicht, wer sie sind, wo sie stehen in der Welt, sie können ihr eigenes Selbst nicht finden und müssen dann – aus dieser immer größer werdenden, aber zu kaschierenden Selbstunsicherheit heraus – noch mehr neiden oder Neid abwehren.

Die Menschen behandelten Helmut aus einer gewissen Distanz, «als ob sie mich für gefährlich hielten». Ich erlebte mich in der analytischen Situation ebenfalls als distant vorsichtig, wenig gebebereit, aus dem Gefühl heraus, er könnte leicht das, was ich ihm zu geben hatte, «verderben» oder «vernichten».

Die offene Neiderin

Eine 53jährige Frau, ich nenne sie Ruth, kommt in Therapie und sagt unter anderem, sie leide darunter, daß sie so neidisch sei.

Sie erzählt, sie könnte eigentlich mit ihrem Leben zufrieden sein, sei es aber nicht. Sie sei verheiratet, habe vier erwachsene Kinder, Großkinder, alle seien sie gut geraten und in Ordnung. «Es ist überhaupt alles in Ordnung, nur ich bin so neidisch, so mißgünstig, ich habe es so schwer mit mir selbst.» Ob man da helfen könne?

Dann erzählt sie laut lachend eine Schlüsselgeschichte zum Thema Neid in ihrem Leben: «Wissen Sie, es gibt da eine Geschichte aus meinem Leben, die ist ganz typisch für mich. Mein Bruder hat die Geschichte sogar auf meiner Hochzeit erzählt. Er ist fünf Jahre älter als ich, und er bekam immer mehr Nahrung auf seinen Teller als ich. Hatte ich aufgegessen, er aber noch nicht, dann spuckte ich ihm in den Teller, manchmal konnte er dann nicht mehr weiteressen ...»

Als Ruth zwei Jahre alt war, wurde eine Schwester geboren. Ruth soll vorgeschlagen haben – auch das eine Geschichte, die in der Familie immer wieder erzählt wurde –, das Baby im Stall der Nachbarn bei den jungen Schweinen unterzubringen. Als ihr Vorschlag zurückgewiesen wurde und man ihr geduldig den Unterschied zwischen Schweinen und Babies zu erklären versuchte, reagierte sie körperlich sehr heftig: Sie konnte plötzlich nicht mehr gehen, mußte getragen werden wie das Baby, kotete wieder ein, hörte auf zu sprechen. Der Vater, die Großmutter und der ältere Bruder kümmerten sich sehr um sie und versuchten ihr beizubringen, daß sie – trotz des neuen Kindes – auch wichtig war.

Das sind zwei Geschichten, die ein frühes Neidverhalten zeigen. Später, so erinnerte Ruth sich, war sie sehr neidisch auf den Bruder, weil der immer mehr durfte, und auf die Schwester, weil diese netter, hübscher, beliebter war – zum Beispiel Freundinnen hatte, die sie, Ruth, nie hatte –, einfach einen «angenehmeren» Charakter hatte. Von der Großmutter stammte der Satz: «Ach

Kind, du wirst nie glücklich, wenn du so eifersüchtig bist.» In dieser Eifersucht – wenn es denn überhaupt eine war – war viel Neid mitenthalten. Um der Großmutter zu gefallen, versuchte sie, weniger neidisch zu sein, aber sie hatte damit wenig Erfolg.

«Es läuft immer nach dem gleichen Muster: Ich habe den Eindruck, die anderen haben mehr, haben Schöneres als ich, sie kommen ohne eigene Anstrengung dazu, den anderen hilft man immer, mir hilft man nie, ich komme sowieso immer zu kurz. Ich war und bin ständig wütend und bereit zu kämpfen, ich bin ‹hässig› und ‹gallig›. Ich fühle mich vorübergehend schuldig, aber dann entschließe ich mich eigentlich immer ‹hineinzuspucken›, ich habe immer versucht, mich zu rächen, irgendeinen Schaden anzurichten. Die Strafe nahm ich ziemlich regungslos auf mich – mit einem Schulterzucken, fast befriedigt –, ich wußte ja, daß die Welt es auf mich abgesehen hatte. Heute zerstöre ich wohl weniger, aber eigentlich läuft alles immer noch so ab.»

Ruth besuchte eine Mädchenschule, und ihre Schulzeit bezeichnete sie im nachhinein als «Neidzeit». Die anderen Mädchen hatten schönere Kleider, ein schöneres Aussehen, sie waren zum Teil gescheiter, waren beliebter, hatten nettere Geschwister ... Sie erlebte dies mit ohnmächtiger Wut, sie spürte ständig Stiche, fühlte sich auch hilflos, denn all das und noch mehr hätte sie gerne selber gehabt. Sie habe sich gerächt, indem sie Tinte auf die Spitzenkleider ihrer Mitschülerinnen spritzte. Sie weiß nicht mehr, ob sie das tatsächlich getan hatte oder ob es nur eine äußerst lebhafte Phantasie gewesen war.

Sie fühlte sich sehr unglücklich und unverstanden, sie hatte die Phantasie, nicht das Kind ihrer Eltern zu sein, sie hatte Phantasien – und beschrieb sie auch im Tagebuch –, sich weit in einen Wald hinein zu verlaufen und sich dann von einem Königssohn finden zu lassen oder auch vom lieben Gott persönlich. Ihm hätte sie dann ihr Leid, ihr großes Unglück, klagen können. Das Unglück mußte also unerhört groß sein, wenigstens darin war sie auserwählt – auch das ist eine Größenidee.

Sie blieb ohne Freundin, hatte aber großes Interesse an den

Freunden ihres Bruders, und diese auch an ihr. Von vierzehn bis zwanzig erlebte sie die ruhigste Zeit ihres Lebens. Sie hatte bald einen «festen Freund» – das war zu jener Zeit etwas Besonderes –, sie war verliebt und sagte: «Wir wollten uns beide mit einer Gier, die man sich überhaupt nicht vorstellen kann.» Mit neunzehn, als sie die Berufslehre beendet hatte, heiratete sie. Zunächst sei sie nicht neidisch gewesen, sondern ziemlich glücklich.

Das ist ein Hinweis darauf, daß auch Menschen, deren Leben sehr neidbetont ist, neidfreiere Zeiten und Zonen kennen. Es leuchtet ein, daß Ruth sich in einer Zeit, in der sie sich so sehr gewollt und geliebt fühlte, in ihrem Selbstwert stabilisiert hat. Kommt die Selbstliebe aber nicht aus der eigenen Persönlichkeit, kann auf die Liebe von anderen nicht mit Liebe und mit Selbstliebe geantwortet werden, dann genügt die Liebe von außen auf die Länge nicht. Ruths Mann sagte dann auch gelegentlich vorwurfsvoll: «Obwohl ich dich so sehr liebe, kannst du dich selbst nicht lieben.» Aber Ruth hatte in ihrem Leben eine neidfreiere Zeit, und das ist prognostisch günstig, wenn es darum geht, ihr Neidproblem zu bearbeiten.

Sehr bald nach der Heirat kamen dann doch die Zweifel. Nicht etwa, ob ein anderer Mann besser gewesen wäre, sondern, ob gewisse Freundinnen mit ihren Männern nicht glücklicher seien als sie mit ihrem Mann. Ganz ernsthaft fragte sie mich dann, wie es überhaupt möglich sei herauszufinden, ob man glücklicher sei als andere Menschen. Sie erzählte, sie habe immer wieder versucht, Maßstäbe für das Glück zu finden und das Glück ihrer ehemaligen Schulkolleginnen zu «messen». Sie kontrollierte nicht Noten, wie Helmut, sie kontrollierte das Glück, das Lebensglück.

Der Neid begann dann auch in der sexuellen Begegnung des Paares eine Rolle zu spielen: Eines Tages bekam Ruth den Eindruck, ihr Mann habe mehr von der Sexualität als sie, könne diese besser genießen. «Vorher hatte ich Freude am Sex, aber dann, eines Tages, merkte ich, daß er so richtig rundum zufrieden war, als wir miteinander geschlafen hatten, und ich nicht so ganz. Und da überfiel es mich siedend heiß: ‹Der Kerl hat mehr vom Sex als ich.›» In der Folge wurde sie dann in der Sexualität «zickig», erfüllte ihm Wünsche nicht oder so verzögert, daß er dann auch nicht mehr wollte. Das habe ihnen in ihrem sexuellen Leben geschadet, meint sie trocken, ohne hörbares Bedauern. Aber alles in allem hätten sie doch eine ganz gute Ehe – noch immer.

Manchmal ist sie von glühendem Neid erfaßt auf die, die nicht geheiratet haben, zum Beispiel auf ihre Schwester. Ruth ist überzeugt, daß Menschen, die nicht geheiratet haben, todunglücklich sein müssen. Das ist nun aber ihre Schwester ganz und gar nicht – ein Ärgernis. Das ist jedoch nur ein Nebenneidplatz.

Am schlimmsten empfindet Ruth den Neid auf ihre Kinder. Sie empfindet aber nicht nur Neid, sondern auch Stolz auf sie. Diese ambivalenten Gefühle hatte sie schon früh. Sie erinnert sich, daß ihr Ältester, als er etwa zwei Jahre alt war, voll Vertrauen auf die Menschen zuging, er eroberte alle Herzen im Flug. «Da wurde ich sehr böse und überlegte mir, wie ich ihn ‹zurückpfeifen› könnte, wie ich ihn zurechtstutzen könnte. Der kleine Kerl hatte etwas, das ich nicht hatte. Gleichzeitig war ich aber auch stolz, daß er das konnte.»

Entwicklungspsychologisch befand sich der Junge wohl im Stadium der Omnipotenz, in einem Stadium, in dem Kinder vor Selbstbewußtsein strotzen und auch wirklich noch meinen, alles zu können, alles zu erreichen, was ihnen einfällt. Sie hielt offenbar diese Gebärden der Omnipotenz nicht aus. Möglicherweise hielt sie auch einfach nicht aus, daß er erfolgreich ein Eigenleben entwickelte, sie dazu nicht brauchte und ohne sie erfolgreich war.

Später hielt sie es auch schlecht aus, wenn sich die Kinder freuten; da versuchte sie jeweils, sie zur Ordnung zu rufen. Das löste dann Streit zwischen ihr und ihrem Mann aus, der dies nicht zuließ und sie anherrschte, sie solle die Kinder nicht verkrüppeln.

Sie wollte zwar immer das Beste für ihre Kinder, sie sollten es aber nicht besser haben als sie, sie sollten toll sein, aber nicht mehr erreichen, als sie erreicht hatte. Die Kinder warfen und werfen ihr denn auch vor, sie habe sie ständig zu Höchstleistungen angetrieben, und wenn sie die gebracht hätten, sei sie nicht zufrieden gewesen, habe ständig an etwas herumgemäkelt. Ohne den korrigierenden Einfluß des Vaters hätten sie sich «total daneben entwickelt». Diese Aussage findet sie schlimm, aber wahr.

Am schlimmsten war es für sie, als ihre Töchter vierzehn oder fünfzehn waren. Damals hätten sie so eine enge Beziehung zum Vater gehabt, und der Vater sei so stolz auf seine schönen Töchter gewesen. Da sei sie rasend eifersüchtig und neidisch gewesen. Eifersüchtig, weil die Töchter ihr ihren Platz wegzunehmen drohten, neidisch, weil sie nicht mit diesen aufblühenden jungen Frauen konkurrieren konnte.

Sie habe Phantasien von Autounfällen gehabt, da sei dann entweder der Mann oder da seien die Töchter verstümmelt worden oder gar gestorben. Sie habe sich geschämt über diese Phantasien, sich schuldig gefühlt – sie habe sie bis jetzt auch noch nie jemandem erzählt. Umgegangen ist sie mit diesen Schuldgefühlen in der Weise, daß sie Mann und Töchter «vorrechnete», was alles an Pflichten sie nicht erfüllt oder wieder einmal mehr an die Mutter und Ehefrau delegiert hatten. Aus ihren Schuldgefühlen heraus ging sie zu einem Angriff über. Gewissermaßen spuckt sie immer noch auf den Teller.

Allerdings litt sie in dieser Zeit ihres Lebens auch an einer geheimnisvollen Krankheit, die nicht richtig zu diagnostizieren war und die die Familie sehr in Atem hielt. Sie spürte den Neid nicht so sehr als Neid, sondern als Mißstimmung, als Unzufriedenheit, aus der heraus sie ihre Familie kritisierte, in der Hoffnung, das möge die ersehnte Veränderung geben, nach der sie sich dann besser fühlen könnte. Die Kinder hätten sie dann immer mehr darauf aufmerksam gemacht, wie neidisch sie sei.

Auch auf die Freiheiten der Kinder war sie neidisch. Die Kinder beklagten sich, daß sie so erfolgreich sein sollten, es aber gleichzeitig nicht sein durften, weil sonst die Mutter neidisch würde und ihnen alle Erfolge wieder «verdarb». So wußte die Mutter oft von ihren Erfolgen gar nichts. Als die Kinder aus dem

Haus gingen, litt sie darunter, daß sie den «Überblick» verlor, sie bekam zu wenig Informationen, und sie spürte, daß sie neidisch blieb, auch wenn sie die Kinder nicht mehr vor Augen hatte.

Sie entdeckte, etwas verblüfft, auch Neidgefühle auf sich selbst als junge Frau. Damals lag das ganze Leben noch vor ihr, da war sie schön, begehrt. Und das war jetzt alles nicht mehr. Zudem entwickelte sie immer mehr Eifersucht auf ihren Mann. Sah er eine andere Frau an, wähnte sie, jetzt, wo die Kinder aus dem Haus seien, suche er bestimmt eine andere Frau. Er sprach sie auch darauf an, daß er ihre Eifersucht und ihren Neid nicht mehr gut ertragen könne. Als junger Mann habe er ja noch gedacht, er könne sie erlösen. Das denke er jetzt aber nicht mehr.

Nun mußte sie sich mit ihrem Neid und ihrer Eifersucht konfrontieren – und das tat sie auch mutig in der Psychotherapie.

Woher kommt hier dieser große Neid?

Nach der Geburt des Bruders hatte die Mutter von Ruth zwei Abgänge gehabt. Sie hatte daher während der Schwangerschaft mit Ruth große Angst, dieses Kind auch nicht zur Welt bringen zu können. Sie mußte oft liegen und litt nach der Geburt von Ruth an einer Wochenbettdepression. Ruth selber litt als Säugling unter zum Teil alarmierenden Verdauungsproblemen, sie nahm ab und mußte vorübergehend hospitalisiert werden.

Stellt man sich diese Situation vor, dann wird einfühlbar, daß Ruth schon sehr früh leiblich das Gefühl erlebt hat, zu wenig zu bekommen und dadurch vital gefährdet zu sein. Eine Mutter, die zudem depressiv ist, wird sich weniger in die Interaktion mit einem Baby begeben als eine nicht depressive, und sie wird durch die Verdauungsprobleme des Kindes noch mehr unter Druck geraten sein, als dies auch weniger depressiven Eltern geschieht.

Erfährt man diesen Hintergrund, zusammen mit der Neidgeschichte, dann denkt man an Melanie Klein, die – sehr vereinfacht – sagt, wenn ein Kind mehr die «böse Brust» erfahren habe als die «gute Brust», dann werde es neidisch (siehe dazu S. 93 ff.). Oder anders ausgedrückt: Der «Mutterraum» der ganz frühen

Kindheit war bei Ruth vorwiegend negativ besetzt, sie wurde nicht in einer Atmosphäre der Fülle, der Freude und des Wohlwollens hinein geboren, die Atmosphäre der Bedrückung, der Angst, auch der leiblichen Angst herrschte vor, obwohl der Vater durchaus wohlwollend war.

Es gibt bei Ruth also lebensgeschichtlich einen Grund für ihr Gefühl des Zukurzgekommenseins – und das gibt es eigentlich fast immer. Sehr oft würden aber die Eltern sagen, sie hätten alles getan, damit das Kind nicht zu kurz komme – und dennoch hat sich im Kind dieses Gefühl des Zukurzkommens festgesetzt. Damit im Zusammenhang steht, daß diese Kinder ihre Identität wesentlich über das Haben definieren und weniger über das Sein. Es geht ihnen immer wieder darum, das zu haben, was die anderen haben. Ruth definiert sich über Besitz und nicht etwa über Lebensfreude, über Erfülltsein, über das Erleben von Sinn. Im Kapitel «Sein statt Haben» wird das Thema im Zusammenhang mit Neid und Eifersucht eingehend zur Sprache kommen.

Dann erfolgte lebensgeschichtlich der «normale Schock» der Geburt ihrer Schwester, aber eben auf der Grundlage eines frühkindlichen Erlebens, das von Entbehren geprägt war. Diese Schwangerschaft war für die Mutter wesentlich weniger angstbesetzt, sie litt auch nicht an einer Wochenbettdepression. Gegen dieses neue Baby protestierte Ruth heftig, und als der Protest nichts nützte, regredierte sie auf die Babystufe. Sie scheint in ihrem Kummer aber sehr aufgenommen worden zu sein. In einem Tagebuch, das ihr Vater für sie geschrieben hatte, beschrieb er immer wieder, welche Eifersuchtsqualen sie litt und daß ihnen gar nichts mehr einfiel, um ihr zu zeigen, daß sie nicht ausgeschlossen war.

Bei Ruth wird weiter deutlich, wie sehr sie ein Leben lang um ihren Selbstwert ringt und ihn für gesichert hielte, hätte sie so viel wie die anderen – oder ein wenig mehr. Bloß: Auch wenn sie tatsächlich von irgend etwas mehr hatte, war sie immer noch überzeugt, zu kurz zu kommen. Es wurde ihr erzählt, sie habe auch dann, wenn sie am meisten Fleisch auf dem Teller gehabt habe, behauptet, ihr Bruder oder ihre Schwester hätte mehr.

Bei ihr werden die aus diesem Gefühl des Mangels heraus entstandenen destruktiven Tendenzen deutlich: Sie ist nicht kreativ, sie zerstört. Sie hatte – in ihrem eigenen Erleben – ein Recht darauf, anderen Menschen Unrecht zuzufügen, war ihr selbst doch so viel Unrecht zugefügt worden.

Aus anderen Neidbiographien ist zu ergänzen, daß neidische Menschen oft eine Kreativitätshemmung haben. Diese hängt mit ihrem unsicheren Selbstwertgefühl und den zu großen Ansprüchen zusammen. Ruths Kreativität ist dort zu finden, wo sie sich Rachestrategien ausdenkt.

Der Vergleich

Neid kann in vielen verschiedenen Familiensystemen einen günstigen Nährboden haben. Während Helmut bereits aus einem Familiensystem kommt, das von Neid geprägt ist – er hat auch mit einem Neiderbe zu kämpfen, nicht nur mit dem eigenen Neid –, kann man bei Ruth mit großer Sicherheit sagen, daß frühkindliche körperliche Probleme und Versagungen die Grundlage für ein unsicheres Selbstwertgefühl und die damit verbundene Bereitschaft zum Neiden gelegt haben. Schwierigkeiten bei der Interaktion zwischen Mutter und Kind – Ursache für größere Neidbereitschaft – sind hier durch die Krankheit bedingt; sie könnten aber auch darauf beruhen, daß die beiden nicht zusammenpassen. Passen Beziehungspersonen und Kind nicht zusammen, so verstärken beide einander in ihrer Unsicherheit und Spannung, beide entbehren dann etwas, wobei sich das für das Baby natürlich viel schicksalshafter auswirkt.

Das Thema des Zukurzkommens gehört zu allen Neidbiographien, man kann geradezu vom Komplex des Zukurzkommens sprechen, der hinter dem Neiden zu finden ist. Komplex[36] meint in diesem Zusammenhang, daß im Laufe des Lebens dieser Mensch wirklich in einer wichtigen Lebenssituation immer einmal wieder zu kurz gekommen ist und dabei Gefühle der Ohnmacht, allenfalls auch der Wut, der Entwertung und der Bedrohung erlebt hat. Dieses «Zukurzkommen» ist eine fixe Idee, es wird dabei nie formuliert, und es kann wohl auch nicht formuliert werden, wieviel von etwas denn «genug» wäre. Die Erfahrung des Zukurzkommens hat sich aber so sehr eingeprägt und verselbständigt, daß jetzt ständig eine Erwartung besteht, zu kurz zu kommen. Andere Erfahrungsmöglichkeiten, die dieses Zukurzkommen korrigieren würden, können gar nicht mehr zugelassen werden. Die ganze Vergangenheit wird unter dem Aspekt des Zukurzkommens wahrgenommen, erinnert und gedeutet, die ganze Zukunft wird als eine weitere Folge von unendlich vielen Lebenssituationen, in denen man zu kurz kommen wird, antizipiert. Und immer wird dieses Erleben begleitet von den Emotionen der Ohnmacht, der Wut, der Entwertung. Am Grunde dieses Komplexes steht das Gefühl, grundsätzlich nicht gut genug zu sein und deshalb also nicht genug zu bekommen, auch noch selber schuld daran zu sein.

Die Aktionen aus diesem Komplexerleben heraus können verschieden aussehen: Die offene Neiderin Ruth spürte Wut und zerstörte, der verdeckte Neider Helmut brachte die ganze Neidproblematik zum Verschwinden, indem er sich selber unqualifiziert idealisierte und die ganze Umwelt entwertete, Bewunderungsstrategien erfand und versuchte, selber Neid zu erregen. Dadurch brachte er sich in eine sehr einsame Position. Ruth litt unter ihrem Neid – wuchs auch in einer Familie auf, in der sie sich ihre Destruktivität «erlauben» konnte, ohne daß sie ausgestoßen wurde. Sie wirkt weniger einsam, auch wenn ihre Beziehungen sehr konflikthaft erscheinen. Ihre Beziehungen zu Männern – wenn es sich nicht gerade um ihren Bruder handelte – waren unproblematisch. Der Vater hatte sich auch in ihrer schwierigen Phase, der Geburt der Schwester, sehr um sie gekümmert.

Es ist typisch, daß der verdeckte Neider, der seine Neidgefühle deutlich und gründlich abwehrt, auch noch andere damit im Zusammenhang stehende Gefühle abwehrt, also grundsätzlich von seinen Gefühlen distanziert wirkt. Solche Menschen wirken unlebendig und können deshalb in Beziehungen auf die Länge hin nicht gefallen, sie vermögen es nicht, auf einer emotionalen Ebene zu antworten.

Ruth hat – entsprechend ihren Bewältigungsstrategien – nicht diese Selbstüberschätzung, wie sie Helmut hat, allerdings ist sie überzeugt, ein Recht zu haben, anderen Menschen zu schaden, und sie hat in ihren Augen mehr Recht dazu, als andere Menschen es hätten. Hier nimmt sie sich also auch etwas heraus, was ihr nicht zusteht, was einer Größenidee entspricht. Bei ihr wird aber zudem eine Gier sichtbar, die bei Helmut in dieser Vitalität nicht vorhanden – nur allenfalls erschließbar – ist. Vordergründig ist es bei ihr die Gier, einmal «satt» zu werden. In ihr scheinen der verzweifelte Wunsch, satt zu werden, und die Entschlossenheit, die anderen, die in ihren Augen besser satt werden, zu zerstören, fast in gleicher Stärke nebeneinander zu bestehen. Diese Gier, dieses offene Begehren, ist eine Hinwendung zum Lebendigen und eine Hoffnung, sich das Lebensnotwendige doch noch beschaffen zu können. Ruth hat nicht aufgegeben.

Auch bei ihr spielen Idealisierung und Entwertung eine Rolle, aber nicht in einer so fixierten Weise wie bei Helmut. Die bei ihm fast zwanghaft anmutende Selbstidealisierung zeigt, wie gefährdet er in Neidsituationen durch weitere Kränkungen war, wie sehr sein Selbstwert in Gefahr war, durch weitere Verunsicherungen endgültig in Frage gestellt zu werden, was einem psychischen Zusammenbruch gleichkäme, der sich bei ihm in Gefühlen der Leere und der Depression äußern könnte. Ruth idealisiert, was die anderen bekommen, was sie haben, entwertet dabei das, was sie selbst hat und bekommt. Ihr Ichideal wird in der Folge auf die Kinder projiziert und dort auch bekämpft. Bei allen diesen Überlegungen ist natürlich zu bedenken, daß Ruth zwanzig Jahre älter ist als Helmut.

Gemeinsam ist den beiden – und das gehört meines Erachtens zu vielen Neidbiographien – die Tendenz, zu kontrollieren, die Tendenz, wissen zu wollen und auch die Übersicht darüber behalten zu wollen, was die anderen Menschen haben, tun, bekommen. Diese Form der oft fast unbemerkt vor sich gehenden Kontrolle wird von den Menschen, die Gegenstand dieser Kontrolle sind, als Machtausübung begriffen, als unstatthafte Neugier, als Übergriffe. So sagten mehrere Menschen von Helmut, er sehe auch noch um die Ecken herum und er wisse Dinge, die nicht einmal die wüßten, die es wirklich anginge. Neidische Menschen fühlen sich nicht verstanden, wenn man ihnen diese Kontrolltendenz im Sinne der Machtgelüste deutet. Sie müssen diese Kontrolle ausüben, um mit ihrem Neid, der sie zu zerfressen droht, umgehen zu können. Das heißt aber nicht, daß die Menschen, die unter eine solche Kontrolle fallen, diese nicht als machthungrig, destruktiv und als einengend erleben – denn es trifft den Menschen da ja nicht ein wohlwollender Blick, sondern ein böser Blick.

Ich habe es schon angedeutet: Am Grunde des Neides steht das Gefühl – oder auch der Rückschluß –, aus irgendeinem Grunde nicht wertvoll und liebenswert zu sein, nicht wirklich ein guter Mensch in einer guten Welt zu sein, nicht fraglos eine Daseinsberechtigung zu haben. Die Bereitschaft, neidisch zu reagieren, hängt letztlich damit zusammen, daß ein Mensch zuwenig und zuwenig selbstverständlich er selbst sein darf, und an die Stelle des fraglosen Selbstseins tritt das ständige Vergleichen mit anderen Menschen, in der Hoffnung, bestehen zu können, und in der Angst, feststellen zu müssen, daß alle anderen besser, schneller, glücklicher, effektiver, erfolgreicher ... sind.

Am Beispiel der zwei Neidbiographien werden zwei verschiedene, meines Erachtens typische Hintergründe für die Entwicklung zu einer neidischen Persönlichkeit deutlich gezeichnet. Der eine Hintergrund verpflichtet ein Kind auf eine grandiose Vormachtstellung hin, der andere hat in sich einen Mangel, der dem Kind das Gefühl gibt, nicht an die Fülle des Daseins angeschlossen zu sein.

Diese grundlegenden Hintergründe sind in den frühesten Lebenssituationen des Kindes zu finden. Es ist allerdings so, daß bei großen Einbrüchen im späteren Leben auch solche Menschen, die an sich nicht sehr neidbegabt sind, plötzlich zu neiden beginnen:

Gerät unser Selbstkonzept unter Druck, fühlen wir vermehrte Selbstzweifel oder wird uns bewußt, wie wenig Einfluß wir auf schicksalsmäßige Ereignisse haben, können wir vermehrt neidisch werden.

Wer «von Natur aus» – in Wirklichkeit natürlich auf Druck der Herkunftsfamilie – etwas Besonderes sein muß, stammt in der Regel bereits aus einem Neidsystem, einem System also, in dem viel Neid vorhanden ist, den man erbt, einem System, in dem idealisiert und entwertet wird und wo das Besondere erwartet wird. In solchen Systemen entstehen keine «ruhigen Beziehungen», in denen man sein darf, wie man ist, sondern Beziehungen, in denen man, falls man nicht die Beste, die Schönste, der Begabteste ist, sehr schnell nicht mehr viel wert ist. Schneewittchen kommt einem da in den Sinn – die Königin, die nur Ruhe hat, wenn sie die Schönste im Lande ist. Meistens gelingt es nicht, diese idealisierte Position glaubhaft zu erreichen, aber selbst wenn man sie erreicht, ist das mit einer Enttäuschung verbunden: Das Gefühl, wertvoll zu sein, die freudige Selbstakzeptanz entsteht nicht dadurch, daß man der Größte oder die Größte ist. Wird das als Irrtum erkannt, dann ist man wütend und enttäuscht darüber, daß man so viel eingesetzt hat für dieses illusorische Ziel. Das schale Gefühl bleibt: Die anderen – wer immer das auch ist – haben es einfach immer besser.

Wenn man, aus welchem Grunde auch immer, ständig «besonders» sein muß und darauf hofft, daß dadurch Selbstakzeptanz und Selbstwert gesteigert werden – die nur dadurch zu erreichen sind, daß wir uns in unserer Endlichkeit und in unserem jeweiligen Sosein akzeptieren können –, so wird man gierig nach Bestätigung. In dieser Gier ist immerhin der Wille zu sehen, die schwierige Lebenssituation doch noch zu bewältigen.

Die Bereitschaft zum Neiden entsteht aber auch dann, wenn das jeweils als lebensnotwendig Empfundene nicht vorhanden war oder nicht aufgenommen werden konnte. Es gibt eine «Antineidformel» aus der Bibel.[37] Da sagt Esau zu Jakob: «Ich habe genug, mein Bruder, behalte, was du hast.» (Gen. 33,9) Aus dem Gefühl heraus, genug zu haben, müssen wir nicht neiden. «Genug» haben wir aber nicht nur in Lebenssituationen, in denen wir uns reich fühlen, sondern auch dann, wenn wir unsere grandiosen Ansprüche an uns selbst geopfert haben, wenn wir uns mit uns einverstanden erklären können, so wie wir sind, als uns hoffentlich immer noch Entwickelnde. Das Gefühl, «genug zu haben», ist also oft eine Folge davon, daß wir uns einverstanden erklären mit dem, was ist, indem wir unsere großen Ansprüche loslassen, auf einiges verzichten.

Der Neid aus dem Gefühl des Mangels heraus entsteht auch dort, wo in der Ernährung – der körperlichen und der seelischen – wirklich Mangelsituationen aufgetreten sind, wo Menschen füreinander nicht ernährend sein konnten. Dann entstehen Situationen, in denen immer wieder Bilder auftauchen, daß irgendwelche «Dämonen» einem ständig alles wegnehmen, wegfressen. Es ist das Gegenbild zum Tischleindeckdich, wo immer alles Gebratene und Gesottene vorhanden ist. Diese Dämonen, die ständig alles wegnehmen, das sind diejenigen, die dafür verantwortlich sind, daß man «immer» zu kurz kommt. Und diese Dämonen können dann in der Folge ganz leicht projiziert werden – auf Neiderreger und Neiderregerinnen, auf Fremde zum Beispiel. Aus diesem Gefühl des Nicht-gut-genährt-Seins und des Zusätzlich-immer-noch-befürchten-Müssens, daß auch noch das «Wenige» einem wieder abhanden kommt, entstehen die Gefühle der Rache, des Ressentiments, der Vergeltung. Die verzweifelte Hoffnung, doch noch zu dem zu kommen, was man so dringend braucht, ist dann nur noch mit großer Mühe zu spüren, wenn überhaupt. In diesem Fall entsteht nicht die Gier nach Bestätigung, sondern die Gier nach nährender Zuwendung.

Die folgenden kurzen Ausführungen über Theorien der Neidentstehung dienen der Vertiefung. Leserinnen und Leser, die an theoretischen Hintergründen nicht so stark interessiert sind, können dieses in sich abgeschlossene Kapitel überspringen, ohne den Zusammenhang zu verlieren.

Theorien zur Entstehung des Neides

Melanie Klein und Joan Rivière[38] haben in den dreißiger Jahren den Neid studiert. Melanie Klein gilt als die Begründerin der Objektbeziehungstheorie und ist damit die erste Objektbeziehungstheoretikerin der englischen Schule, zu der neben Joan Rivière auch – unter anderen – Hanna Segal und Ronald Fairbairn gehören, die Melanie Kleins Konzepte dargestellt und weiterentwickelt haben. Otto F. Kernberg[39], der gewisse Konzepte von ihr übernommen hat, sich aber in vielem auch deutlich von ihr distanziert, ist einer der bekanntesten heute lebenden Objektbeziehungstheoretiker der amerikanischen Schule, der unter anderen auch Margaret Mahler[40] und Edith Jacobson[41] angehören.

Melanie Kleins Theorie der Neidentstehung

Die gute Mutterbrust und die Aggression

Melanie Klein geht davon aus, daß der Säugling alle seine Bedürfnisse an der Mutterbrust befriedigt. In seiner Verbindung zur Mutterbrust sieht sie eine Art Fortsetzung der intrauterinen, vorgeburtlichen Geborgenheit. Sie betont des weiteren die Bedeutung des Aggressionstriebes von der Geburt an, und ausgehend von diesen beiden Elementen gibt sie eine Erklärung für den Neid:

«Sobald der Säugling sich der Brust als einer Quelle des Lebens und der guten Erfahrung bewußt wird, entsteht Neid.»[42]

Wie das? Die Befriedigung, die mit der Brust verbunden ist, bewirkt eine Idealisierung, die Brust wird gesehen als «Quelle allen Behagens, körperlicher wie seelischer Art, ein unerschöpfliches Reservoir an Nahrung, Wärme, Liebe, Verständnis und Wissen»[43]. Diese Befriedigung steigert nun nach Melanie Klein den Wunsch, die Brust zu besitzen und zu beschützen. Die Erfahrung der Befriedigung bewirkt aber auch, daß der Säugling selbst zu einer Quelle solcher Vollkommenheit werden will. Er erlebt als Folge dieses Wunsches schmerzliche Neidgefühle und in deren Gefolge den Wunsch zu verderben, was so schmerzliche Gefühle bewirken kann.

Die gute Brust wird böse

Dieses Verderbenwollen, das aus dem Neid erfolgt, macht also die Quelle des Guten, auf die das Kind mit absoluter Notwendigkeit angewiesen ist, böse. In diesem Stadium sind Introjektionen des Guten als Phantasien von der guten Brust (Melanie Klein geht von der Idee aus, daß der Säugling von Anfang an phantasiebegabt ist) für den Säugling daher nicht mehr möglich. Da der Neid die Brust als Quelle des Lebens verderben will, versteht Melanie Klein den Neid als früheste Objektivierung des Todestriebes.[44]

Die gute Mutterbrust kann auch infolge eines anderen Prozesses vom Kind als böse erlebt werden: Wenn der Säugling das Gefühl hat, sein Inneres sei mit Bösem angefüllt, die Brust aber sei die Quelle alles Guten, kann das Böse in die Brust projiziert werden und dazu führen, daß der Säugling in der Phantasie diese Brust, vor der er nun Angst bekommt, verderben möchte.

Melanie Klein geht noch weiter: Wenn die Brust die erwartete Milch nicht hergibt, erlebt dies der Säugling nicht nur als Mangel, sondern er hat die Phantasie, daß die Brust die Milch in einer aggressiven, sadistischen Weise zurückhält. Deshalb ist das Kind nicht nur frustriert, sondern fühlt sich von etwas Bösem verfolgt.

Der Neid drückt dann den Haß gegenüber dieser zurückhaltenden Brust aus.[45]

Die Entwicklung einer Beziehung zum ganzen Objekt

Im Zusammenhang mit dem Neid bezieht sich Melanie Klein auf die von ihr postulierte *paranoid-schizoide Position* zu Beginn des Lebens, die die ersten drei, vier Monate umfaßt. In der zweiten Hälfte des ersten Lebensjahres schließt sich gemäß ihrem Konzept die *depressive Position* an.[46] Unter Position versteht Melanie Klein das Zusammenwirken von Objektbeziehungen, von damit in Beziehung stehenden Ängsten und von Abwehrhaltungen, die das ganze Leben hindurch wirksam sein können. Die beiden Positionen charakterisiert sie folgendermaßen:

> «Die paranoid-schizoide Position ist unter anderem dadurch gekennzeichnet, daß der Säugling noch kein Bewußtsein von ‹Personen› hat, daß er Beziehungen zu Teilobjekten [wie der Brust, VK] hat und daß Spaltungsprozesse und paranoide Ängste vorherrschen. Der Beginn der depressiven Position ist durch die Anerkennung der Mutter als einer ganzen Person, durch die Beziehung zu ganzen Objekten und das Vorherrschen von Ambivalenz, depressiver Angst und Schuldgefühl gekennzeichnet.»[47]

Ich werde auf diese zwei Positionen im Zusammenhang mit der Verarbeitung von Neid noch vertiefend eingehen.

Der «normale» frühkindliche Abwehrmechanismus der Spaltung

Melanie Klein ist der Ansicht, daß das Ich des Säuglings von der Geburt an der Polarität Lebenstrieb – Todestrieb ausgesetzt ist, von Geburt an Angst erlebt und daher auch Abwehrmechanismen kennt, besonders den Abwehrmechanismus der Spaltung. Das Ich spaltet den Todestrieb auf und projiziert einen Teil auf das «Urobjekt» Brust. Aufgrund dieser Projektion wird die Brust böse, und daraus entsteht Verfolgungsangst. Der im Selbst verbleibende Anteil des Todestriebes wird zu Aggression, die gegen die Verfolger eingesetzt wird. Das Ich spaltet auch den Lebenstrieb. Ein Teil schafft ein gutes inneres Objekt, ein «Idealobjekt», das ebenfalls projiziert wird – und das den Erhalt des Lebens garantiert. Der verbleibende Rest des Lebenstriebes wird dazu benutzt, eine Beziehung zu diesem Idealobjekt herzustellen. Das Primärobjekt Brust ist also in eine «ideale» und in eine «verfolgende» Brust gespalten. Ziel dieses Prozesses ist es nach Melanie Klein, sich ein lebensspendendes, schützendes Idealobjekt zu erwerben, sich dieses im eigenen Innern zu erhalten und das böse Objekt auszusperren.

In der paranoid-schizoiden Position ist die Hauptangst, daß das verfolgende Objekt in das Ich eindringen und das Idealobjekt oder sogar das Selbst vernichten könnte.[48] Gegen diese Angst entwickelt das Ich einen zusätzlichen Abwehrmechanismus, die Projektion: Das Böse wird projiziert und das Gute introjiziert.

Durch Neid gestörter Prozeß der «normalen» Spaltung

Ist der frühe Neid nun sehr intensiv, dann stört er die in der paranoid-schizoiden Position wichtige Spaltung in ein ideales und in ein verfolgendes Objekt. Das ideale, gute Objekt – die Brust – muß angegriffen, verdorben werden, weil es Neid erweckt. Der Säugling kann sich in diesem Fall nicht mit dem Idealobjekt «gute Brust» identifizieren, er hat keine Hoffnung, daß ein ideales Objekt gegen die Angst helfen könnte; die Phantasien des Verderbenwollens wecken zudem Schuldgefühle. Weil keine unzerstörten Idealobjekte vorhanden sind, können keine guten Persönlichkeitsanteile integriert werden. «Der Neid verhindert eine gute Introjektion, und das wiederum vermehrt den Neid.»[49]

Neid und Gier

Melanie Klein postuliert auch einen angeborenen Konflikt zwischen Liebe und Haß, der durch die Konstitution bedingt sei. Äußere Umstände können diesen Konflikt verschärfen, wodurch die früheste Mutter-Kind-Beziehung – so Klein – zum ersten Kampfplatz von Liebe und Haß würde.

Destruktive Impulse, Verfolgungsangst, Gier und Neid sieht Melanie Klein ebenfalls als angeboren. Auch sie werden durch äußere Umstände – durch eine schwere Geburt, eine nicht ausreichende Ernährung oder andere Faktoren – intensiviert. Doch läßt sich nach Melanie Klein Neid durch therapeutische Maßnahmen beeinflussen.

Neid und Eifersucht unterscheidet Klein folgendermaßen: Neid ereignet sich in der Beziehung zu einer anderen Person, der man einen Besitz wegnehmen oder verderben möchte. Eifersucht beruht für sie auf dem Neid, setzt aber eine dritte Person voraus; es wäre dann der Neid des Kindes auf die Beziehung zwischen Mutter und Vater.

In Zusammenhang mit Neid bringt Melanie Klein die Gier als ein heftiges, unersättliches Verlangen, das eigentlich die Bedürfnisse des gierigen Menschen übersteigt, vor allem aber die Bereitschaft des gebenden Menschen, zu geben. In der Gier möchte das Kind die Brust leer saugen, verschlingen. Wenn das Kind gierig und neidisch ist, dann projiziert es das Böse auf die Brust, damit es dort verdorben werden kann.

Neid und Kreativität

Dieser Neid auf die Brust, gekoppelt mit dem Wunsch, die Brust zu verderben, wird nach Melanie Klein später zur Grundlage für den Penisneid und den Neid auf das andere Geschlecht, und schließlich weitet sich der Neid umfassend aus auf die Schaffenskraft der anderen Menschen.

Da man in der Regel auch den eigenen Neid auf die anderen

Menschen projiziert, dieser Neid dann von dem Projektionsträger auszugehen scheint, fürchtet man den Neid der anderen und entwickelt möglicherweise Schuld- und Schamgefühle der eigenen Kreativität gegenüber, was dann wiederum zu einer Hemmung der eigenen Kreativität führen kann.[50]

Auch wenn man sich über den Weg dieser Argumentationskette streiten kann und sich auch fragt, ob der dargestellte Weg denn eigentlich nur für Frauen gilt, nur Frauen etwa den Neid kennen würden, das Ergebnis befriedigt: Neid zielt darauf ab, die Schaffenskraft, die Kreativität der anderen Menschen zu zerstören. Die Therapie des Neidenmüssens wäre dann kurz gesagt die Entwicklung der eigenen Kreativität – trotz aller Angst vor Neid. Nun ist natürlich die Angst vor dem Neid der anderen Menschen nicht nur Angst vor dem eigenen projizierten Neid, es ist auch eine sehr berechtigte «reale» Angst vor den destruktiven Handlungen, die dem Neid anderer entstammen.

Kritiken an Melanie Kleins Theorien

Es ist deutlich, daß Melanie Klein eine Phantasie über frühkindliches Empfinden postuliert. Säuglingsbeobachter und Säuglingsbeobachterinnen sagen zu Recht, hier werde eine Theorie in den Säugling und auf die Mutter-Kind-Beziehung projiziert.[51]

Daniel Stern kritisiert vor allem die Idee der Spaltung in Gut und Böse zu einem so frühen Zeitpunkt, diese Theorie der Spaltung kritisiert er auch bei Kernberg. Er moniert, daß aufgrund der vielen Spaltungserscheinungen in klinischen Zustandsbildern Erwachsener ein «klinischer Säugling» rekonstruiert worden sei. Diese Spaltungen könnten aber beim Säugling nicht beobachtet werden, erst wenn die verbale Bezogenheit gut verankert sei, könnten Erfahrungen in Gut und Böse kategorisiert werden. Stern sieht in dem, was Klein und Kernberg als Spaltung sehen, eine «Kategorisierung höherer Ordnung»[52].

In der Emotionspsychologie ist man heute aufgrund von verschiedenen Forschungen der Ansicht, Angst/Furcht würde erst in der zweiten Hälfte des ersten Lebensjahres auftreten.[53] Als Melanie Klein auf einem Kongreß in Genf 1955 einen Vortrag hielt über den primären Neid, der die gute Brust zu zerstören suche und dadurch die normalen frühkindlichen Spaltungsvorgänge verhindere, «verwirrte» diese Idee die Kolleginnen und Kollegen sehr.[54]

Problematisch ist an der Theorie von Melanie Klein über den primären Neid der zeitliche Bezugsrahmen, die Idee vom Neugeborenen, das bereits ein Ich hat, das Abwehrmechanismen einsetzt und eigene Phantasien mit offenbar doch einiger Bewußtheit wahrnimmt.

Problematisch ist auch das, was Melanie Klein als Spaltung beschreibt, denn es ist anzunehmen, daß ein Kind, das die Mutterbrust mehrmals am Tage erlebt, nicht immer dieselbe Erfahrung macht und daß verschiedene Erfahrungen wohl vielmehr zu einer «getönten» Grunderfahrung werden. Da gäbe es dann eine Erfahrung der Interaktion des Babys mit der Mutter im Zusammenhang mit Ernährung[55] – zum Beispiel eine negativ getönte – und eine generalisierte Erfahrung – die positiver sein kann –, von der etwa Stern spricht.[56]

Auch wenn Melanie Klein das große Verdienst gebührt, von einer Beziehung zwischen Kind und «Objekt» ausgegangen zu sein und damit die Objektbeziehungstheorie fundiert zu haben, argumentiert sie dann doch sehr oft triebtheoretisch. Heute wird der interaktionelle Ansatz zwischen Beziehungsperson und Säugling viel stärker beachtet, bedenken wir etwa, daß Daniel Stern durchgängig vom «Selbst und dem Anderen» spricht und damit zum Ausdruck bringt, daß der Säugling mit seinen Beziehungspersonen von Geburt an eigentliche Beziehungen eingehen kann. Von dieser Betrachtung ausgehend – auf die auch das Jungsche Konzept der Komplexe hindeutet, da die Komplexe die Repräsentanten der schwierigen Interaktionsmuster unserer Kindheit und späterer Erfahrungen sind[57] –, wäre eine Spaltung in «Gut und Böse» nicht so leicht möglich; die Angst würde wohl erst dann einsetzen, wenn zwischen dem Selbst und dem andern der Kontakt abgebrochen wird, das Erleben eines Wir nicht mehr stattfinden kann.

Problematisch ist an Melanie Kleins Theorie zudem, daß der Neid – als erster Ausdruck des Todestriebes – angeboren sein soll. Es herrscht zwar in der Emotionsforschung die Überzeugung, daß die primären Emotionen biologisch präformiert sind und sich kulturunabhängig in jedem Individuum entwickeln.[58] Aus der Säuglingsbeobachtung weiß man indessen, daß das Erleben und Ausdrücken der einzelnen Emotionen erst nach und nach einsetzt, die ganze Palette der Emotionen erst etwa mit zwei Jahren voll erlebbar ist.[59]

Die paranoid-schizoide Position und die depressive Position

Diese beiden Konzepte spielen im Zusammenhang mit der Verarbeitung von Neid eine große Rolle. Aus dem Alltag ist hinlänglich bekannt – und das ist auch Gegenstand der Neurosenlehre geworden –, daß Menschen dann, wenn die Angst sehr groß wird, die Welt in Gut und Böse einteilen, also spalten. Die Bösen sind dann meistens die anderen, gut ist man selbst. Da das Böse aber irgendwo «draußen» ist und nicht mehr zu kontrollieren – allenfalls noch mit einer projektiven Identifizierung, auf die ich zurückkommen werde –, wächst die Angst, und das Böse muß noch definitiver in die Welt projiziert werden. Wir befinden uns in einer paranoid-schizoiden Position. In dieser Position kann aber nichts verarbeitet werden. Deshalb – so Melanie Klein – muß auf die paranoid-schizoide Position in der gesunden Entwicklung die depressive Position folgen. Diese erreicht ein Kind in der zweiten Hälfte des ersten Lebensjahres unter der Voraussetzung, daß es mehr gute Erfahrungen macht als schlechte. Dann überwindet es die Angst vor der bösen Brust und erlebt, daß die Brust gut *und* böse ist.

Im Verlauf des natürlichen Reifeprozesses des Ich wird diese Erkenntnis auf die Mutter als Ganzes übertragen. Die Spaltung in

Gut und Böse läßt nach, die Fähigkeit zur Ambivalenz nimmt zu. Die Liebe zum Objekt kann auch noch erlebt werden, wenn man dieses gerade haßt. Dadurch nehmen die Ängste ab, statt dessen wird Trauer darüber erlebt, daß man so wütend war, daß man neidisch war, daß man zerstören wollte oder meint, das geliebte Objekt zerstört zu haben.

Daraus entwickeln sich die Schuldgefühle und eine Art depressiver Verzweiflung; durch Wiedergutmachung in der Realität und in der Phantasie werden die guten Objekte außen und innen wiederhergestellt. Diese Tendenz zur Wiedergutmachung sieht Melanie Klein als Grundlage der schöpferischen Tätigkeit und der Sublimierung[60], damit aber auch als Möglichkeit, kreativ den Neid zu verarbeiten.

Das Kind projiziert nicht mehr einfach das Böse, erlebt sich auch selber als gut und böse. Die Angst ist nicht mehr die, man könnte vom Bösen, das man in den anderen Menschen hineinprojiziert hat, zerstört werden, sondern die Angst ist die, daß man selbst immer wieder in der Gefahr ist, selbst böse zu werden und Menschen und Beziehungen, von denen man abhängig ist, zu zerstören.

Der Übergang von der schizoiden zur depressiven Position ist nach Melanie Klein ohne weitere Schwierigkeiten dann möglich, wenn die guten Erfahrungen mit der Brust die schlechten überwiegen. Kinder, die ja einen Genuß haben am Genährtwerden, können so die gute Mutterbrust als die Erfahrung von etwas Gutem, Nährendem integrieren. Das ist dann das Fundament für Genießenkönnen, für Dankbarkeit und für Großzügigkeit.

Dankbar kann man nach Melanie Klein nur dann werden, wenn man immer wieder die depressive Position erreicht, wo Liebe, Dankbarkeit, Befriedigung, Neid und Haß – also sowohl die positiven als auch die negativen Gefühle – erlebt werden können, wobei es aber Neid und Haß nicht gelingt, die Oberhand über die anderen Gefühle zu erringen. Neid gibt es nach Melanie Klein immer wieder. Wo immer eine «gute Brust» auftaucht in dieser Welt, taucht auch der Neid auf. Sind wir aber nicht auf die paranoid-schizoide Position allein fixiert, werden wir traurig werden über unseren Neid und uns fragen, wie wir Anteil haben können an dem Guten, das wir erstreben. So kann denn Neid letztlich zur Dankbarkeit führen.

Die Abfolge von paranoid-schizoider Position und depressiver Position wie auch ihre Unterscheidung haben eine große Wirkung auf das therapeutische Handeln gehabt, bis hin zu technischen Anmerkungen, etwa zur Regel, man müsse immer zuerst den schizoid-paranoiden Anteil einer Situation sich darstellen lassen und erst dann die Aufmerksamkeit dem depressiven Anteil zuwenden, denn nur so sei die Verarbeitung von Ängsten möglich.

Auch viele unserer feindselig getönten Erfahrungen verlaufen ebenfalls nach diesem Muster. Wenn wir zum Beispiel eine große Wut haben, werden wir zunächst einen Sündenbock suchen, auf den wir böse sein können, den wir nach Strich und Faden entwerten. Möglicherweise idealisieren wir uns selbst dabei. Erst nach und nach ist es uns möglich zu überlegen, was denn eigentlich unser Anteil an der ganzen Sache war. Möglicherweise sind wir dann über unseren Part sogar traurig und denken darüber nach, wie wir die Situation wieder verbessern können. – Da ist dann nicht mehr einfach ein Mensch böse, der andere gut, sondern beide sind letztlich gut-böse.

Es bleibt allerdings anzufügen, daß es auch Menschen gibt, deren Erleben zuerst in der depressiven Position erfolgt. Diese müssen aber in einem zweiten Schritt in die paranoid-schizoide Position gelangen, damit sie die aggressiven Emotionen richtig spüren.

Auch beim objekt- und subjektstufigen Verstehen von Symbolen in der Jungschen Schule ist ein ähnlicher Prozeß festzustellen. Träumen Menschen von Menschen, die sie aufgeregt haben, wütend machen, neidisch machen, dann sprechen die Träumerinnen und Träumer meistens von diesen konkreten Menschen und den Konflikten, die sie mit ihnen haben (objektstufige Interpretation). Erst nach und nach fragen sie sich, ob sie Eigenschaften von diesen Menschen auch selbst haben könnten. Mit dieser subjektstufigen Deutung[61] kommt man auf die depressive Position, die die Verarbeitung der Schwierigkeit ermöglicht. Das ist an sich auch der Sinn der subjektstufigen Deutung.

Die dargestellte Theorie von Melanie Klein ist trotz aller Kritik besonders auch deshalb wichtig, weil sie erklärt, warum alle Anweisungen – und auch die kollektiven Erklärungsversuche der Unterschiede zwischen den Menschen – zur Überwindung des Neides nicht genügen. Erst wenn wir den Neid zulassen und wenn wir traurig werden über unser Neiden, wenn wir Schuldgefühle bekommen, weil wir etwas Gutes, das wir ja ständig beschwören, das wir dringend haben möchten, dann doch wiederum zerstören, können eine Achtsamkeit für die Welt, Dankbarkeit und Liebe entwickelt werden.

Der erwachsene Mensch, der vor allem in der paranoid-schizoiden Position verbleibt, ist ein Mensch, der mehrheitlich eine «schlechte» Brust bekommen hat, ein Mensch, der – in einer anderen Terminologie – ein nicht hinreichend gutes Mutterfeld zu Beginn des Lebens erlebt hat.[62] Man kann auch sagen, daß dieser Mensch an einer Störung leidet, die sehr früh anzusiedeln ist, das ist die Ansicht von Kernberg, einem Spezialisten für «frühe Störungen». Bei diesen frühen, sogenannten pathologisch-narzißtischen und Borderline-Störungen spielen Angstentwicklung, Spaltung, die Entwicklung von Neid, das Idealisieren und das Entwerten, die projektive Identifizierung eine sehr große Rolle. Bloß: Neidisch sind gelegentlich alle Menschen, nicht nur die mit einer frühen Störung.[63]

Die projektive Identifizierung

Den Begriff der «projektiven Identifizierung» führte Melanie Klein ein, er wurde später von verschiedenen Autoren erweitert. Von Melanie Klein wird projektive Identifizierung noch so verstanden, daß Teile des Selbst und der inneren Objekte abgespalten und in das äußere Objekt projiziert werden, das in der Folge mit den projizierten Anteilen identifiziert und dadurch in einer gewissen Weise auch beherrscht wird. Die projektive Identifizierung kann auf das Idealobjekt gerichtet sein, damit kann Trennung vermieden werden. Böse Teile können ebenso projiziert werden, damit man sie los wird und sie am anderen Menschen kontrollieren kann. Neidisch sind in diesem Fall nur die anderen. Diese Gegebenheit – der vermeintliche Neid anderer – erzeugt aber auch die große Angst vor dem Neid der anderen Menschen und allenfalls eine blockierte Kreativität oder ein Verbot, zu eigenen «guten Seiten» zu stehen, weil sie zuviel Neid auslösen könnten.

Die projektive Identifizierung, wie sie heute verstanden wird, läßt sich unterteilen in drei Phasen und enthält ein Modell zur Verarbeitung von Neid, das ich herausarbeiten möchte. Ogden hat die projektive Identifizierung übersichtsmäßig sehr gut dargestellt[64], seine Phaseneinteilung liegt meinen Ausführungen zugrunde.

Die drei Phasen der projektiven Identifizierung nach Odgen

In der ersten Phase finden wir eine «normale» Projektion vor: Persönlichkeitsanteile von uns, die wir nicht akzeptieren können, sehen wir verschärft an einem anderen Menschen. (Nicht ich bin ärgerlich und neidisch, du bist es! Und nur du!) Das für uns nicht Annehmbare – meistens ist es etwas, das wir als böse erleben, es kann gelegentlich aber auch etwas Engelhaftes sein – wird externalisiert und auf einen anderen Menschen projiziert.

In einer zweiten Phase dieses Abwehrprozesses – die einfache Projektion genügt als Abwehr offenbar nicht – wird auf den Projektionsempfänger, die Projektionsempfängerin ganz realer manipulativer Druck ausgeübt, sich der Projektion entsprechend auch zu verhalten. Projiziert zum Beispiel in einer Therapie ein Analysand die ewig kritisierende Mutter auf die Analytikerin, dann wird im Falle einer projektiven Identifizierung dieser Analysand in der Interaktion alles daran setzen, daß die Analytikerin sich plötzlich wie die ewig kritisierende Mutter benimmt. Dabei, so scheint mir, sind es nicht nur Momente des Verhaltens, sondern es ist auch die Macht der unbewußten Phantasie, die hier eine Rolle spielt.[65] Die Analytikerin wird zunächst einen Widerstand gegen dieses ihr zugedachte, anprojizierte Verhalten, das sie für unakzeptabel hält, aufbauen, sich aber letztlich doch nicht dagegen wehren können.

Nimmt sie dieses «unfreiwillige» Verhalten wahr, kann sie es bei sich verarbeiten. Die Analytikerin verarbeitet also modellhaft, was der Analysand bei ihr deponiert hat. Das ist nun die dritte Phase der projektiven Identifizierung. Dabei sind viele mögliche Verarbeitungen denkbar. Sie kann etwa formulieren, wie unangenehm es ist, so kritisierend zu sein, und daß sie versuchen will, die Beziehung durch diese kritisierende Haltung nicht zerstören zu lassen. Der Analysand könnte dann das Projizierte, das nun «verarbeitet», «entgiftet» ist, zurücknehmen, sich selber mit der Verarbeitung identifizieren.

Der Therapeut oder die Therapeutin wird hier als Mensch mit einer Modellfunktion im Umgang mit ganz und gar unakzeptablen Inhalten gesehen. Die Problematik besteht darin, daß die projektiv Identifizierenden in der zweiten Phase als sehr kontrollierend erlebt werden, denn hat jemand wichtige Anteile seiner Persönlichkeit abgewehrt und auf einen anderen Menschen projiziert, dann müssen diese Anteile im anderen Menschen «gehütet» werden, dieses Hüten von Anteilen artet leicht in eine Überwachung der Person aus, auf die man projiziert hat. Der Träger oder die Trägerin dieser projektiven Identifizierung fühlt sich kontrolliert, hat den Eindruck, der Projizierende mache deutliche Übergriffe. Immer wieder wird diesem in einer ärgerlichen Gegenreaktion vorgeworfen, er würde zu manipulieren versuchen, würde Macht einsetzen. Das sieht so aus – und wird so erlebt.

Die Psychodynamik dahinter zeigt allerdings, daß da eine verzweifelte Angst, sich selbst zu verlieren oder zu zerstören, am Werk ist. Der Dämon wird sozusagen projiziert, und der Projizierende muß sich vergewissern, daß die Projektionsträgerin sich mit diesem Dämon auseinandersetzen kann. Erst dann wird es möglich, traurig darüber zu sein, daß man versucht hat, einen Menschen zu zerstören, erst dann kann Dankbarkeit aufkommen, daß dieser Mensch nicht zerstörbar war.

Die Dynamik der projektiven Identifizierung, wie sie von Ogden beschrieben wird, ist auch ein Modell, wie zumindest in einer therapeutischen Beziehung mit Neid umgegangen werden könnte.

Neid und Ganzheit

Mary Williams[66], eine Jungianerin aus London, versteht die Brust – das von Melanie Klein postulierte Primärobjekt – symbolisch. Für sie ist die Brust die erste Repräsentation der archetypischen Mutter als zweigeschlechtlicher Naturgottheit. Auf die Interpretation des Zweigeschlechtlichen kommt sie, weil die Brust sanft und rund, ihr Nippel aber hart und aufrecht ist, wenn er stimuliert wird. Primärer Neid ist für sie deshalb Neid auf die schöpferische Funktion, die mit diesem Mutterarchetyp verbunden ist.

Interessanterweise erwähnt sie in ihrem klinischen Beispiel, wie wesentlich Probleme mit den Augen sind im Zusammenhang mit einer Neidproblematik und wie zentral das Symbol des Auges ist, das, zumindest wenn es abstrakt dargestellt wird, Ähnlichkeit mit der Brust hat. Das erinnert daran, daß Neid sehr oft in der Menschheitsgeschichte mit den Gefahren assoziiert worden ist, die vom bösen Blick ausgehen.

Mary Williams bezieht sich in ihrer Deutung auch auf Rosenthall[67], der sagt, der neidische Mensch sei vom Archetypus der phallischen Mutter fasziniert, einer zweigeschlechtlichen Gestalt, die «alles habe» und vor allem dadurch ausgezeichnet sei, daß sie die Fähigkeit zur orgiastischen Erregung (orgiastic excitement) besitze.[68]

Bei Williams und bei Rosenthall wird das Symbol, das Neid erregt und das man sich so sehr wünscht, sich einverleiben möchte

– und dennoch auch zerstören möchte –, als Symbol der Ganzheit verstanden, einer Ganzheit, die noch verbunden ist mit einer archetypischen Muttergestalt der Fülle und der ekstatischen Dynamik. Alles Gute, das außen ist – während innen im Gegensatz dazu alles leer ist, wie Laing an sich sehr treffend beschreibt[69] –, würde also nicht nur Neid erregen, sondern dieses Gute außen, diese Fülle, würde Lebensintensität versprechen, höchstes Gefühl der Lebendigkeit anstelle der Langeweile, die mit der Leere verbunden ist.

Stein meint, daß das, was der neidische Mensch außen sieht und begehrt, ein Selbstobjekt im Sinne von Kohut ist.[70] Neid wäre dann ein Alarmzeichen, daß zwischem dem Ich und dem Selbst – im Jungschen Sinn – die Verbindung gestört ist. Daher sieht Stern im Neid auch nicht den Ausdruck des Todestriebes, sondern einen Drang zur Individuation, den Anruf, die Beziehung zwischen Ich und Selbst wiederherzustellen. Damit würde der neidische Mensch wieder mehr seinem je eigenen Schicksal verbunden und das leben, was wirklich zu ihm oder zu ihr gehört.

Stein sieht die Ursache für eine besondere Neidentwicklung darin, daß unbewußt zuviel in die äußere Welt investiert wird und zuwenig in das innere Selbst. Das leuchtet ein, ist uns doch immer wieder bewußt geworden, wie sehr Neid etwas zu tun hat mit der Suche nach dem wahren Selbst, wie neidbegabt Menschen sind, die sich aus Anpassungsgründen, aus Gründen des Überlebens, auch der Abwehr von Leere und Scham ein falsches Selbst angeeignet haben oder sich andressieren lassen mußten. Für Stein wird also in den Neidattacken im Grunde das eigene Selbst gesucht.

Für mich wären es eher die jeweils zur Integration anstehenden Aspekte des Selbst, die sich in Neidattacken bemerkbar machen. Bloß erfolgt aus dem Neidgefühl heraus nicht allzuoft ein kreatives Rivalisieren, was die Entwicklung der eigenen Selbstanteile fördern könnte, sondern sehr viel häufiger destruktives Verhalten. Und dann hätte man es doch wieder mit dem Todestrieb zu tun. Aber weshalb soll man zerstören, was man so dringend braucht? Wohl deshalb: Wenn man schon selber nicht in den Genuß dieses – in der Phantasie des Neidischen – wunderbaren, lebendigen Lebensgefühls der Fülle und der Intensität kommen kann, dann soll es auch kein anderer haben. Auf wen die Projektion des Selbst – oder von Selbstanteilen – dieser phallischen Mutter oder der «archetypischen Naturmutter als zweigeschlechtlicher Gottheit» (Williams) fällt, ist selbstverständlich das bevorzugteste Kind, das auserwählte Kind, und das erregt sehr viel Neid.

Heilung von Neid

Die einzige nicht abwehrende Lösung im Umgang mit Neid für Stein ist es, die Ich-Selbst-Beziehung zu verbessern, sich klarzumachen, daß das Ich das Selbst zu inkarnieren hat, mit anderen Worten, zu spüren, daß das Leben, das ich habe, allein mein Leben ist, der Körper, den ich habe, allein mein Körper ist.[71] Das heißt also, es muß eine Veränderung im Selbstkonzept erfolgen mit einer deutlichen Wertschätzung des eigenen Schicksals – und der Akzeptanz des eigenen Schicksals. Ohne das Bewußtwerden des Neides sieht Stein keine Möglichkeit, die Beziehung zwischen Ich und Selbst zu verbessern. Das ist allerdings leichter gesagt als getan.

Melanie Kleins Theorie in einem größeren Zusammenhang gesehen

Macht man sich von der zeitlichen Festlegung der theoretischen Aspekte von Melanie Kleins Konzept für die erste Zeit des Lebens frei, dann wird deutlich, daß sie durchaus von der Interaktion von Grundkräften des Lebens spricht, von einer Dynamik, die vor allem im späteren Leben immer wieder beobachtet werden kann, von Konzepten, die – zwar umstritten – dennoch immer im Gespräch bleiben. Man denke da etwa an das Freudsche Begriffspaar vom Lebenstrieb und vom Todestrieb[72], an dasjenige von Erich

Fromm[73] von der Biophilie als der Liebe zum Lebendigen und der Nekrophilie als der Liebe zum Toten.

Die Brust ist für Melanie Klein das erste beneidete Objekt, das sie als Strom von Milch und Liebe sieht. Dieser Strom braucht in sich keinen Grund, um zu strömen. Dieser Strom von Milch und Liebe kann aber von der Brust zurückgehalten werden – und das erlebt nach Klein, wie erwähnt, schon ein etwa drei Tage altes Kind als willkürlich, sadistisch, aggressiv.[74] Was Melanie Klein hier auf die Brust projiziert, kann in einer jungianischen Terminologie etwa im positiven Mutterfeld der ersten Lebenszeit gesehen werden, von dem man dann spricht, wenn ein Kind einfach alles bekommt, was es braucht: Nahrung, Berührung, Akzeptanz, Begeisterung, Liebe, ohne etwas dafür geben zu müssen. Das Erleben dieses positiven Mutterfeldes[75] wäre dann die Basis für ein gutes, vertrauensvolles Lebensgefühl, das es dem Kind ermöglicht, sich als guten Menschen in einer guten Welt zu erleben.

Kann dieses Lebensgefühl nicht vermittelt werden, dann wird sich im schlimmsten Fall ein gegenteiliges Lebensgrundgefühl breitmachen: Das Kind hat dann den dringenden Verdacht, ein schlechter Mensch in einer schlechten Welt zu sein und obendrein selber daran schuld zu sein. Die damit verbundene Ohnmacht und Wut werden projiziert auf die, die haben. Daraus entwickelt sich dann eine Bereitschaft zu einer Neidhaltung, bleibt doch das gute Mutterfeld das Ersehnte, scheinbar nicht zu Erreichende. Bewegen sich dann andere Menschen in diesem Feld, neidet man, möchte man das, was man schon nicht haben kann, wenigstens zerstören.

In dieser theoretischen Denkspur tritt der Neid erst sehr viel später auf, keineswegs in den ersten Lebenstagen. Und es mutet auch reichlich spekulativ an, wenn Melanie Klein behauptet, ein drei Tage altes Kind kenne bereits den Neid und erlebe es als sadistisch und aggressiv, wenn die Brust keine Milch gebe. Jacobson, die eine ähnliche theoretische Orientierung wie Klein vertritt, meint, das Kind entwickle Habsucht, Besitzstreben und Neid am Ende des ersten Lebensjahres.[76]

Man könnte sich auch vorstellen, daß das Kind etwa mit eineinhalb Jahren merkt, daß andere Menschen ihm absichtlich etwas vorenthalten oder einfach etwas zurückhalten, in dem Alter, in dem es von sich selber weiß, daß es etwas zurückhalten kann und damit im Erwachsenen etwas bewirkt – zumindest Unmut. Da ist es denkbar, daß auch das Kind wütend wird, wenn die Mutter etwas zurückhält, und zwar dann, wenn erfahrbar wird, daß andere Menschen nicht bis ins Letzte kontrollierbar sind, daß man selbst aber auch nicht kontrollierbar ist. Das heißt, Neid könnte eigentlich erst auftreten, wenn beim Kind ein Selbstkonzept entwickelt ist, das die Unterscheidung zwischen dem Ich und dem anderen auf der Vorstellungsebene erlaubt.[77] Das ist im Alter zwischen sechzehn und vierundzwanzig Monaten zu erwarten, wenn sehr deutlich wird, daß das Kind eine klare Vorstellungsfähigkeit und -tätigkeit hat[78], also auch symbolisieren kann.

Der Neid auf sich selbst

Auch in Träumen begegnen wir neidischen Menschen. Gelegentlich sind die Gestalten unserer Träume offen neidisch, oft aber bringen wir sie erst im Wachzustand in Verbindung mit Menschen, die wir kennen und die wir als neidische Menschen erleben. Gelegentlich ist auch das Traum-Ich neidisch auf irgendeine andere Gestalt, die im Traum vorkommt. Selbst wenn Neid in vielen Träumen zunächst kein Thema zu sein scheint, erschließen wir aus dem Prozeß vieler Träume, daß Neid eine Rolle spielen könnte, wenn wir es uns angewöhnt haben, auch nach Neid Ausschau zu halten.

Ich werde keine ausführlichen Traumdeutungen anfügen, sondern lediglich herausarbeiten, in welchen Situationen Neid auftritt, was der Neid bewirkt, welche Prozesse dadurch in Gang kommen, wie das Traum-Ich allenfalls mit dem Neid umgeht und was diese Träume zu unserem Verständnis von der Theorie des Neides noch beitragen können.

Das neidische Traum-Ich

Der Traum einer 24jährigen Frau:

Ich bin an einem Strand, den ich nicht kenne, der aber ziemlich mondän ist. Ich beginne an meinem Bikini ‹herumzuzupfen›, plötzlich fällt mir nämlich auf, daß er nicht richtig sitzt. Meine Schwester liegt neben mir. Ich frage sie, ob dieser Bikini einigermaßen [gut, VK] aussieht. Sie schaut mich nicht wirklich an, sagt aber beruhigend, sie finde ihn schön. Ich schaue die anderen

Frauen an, stelle fest, daß sie alle viel schöner sind als ich, besonders eine Frau finde ich bildschön. Es gibt mir geradezu einen Stich! Nie wird jemand mich ansehen, wenn an einem Strand eine so schöne Frau zu sehen ist. Ich bin ganz unglücklich, will weggehen, meine Schwester will aber nicht. Ich mache sie auf die schöne Frau aufmerksam, meine Schwester sagt despektierlich, die habe wohl einen reichen Geliebten und sei bestimmt strohdumm. Ich bin ganz unglücklich, verstimmt.

Die Träumerin erwacht verstimmt, mißmutig. Sie ist zunächst einmal froh, daß sie in Realität gar keine Ferien hat, sich auch sonst nicht an einem Strand zeigen muß. Sie findet aber, so sei es wirklich, man könne doch nichts dagegen tun, daß andere Menschen schöner seien, und die würden nun einmal mehr Aufmerksamkeit auf sich ziehen. Betrachten wir diesen Traum auf der Objektstufe, dann bleibt er ganz einfühlbar. Es ist richtig, daß man nichts dagegen unternehmen kann, daß andere Menschen schöner sind, und es ist auch richtig, daß schönere Menschen mehr Beachtung bekommen. Das ist sogar wissenschaftlich bewiesen.[79]

Die Träumerin hat zwei Reaktionen auf diese Situation: Sie beginnt, sich selbst kritisch zu betrachten, sucht bei der Schwester Bestätigung für ihre Zweifel oder eine wirkliche Beruhigung. Die Schwester scheint sich nicht sehr für dieses Problem zu interessieren, so wie es die Schwester der Träumerin auch in der Realität halten würde. Sie zeigt eine deutliche Neidabwehr: Die Schönheit ist die Folge davon, daß diese schöne Frau einen reichen Geliebten hat, und sie wird zusätzlich entwertet: Sie soll strohdumm sein.

Während die Träumerin also ihrem Neid ganz ausgeliefert ist, läßt die «Schwester» den Neid gar nicht an sich herankommen, tut so, als wäre ihr das alles überhaupt nicht wichtig. Nun könnte das der Sinn des Traumes sein, daß die Träumerin, die sich für wenig neidisch hält, aber schon weiß, daß sie immer einmal vergleichend auf die Körper schöner Frauen schaut, sich bewußt darüber wird, wie sehr sie auch neiden kann und wie sehr dieser Neid sie verstimmt. Der Traum könnte anregen, hinter verschiedenen Verstimmungen, die sie immer wieder erlebt, nach verdrängtem Neid zu suchen. Auch regt er sie an, sich mit ihrem realen Körper, so wie er eben ist, auszusöhnen und auch zu akzeptieren, daß sie nicht wie ein Top-Model aussieht.

Was aber, wenn wir diese schöne Frauengestalt als intrapsychische Gestalt auffassen? Denn immerhin ist die Träumerin an einem Strand, und es ist im realen Leben der Träumerin kein Strandleben in Aussicht. Sie wäre dann neidisch auf die Frau in sich, die in ihren eigenen Augen eine makellose Schönheit ist, der Traum würde ihre Sehnsucht nach «Schönheit» zeigen oder die Sehnsucht nach dem Bild der Frau, die sie als schön, als erstrebenswert erlebt, die Beachtung bekommt. Der Traum würde aber auch darauf hinweisen, daß es eine solche Frau in ihrer Psyche gibt, daß diese aber von ihrer Schwester – einem ichnahen Persönlichkeitsanteil der Träumerin – abgelehnt wird. Die Sehnsucht nach der eigenen Schönheit, die Sehnsucht nach Schönheit schlechthin, die Sehnsucht nach der Trägerin des Schönen, was immer das auch impliziert, steckt hier wohl hinter dem Neid.

Für das Verständnis des Neides bringt dieser häufig vorkommende Typus von Neidtraum deutlich zum Ausdruck, daß das, was wir außen beneiden, eigentlich in unserer Psyche vorhanden ist, daß wir aber zunächst keinen Kontakt damit haben – außer über den Neid. Und er bringt zum Ausdruck, daß dieses Beneidete eigentlich bloß in der uns gemäßen Art in uns selbst jeweils gefunden werden müßte, möglicherweise sogar über die Neidprojektion und deren Verarbeitung wirklich zu etwas Eigenem werden kann – das dann allerdings meistens den idealen Charakter etwas verloren hat. Wesentliche Anteile der eigenen Persönlichkeit werden also auf Menschen projiziert, die unseren Neid erregen, Anteile, die für unser Selbstsein wichtig sind.

Im weiteren wird in diesen Träumen sehr deutlich, daß wir verschiedene nebeneinander existierende, sich durchaus auch widersprechende Möglichkeiten haben, mit Neid umzugehen. In diesem Traum läßt sich das Traum-Ich stark vom Neid treffen, die Traumschwester wehrt ebenso rigoros ab. Die Träumerin erwacht mit der Neidemotion des Traum-Ichs, die Abwehr der Schwester scheint weniger wirksam zu sein, auch wenn sie sich im Alltag normalerweise eher so verhält wie die Schwester im Traum.

Ein maskierter Neidkonflikt

Ein Ausschnitt aus einem Traum:

Ein Mann verfolgt mich. Er will mir meine Kinder abjagen. Ich bin empört, versuche immer einmal, mich gut zu verstecken, das gelingt auch immer wieder vorübergehend, aber immer dann, wenn ich das Gefühl habe, besonders schlau gewesen zu sein, ist er doch wieder irgendwie im Vorsprung. Ich versuche, ihn dazu zu verführen, daß er über eine Mauer springt, die sehr hoch ist, aber nicht sehr hoch aussieht. Er springt auch, stößt sich aber nicht, wie erhofft, sondern hebt ab, er kann fliegen. Er kann mir zwar meine Kinder (?) nicht abjagen, aber er hat plötzlich größere Kinder bei sich, die wesentlich lebendiger wirken als meine. Die sind eigentlich nur wie Kartonattrappen. Ich entschließe mich, ihm die lebendigen Kinder abzujagen ... Ich weiß nicht, ob es gelungen ist.

Dieser Traum einer 34jährigen Träumerin, die kinderlos ist, zeigt vordergründig keinen Neid. Es ist einer der Verfolgungsträume, bei denen man das Gefühl hat, daß das, was das Traum-Ich verfolgt, eigentlich von diesem Traum-Ich angenommen werden müßte. Bei den Assoziationen zum Traum kam dann das Thema Neid auf. Zunächst erzählte die Träumerin, daß dieser Verfolger ein ganz schmieriger, ekliger Typ gewesen sei, ein richtiger Ganove, unheimlich frech, unerschrocken, sicher zu jeder Brutalität bereit. Er wird zunächst also entwertet. Dann fügt sie an, sie sei ganz schön clever gewesen im Traum, aber dieser Verfolger eben auch, er sei ihr sogar immer eine Spur überlegen gewesen, immer ein wenig rascher. Eigentlich wäre sie auch gern wie dieser Mann, ja eigentlich beneide sie ihn um seinen Zugriff, den er auf alles gehabt habe. Irgendwie sei er sehr einfallsreich gewesen und habe nicht gezögert, diese Einfälle auch in die Tat umzusetzen. Er habe ja schließlich auch die lebendigeren Kinder gehabt. Mit lebendigeren Kindern sei man selber lebendiger. Dann beginnt sie von Männern zu erzählen – sie arbeitet in einem Beruf, in dem Männer sehr viel zahlreicher vertreten sind als Frauen –, und sie spricht vor allem davon, wie diese oft ohne große Überlegung etwas wagen, gelegentlich damit sehr viel Erfolg haben, sehr oft damit aber auch viel «vermasseln».

Den Mann in ihrer Psyche, den sie eigentlich für einen Feind hält, beneidet sie auch. Sie verschattet ihn aber, wertet ihn ab, obwohl er eigentlich vertrauenswürdig wäre, wie sie sagt, denn er hat die lebendigeren Kinder, ein größeres Gefühl der Lebendigkeit. Darum beneidet sie ihn und auch um seine Risikobereitschaft. Etwas mehr Lebendigkeit und Risikobereitschaft wären wohl auch in ihrem Leben möglich und angesagt.

Offen neidisch

Der Traum eines 38jährigen Mannes:

Ich sitze an einem Tisch, an dem unter anderen auch Heidegger sitzt. Ich soll meine Theorie vortragen und mache das auch – etwas beklommen, weil es eine Weiterführung einer Theorie von Heidegger ist, und auch stolz. Heidegger nickt nachdenklich und zustimmend. Mein Kollege X ist sehr aufgebracht, sagt, das wäre doch alles ‹höherer Blödsinn›, wird rot im Gesicht, verheddert sich in seinen Sätzen, und ein anderer Kollege, ein Psychologe, sagt trocken: ‹Herr Kollege, hier geht es doch wohl um Neid.› X schnappt nach Luft und sagt: ‹Nicht nur, denn die Argumentation ist doch wirklich stümperhaft.› (Hier kann der Traum nicht mehr weiter erinnert werden.)

Der Träumer erwachte mit einem dankbaren Gefühl, daß dieser Traum zu Ende war, ein Traum, in dem er sich zu Beginn sehr wohl gefühlt hatte, geradezu ein Hochgefühl verspürt hatte angesichts der Akzeptanz von Heidegger, in dem er sich dann durch den Neidausbruch seines Kollegen aber wie gelähmt fühlte und keine Möglichkeit sah, in irgendeiner Weise mit diesem Kollegen zu argumentieren. Dessen Reaktion hatte ihm buchstäblich die Sprache verschlagen.

Der Träumer hat wirklich in den letzten Jahren eine Theorie entwickelt, die in seinen Augen eine Weiterführung einer Theorie von Heidegger darstellt. Er sollte diese Theorie einigen Fachkolleginnen und -kollegen ein paar Wochen nach dem Traum vorstellen, was in ihm einige Unruhe auslöste: Die Überzeugung, etwas ganz Wichtiges entwickelt zu haben, wechselte ab mit dem Gefühl, großen Lärm um eine Selbstverständlichkeit zu machen.

Der Traum nimmt die Situation vorweg, in der er seine Ideen präsentieren soll. Die Zusammensetzung der Kollegen ist allerdings eine ganz andere als die zu erwartende. Zum einen ist da Heidegger – Ausdruck für den Wunsch, vom alten Meister in der Weiterführung seiner Idee akzeptiert zu sein. In dessen nachdenklichem, wohlwollendem Nicken zeigt sich sowohl das Ernstnehmen dessen, was der Träumer vorträgt, als auch eine grundsätzliche Akzeptanz. Nun ist da aber auch Kollege X, ein Kollege, mit dem er oft zusammenarbeitet, der ihm normalerweise wohlgesinnt ist und dessen Forschungsgebiet sich mit seinem in keiner Weise überschneidet. Der zeigt nun alle Zeichen des Neides – angesichts der Zustimmung von Heidegger, meint der Träumer. Es geht also letztlich um ein neidvolles Rivalisieren um die Anerkennung durch den Vater, das hier aber entwertend geführt wird. Der Psychologe, der nicht zur Runde gehört, dem Träumer aber bekannt ist, diagnostiziert den Neid und bringt damit wohl auch den Traum zu einem Ende.

Der Neid, oder eher die Abwehr von Neid, bewirkt, daß kein vernünftiges Gespräch in Gang kommt und daß der Träumer wie gelähmt ist. Der Neid lähmt die ganze Situation. Das Traum-Ich kann mit dieser Äußerung von Neid überhaupt nicht umgehen. Nachdem der Träumer sich gerade noch sehr akzeptiert fühlte, wird er nun «zerrissen» (heftig kritisiert), ohne daß wirkliche Argumente genannt würden. Im Grunde genommen spiegelt der Traum noch einmal die Gefühle, die der Träumer angesichts der bevorstehenden Präsentation seiner Gedanken bereits beschrieben hatte. Kollege X, der in Wirklichkeit nicht als neidisch erlebt wird, wird allerdings als neidisch erfahren. Vielleicht spiegelt sich in dieser Wahrnehmung die Angst des Träumers, daß angesichts seiner von ihm erhofften großartigen Präsentation sogar Kollege X neidisch werden könnte. Diese Deutung läßt der Träumer nur am Rande gelten.

Es bleibt also die subjektstufige Deutung: Da gibt es einen Persönlichkeitsanteil in ihm selbst, der neidisch ist auf die Fähigkeiten des Traum-Ichs, der sich also ausgeschlossen fühlt vom Erfolg. Das Thema des Neides auf sich selbst ist angesprochen. Dieser Kollege X im Traum möchte Anteil haben an dem, was das Traum-Ich besitzt, und weil er diesen Anteil nicht hat – sei es nun die Theorie oder die Akzeptanz durch eine Autoritätsgestalt –, wird er neiderfüllt, eifersüchtig und destruktiv.

Wie kann man das verstehen? Wäre das Traum-Ich so sehr neidisch, es wäre klar, daß der Persönlichkeitsanteil, der diesen starken Neid auslöst, etwas hat, das das Ich dringend braucht, das zur Erfüllung des Selbstseins sehr wichtig wäre. Jetzt ist es aber umgekehrt, und es sieht fast so aus, als würde dieser Persönlichkeitsanteil benötigen, was das Ich hat, also das Gefühl von Akzeptanz und das Bewußtsein von Kreativität. Dieser verdrängte Persönlichkeitsanteil, der neidet, bewirkt aber, daß das Traum-Ich wie gelähmt ist, seine Forschungen nicht mehr verteidigen kann. Handelt es sich um einen abgespaltenen Neidanteil des Träumers – ein Hinweis darauf, daß der Träumer unbewußt eher die Menschen neidisch macht, um nicht selber neiden zu müssen, eine unbewußte Provokation von Neid –, oder geht es um den verzweifelten Versuch eines weniger bewußten Anteils, ins bewußte System integriert zu werden, um einen Individuationsdrang, der vom Unbewußten her kommt, der aber in dieser Art keineswegs das Ichbewußtsein fördert, sondern es auf üble Weise hemmt?

Der zu erschließende Neid

Es gibt Träume, die keine Neidmotive aufzuweisen scheinen, bei denen man aber, betrachtet man sie näher, nicht umhin kann, Neid als Auslöser von bestimmten Handlungen zumindest in Erwägung zu ziehen.

Traum einer 54jährigen Frau:

Ich bin auf einer Modemesse und führe sehr schöne Kleider vor. Ich bin sehr stolz, daß ich diese Kleider selber entworfen habe und daß sie Beachtung finden. Plötzlich taucht mein Mann auf, er will parallel zu meiner Modenschau auf Video Modelle eines anderen Designers zeigen. Ich bin wütend und sage ihm, das sei doch eine Konkurrenz für meine Modelle. Er sagt: ‹Nein, dann kommen deine Modelle noch größer heraus›, und noch etwas in dem Sinne: ‹Ich will dir doch nur helfen.› Ich sage sehr energisch, er solle aufhören und weggehen. Er tut das auch, aber als ich nicht hinsehe, läuft das Video schon wieder, offenbar über Fernbedienung. Ich reiße alle Kabel am Video heraus – aber das läuft einfach weiter. Wegen des Ärgers mit dem Video habe ich meine Präsentation vernachlässigt. Ich wache sehr wütend und etwas pessimistisch auf.

Die Träumerin entwirft tatsächlich Kleider, setzt diese Entwürfe aber nur zaghaft in die Realität um, indem sie das eine oder das andere Modell herstellen läßt. Mit diesen hat sie jeweils großen Erfolg. Von ihrem Mann fühlt sie sich bei diesen Unternehmungen sehr gefördert. Er ermutige sie sogar, mutiger zu produzieren. Um so erstaunter ist die Träumerin, daß sie diesen Traum geträumt hat. Sie spricht darüber, wie wunderbar das Lebensgefühl gewesen sei, ihre eigenen Modelle zu präsentieren, und wie störend die Intervention ihres Mannes. Sie ärgerte sich vor allem auch darüber, daß er ihren Argumenten gegenüber so unbeeindruckbar war, und sie fragte sich natürlich, was ihn denn dazu bewegen könnte, in dieser Art zu reagieren. Dabei fiel ihr ein, daß er sich als Wohltäter hinstellte, indem er ihren Modellen zu mehr Erfolg verhelfen wollte durch die Konkurrenz mit einem anderen Designer, was nach seiner Darstellung doch zumindest ablenken würde. Sie konnte die Begründung ihres Mannes im Traum nicht wirklich glauben, um so weniger, als sie dann merkte, wie wichtig ihm diese Videovorführung war, die sie «nicht mehr los wurde». Sie überlegte sich, ob ihr Mann vielleicht doch neidisch sei auf ihren Erfolg? Daß er aus diesem Grunde im Traum «doppelzüngig» sprach? Ihr eigentlich schaden wollte?

Der Traum löste in der Träumerin Überlegungen dazu aus, ob sie vielleicht unbewußt den Neid ihres Mannes fürchte, wäre sie wirklich erfolgreich mit ihren Modellen. Ob das die Hemmung war, die sie nicht recht einsteigen ließ in diese Arbeit? Sie wurde mit ihrer ihr nicht bewußten Überzeugung konfrontiert, daß sie eigentlich als Frau nicht erfolgreicher sein dürfe als ihr Mann. Es war nicht auszumachen, ob der Ehemann wirklich neidisch war oder neidisch reagieren würde oder ob es mehr eine Befürchtung der Träumerin war. Aber daß Neid im Spiel war, samt der Verschleierung der bösen Absichten aus dem Neid heraus, war für die Träumerin sehr klar zu erschließen.

Betrachtet man den Traum subjektstufig, dann würde ihr Mann eine männliche Seite in ihr symbolisieren, die auf die Kreativität des Traum-Ichs neidisch ist, diese torpedieren will – also auch hier wiederum eine Form von Neid auf sich selbst. Eine innere Gestalt, die vermutlich noch in einer nahen Beziehung zum Vaterkomplex steht, verhindert die Autonomie, die Lebensfreude, die Kreativität des Ichs und steht nicht wirklich dazu. Der Neid auf sich selbst will die Individuation verhindern, rückt aber gerade dadurch die Notwendigkeit der Individuation und das spezielle anstehende Thema ins Zentrum der Aufmerksamkeit.

Der Neid auf sich selbst wird als Zwiespalt erlebt: Eigentlich möchte man, wenn man dürfte, aber man darf nicht – und sollte doch eigentlich. Eine Lähmung setzt ein mit der damit verbundenen Unzufriedenheit. So führt einerseits der Neid auf sich selbst dazu, daß die eigentliche Persönlichkeit unter Druck, in die Krise gerät und vielleicht gerade dadurch sich zu mehr Selbstsein entschließt. Andererseits werden dadurch, wie schon oft erwähnt, Seiten in einem angesprochen, die realisiert werden müssen, werden Probleme mit dem Selbstkonzept angesprochen, die gelöst werden müssen durch eine neue Form der Selbsteinschätzung und der Akzeptanz. Natürlich kann man diesen Neid auf sich selbst auch als abgespaltenen eigenen Neid sehen, mit der damit verbundenen Angst vor dem Neid der anderen Menschen, der einen dazu führen kann, die eigene Kreativität nicht zu leben, um nicht der heimlichen-unheimlichen Aggression der neidischen Menschen ausgeliefert zu sein, die man ja insgeheim sehr gut von sich selbst kennt. Von Bedeutung daran ist, daß sich diese neidischen unbewußten Anteile hemmend auf die Aktivität und die Kreativität und Lebendigkeit des Traum-Ichs – und damit wohl auch des Ichs – auswirken. In einigen dieser Träume ist das Traum-Ich auch Neidauslöser oder Neidauslöserin, indem es zu seiner Freude an der eigenen Kreativität steht, zu seiner Freude an der Lebendigkeit, am Bewirkenkönnen, an der Kompetenz.

Vergleicht man die theoretischen Hypothesen zum Wesen und zur Funktion des Neides mit den Aussagen, die sich in diesen Träumen finden lassen, dann wird deutlich, daß es nicht um die Projektion des Selbst gehen kann, wenn wir neiden, sondern um die Projektion von Eigenschaften und Verhalten, die uns mehr das originäre Selbst erleben ließen, die, wenn wir sie integrieren würden, uns also eine größere Fülle des Lebens, eine größere Lebendigkeit erfahren ließen und die letztlich dazu führen könnten, daß das Ich mehr in Übereinstimmung mit dem Selbst wäre, der Mensch mehr bei sich wäre, mehr dem Prinzip der Individuation folgen würde.

Der Neid in der Therapie

Das Problem des Umgangs mit dem Neid in der Therapie ist ein sehr schwieriges, dem leicht zu wenig Beachtung geschenkt wird, denn Neid wird nun einmal gerne verdrängt – auch von Therapeuten.

Mary Williams[80] widmete diesem Thema große Aufmerksamkeit und formulierte interessante Hypothesen. Sie beobachtete, daß Patienten und Patientinnen, die an primärem Neid litten, trotz sehr verschiedener Herkunft und unterschiedlicher Familienkonstellationen ein ähnliches Mutterbild hatten und daß ihnen allen gemeinsam war, daß sie sich nichts Gutes einverleiben konnten oder, taten sie es dennoch, es nicht als gut anerkennen konnten. Es gelang ihnen schlecht, ein gutes Bild von anderen oder von sich selbst in der Phantasie lebendig zu erhalten. Gelang es ihnen indessen für kurze Zeit, so waren sie von Panikgefühlen erfaßt, wenn das Bild zu verblassen drohte. Williams stellte weiter fest, daß bei diesen Patienten und Patientinnen jedes physische Organ zusätzlich affiziert sein konnte, am ehesten indessen die Augen, die Haut und das Verdauungssystem. Symptome, die mit dem Einverleiben und Ausstoßen zu tun hatten, waren denn auch häufig. Zudem stellte sie bestimmte Lernschwierigkeiten fest: Alle hatten sie große Ambitionen, konnten aber die angestrebte Leistung nicht bringen. Weiter waren sie alle kaum fähig, sich über etwas zu freuen. Freuten sie sich doch einmal über etwas, dann hatten sie die Befürchtung, daß es gleich irgendwie verdorben werden würde, denn sie gingen unausgesprochen von der Idee aus, daß nur ein einziger Mensch sich über etwas Bestimmtes freuen kann. Freuten sich andere auch über dasselbe, dann fühlte sich der Urheber oder die Urheberin beraubt, und die Freude war verdorben. Desgleichen konnten diese Menschen nicht schöpferisch aktiv sein, denn wären sie es gewesen, dann hätten sie damit leben müssen, daß die schöpferischen Produkte nicht mehr ihre waren, weil sie einen eigenen Weg in die Welt nehmen.

Sie stellte fest, daß sich in der analytischen Beziehung die Beziehungsdynamik leicht «ins Gegenteil» verkehrt: Der Analytiker wird zum Kind, das Verwirrung stiftet und vom Analysanden oder von der Analysandin bestraft werden muß für begangene Irrtümer. Diese Analysandinnen und Analysanden mit einem primären Neidproblem bereiten sich nach der Erfahrung von Mary Williams auf die Therapiestunden vor, indem sie sich alle Eventualitäten vorstellen, um immer eine Reaktion präsent zu haben, damit sie nicht beschämt oder konfrontiert werden mit der überlegenen Weisheit des Analytikers oder der Analytikerin.

Diese Beobachtungen von Mary Williams sind sehr interessant. Sie zeigen auf, daß sich der Therapie mit Menschen, die an einer primären Neiderkrankung leiden, einige Hindernisse entgegenstellen. Ein Teil der Beobachtungen von Mary Williams weisen darauf hin, daß das primäre Mutterfeld dieser Patientinnen und Patienten mehrheitlich negativ besetzt war, daß deshalb auch die Erwartung an die Welt besteht, daß es letztlich nichts Gutes gibt und geben darf, zumindest nicht für sie selbst. Interessant ist die schon erwähnte Beobachtung, daß diese Menschen die inneren guten Bilder nicht präsent haben, ihre Identität also nicht über gute innere Bilder von sich selbst aufrechterhalten können. Diese sind deshalb projiziert, erst im Neidaffekt werden sie wahrgenommen, können aber in dieser Form nicht für sich selbst genutzt werden, sondern müssen zerstört werden. Ein negatives Mutterfeld erlaubt es nicht, daß Phantasien von einem guten Leben internalisiert werden. Das ist einer der Gründe, weshalb immer wieder betont wird, daß Menschen mit einer Neidthematik eine «entleerte» Innenwelt haben, ihre inneren Bilder im wesentlichen in der Projektion oder der projektiven Identifizierung erleben.

Interessant ist weiter die Feststellung von Williams, daß bei psychosomatischen Reaktionen Organe, die mit «Hereinnehmen» und «Herausgeben» zu tun haben, das heißt Organe der Kommunikation und des Austauschs mit der Welt, besonders affizierbar sind, besonders die Augen. Hier ist eine direkte Verbindung zum Volksglauben zu ziehen, der den Neid im bösen Blick sich äußern sieht, welcher dann in der Folge in vielfältiger Weise abgewehrt werden muß.

Die besonderen Lernschwierigkeiten von Menschen mit einer Neidthematik weisen darauf hin, daß eben nicht nur ein ursprünglich negativer Mutterkomplex[81] anzutreffen ist, sondern daß sich dieser zudem durch einen sehr hohen Anspruch auszeichnet.

In der Unmöglichkeit, sich zu freuen und kreativ zu sein, zeigt sich die Unmöglichkeit, sich den Mitmenschen und dem Unbewußten vertrauensvoll zu überlassen – auch ein Aspekt eines ursprünglich negativen Mutterkomplexes. Es zeigt sich darin die Notwendigkeit, alles unter Kontrolle behalten zu müssen, daher auch die eigentümliche Situation in der analytischen Beziehung, in der die Analytikerin oder der Analytiker zum «Kind» werden muß. Das heißt, daß intrapsychisch gesehen der primär neidische Mensch sich noch in der Identifikation mit dem ursprünglich negativen Mutterkomplex befindet, und zwar in der Identifikation mit dem Mutterpol dieses Komplexes. Der Kindpol – befrachtet mit Bildern des Kindes, das nicht genügt, nicht in Ordnung ist – wird dann abgespalten und projiziert.[82] Das Kontrollbedürfnis führt dazu, daß es dem primär neidischen Menschen nicht möglich ist, sich zu entwickeln, sich aus diesem enttäuschenden Mutterfeld herauszubewegen. Etwas Vergleichbares erleben wir bei Zwangserkrankungen, und permanenter Neid hat ja auch etwas Zwanghaftes an sich. Es darf nichts Unvorhergesehenes, nichts Autonomes, nichts «Lebendiges» geschehen, deshalb muß alles kontrolliert werden. Darin zeigt sich ein großartiger Versuch des Menschen mit primärem Neid, nicht abhängig zu werden und damit nicht dem eigenen Neid ausgeliefert zu sein.

Dieses Kontrollieren verhindert nicht nur die Weiterentwicklung, sondern auch, daß diese Menschen sich in eine Beziehung hineinbegeben können, die korrigierende emotionale Erfahrungen erlauben würden, neue Formen der Beziehung, die auch das positive Mutterfeld aktivieren könnten. Zwischen dem Mutter- und dem Kindpol des Komplexes besteht so etwas wie eine sadomasochistische Beziehung, die sich leicht auf eine therapeutische Beziehung – und auch auf andere Beziehungen – überträgt. Menschen mit einer solchen Neidproblematik suchen zwar oft therapeutische Hilfe, ohne daß sich – zumindest für eine lange Zeit – etwas verändern könnte und dürfte.

In der Übertragung hat man es entweder mit ständigen Neidattacken zu tun[83] – denn natürlich kann man an einem Analytiker, einer Analytikerin vieles beneiden – oder aber mit der Abwehr von Neid, was sich zum Beispiel in der versuchten Umkehr der Rollen im analytischen Prozeß zeigt.

Ist der Neid dominierend in der Übertragung, dann wird die Analysandin, der Analysand immer wieder betonen, daß sie oder er von der Analytikerin beziehungsweise dem Analytiker nicht genug bekommt, immer so viel entbehren muß. Diese hätten reichlich zu geben, wenn sie nur wollten, nur großzügiger wären, mehr interessiert am Prozeß. Der zurückhaltende, empathische Therapeut wird als etwas vorenthaltend erlebt. Er hält seine Weisheit und überhaupt alles zurück. Hält er aber seine Weisheit nicht zurück, kann das auch falsch sein: Interpretationen zum Beispiel können ganz falsch am Platze sein, denn diese beweisen dem Neidischen oder der Neidischen, daß der Analytiker, die Analytikerin mehr weiß, diese Interpretationen können beschämen. Kurz, alles, was sie oder er sagt, tut oder nicht tut, weckt Neid oder noch mehr Abwehr von Neid.

Die allgemeine Gegenübertragungsreaktion ist dann die, daß sich der Analytiker oder die Analytikerin hilflos und gelähmt fühlt und dennoch das Gefühl hat, rasch etwas Besonderes leisten zu müssen. Es kann sich zusätzlich ein abweisendes Gefühl einstellen, ein Ekel, mit dem Wunsch verbunden, nicht mehr hinzusehen (die Abwehr des bösen Blickes) oder sich abzuwenden. Wird dieses Gegenübertragungsgefühl thematisiert im Sinne, daß dieses offenbar die unausgesprochenen Gefühle des Analysanden oder der Analysandin spiegelt, daß er oder sie offenbar darunter leidet, sich gleichzeitig hilflos fühlt und etwas Besonderes leisten müßte und daß diese Gefühle möglicherweise mit einem Ekel vor diesem ganzen Neidgestrüpp verbunden sind, kann dies dazu führen, daß der Analysand oder die Analysandin sich selber im Neidverhalten besser versteht und dieses auch ansehen kann, mit Empathie für die eigene schwierige Situation.

Die Identifikation mit dem ursprünglich negativen Mutterkomplex und innerhalb des Komplexes mit der ständig unzufriedenen Muttergestalt, die nicht zu verwechseln ist mit der konkreten Mutter[84], kann aufgedeckt werden, und möglicherweise setzt dann der Übergang in die im theoretischen Teil geschilderte «depressive Position» ein. Das Zulassen der Trauer während einer längeren Zeit über die eigene Destruktivität, die sich im Neid zeigt, kann dazu führen, daß immer mehr auch Dankbarkeit entwickelt wird, daß also gute Erfahrungen in ihrem Wert stehen gelassen werden können und letztlich sogar als dem eigenen Leben und dem eigenen Selbst zugehörig erlebt werden können. In dieser Trauer ist die Identifikation mit der überfordernden, grandiosen Seite des Mutterkomplexes aufgegeben, und damit wird auch der Blick frei auf die eigenen Lebensmöglichkeiten. Gute innere Bilder von sich und von der Welt können erlebt und festgehalten werden.

Was ich hier geschildert habe, ist die bestmögliche Entwicklung in der Folge einer empathischen Gegenübertragungsdeutung im richtigen Moment. Es ist aber auch möglich, daß eine Gegenübertragungsdeutung ungeheuer beschämt und kränkt und den Neid noch verstärkt. Die Ungewißheit der Reaktion bringt eine große Schwierigkeit in der therapeutischen Situation mit sich: An sich muß der Neid irgendwann angesprochen werden im Laufe einer Therapie, weil sonst das Gute, das in einer Therapie sich ereignet, nicht integriert werden kann, alles, was wachsen will, wieder zerstört werden muß. Wird der Neid aber angesprochen, dann kann das eine sehr große Kränkung sein und den Neid noch verstärken. Beim Umgang mit dem Neid steckt man also leicht in einer Sackgasse. Ihn einfach zu übersehen ist ja auch nicht ratsam, denn dann werden Fortschritte immer wieder torpediert.

Es gibt allerdings die Erfahrung, daß sich Menschen während einer längeren Therapie kaum verändern und auch immer wieder deutlich machen, daß sie von der Therapie nicht profitieren, dennoch aber weiter therapeutische Hilfe in Anspruch nehmen, ohne dies wirklich begründen zu können, allenfalls mit einer vagen Äußerung auf Hoffnung, daß die Therapie eines Tages doch noch greifen möge. Verändern sich Situationen nachweislich und können gute Entwicklungen nicht geleugnet werden, dann werden diese hingestellt als Errungenschaften, die trotz der Therapie möglich waren. Neidende Menschen können dem Analytiker, der Analytikerin den Erfolg nicht gönnen, nicht einmal einen kleinen.

Der Analytiker, die Analytikerin hält diese Situation einfach aus, gequält zwar, aber er oder sie läßt sich letztlich nicht im eigenen Selbstwert und im eigenen Selbstverständnis zerstören und kann auch akzeptieren, einen Menschen mit verhältnismäßig wenig Erfolg behandelt zu haben oder noch zu behandeln. Dies ist um so eher möglich, als bekannt ist, daß diese Menschen nach Abschluß der Therapie alles entwickeln können, was in der Therapie angelegt wurde. Trifft man sie später wieder oder macht man eine Nachbefragung, sagen sie einem strahlend, sie hätten nach der Therapie großartige Fortschritte gemacht – und gelegentlich können sie dann auch von sich aus das Thema des Neides anschneiden. Oder Menschen, die selber beraterisch tätig sind, können einem erzählen, daß sie alles, was in der Analyse geschehe, sehr gut gebrauchen könnten für ihre eigenen Klientinnen und Klienten, nur ihnen würde das leider so ganz und gar nicht helfen.

Aus dem Wissen um diese Entwicklungen können wir lernen, daß es manchmal auch sinnvoll sein kann, den Neid nicht anzusprechen, sich weder durch den fehlenden Erfolg verunsichern noch unter Druck setzen zu lassen. Das wird dann möglich sein, wenn zum Beispiel aufgrund von Entwicklungen, die nicht zu leugnen sind, oder auch aufgrund von Träumen deutlich wird, daß eine Entwicklung stattfindet, aber geleugnet werden muß. Daß der Analytiker, die Analytikerin sich trotz allem nicht beirren läßt, sich letztlich nicht zerstören läßt, auf sein oder ihr Gefühl sich verläßt, kann eine modellhafte Funktion haben. Aber es ist natürlich nicht leicht, eine solche Haltung durchzutragen, besonders dann, wenn keine deutlichen Entwicklungsstränge sichtbar sind. Da werden durchaus angebrachte Zweifel wach, ob den Neid nicht anzusprechen wirklich therapeutisch sinnvoll ist oder eher einer therapeutischen Resignation entspricht.

Gibt es Wege aus der Sackgasse?

Mary Williams betont eindringlich, daß alles, was diese Patientinnen und Patienten eigentlich brauchen: Zuwendung, spezielle Beachtung, Erklärungen, Bestätigungen beispielsweise, den Neid provoziert.[85] Aber auch das Fehlen einer Antwort oder das Schweigen sei von ihnen schlecht aushaltbar. Anhand praktischer Beispiele spricht sie sehr offen über ihre Gegenübertragungsgefühle: Sie spürte Gefühle des Hasses, weil ihre Initiative ständig zerstört wurde, Haß auch, weil diese Patientinnen und Patienten fordern, daß man hinter fast unmerklich geäußerten Angeboten die Größe des dahinterstehenden Angebotes erkennen soll. Gleichzeitig spürte Mary Williams selber Neid, verbunden mit dem Wunsch, die Patientin, den Patienten zu «entleeren», ihr Material für sich zu haben. An einem Fallbeispiel zeigt sie auf, wie sie aus diesen Gegenübertragungsgefühlen heraus eine Patientin verstand, und sie stellte fest, daß die Analysandin zwar die «gute Brust» der Therapeutin durchaus erlebte, diese Erfahrung aber verbergen mußte, damit sie – die Patientin – nicht zerstört werden konnte, falls die Analytikerin ihre Bedürfnisse plötzlich nicht mehr befriedigen würde. Diese Deutung, die Williams offenbar der Patientin gegenüber formuliert hat, wurde von der Patientin spontan angenommen, und als Folge davon konnte sie eine Trauerarbeit leisten, die zuvor nicht möglich war. Hier wäre also eine entscheidende Wandlung in der Therapie über eine Deutung zustande gekommen.

Die Frage ist nur, wann wir eine solche Deutung einbringen und wie. Die Deutung von Williams ist sehr konstruktiv. Da wird der Patientin nicht vorgeworfen, daß sie keinen Gebrauch von der Therapeutin macht oder daß sie nicht dazu steht, daß auch etwas Gutes von der Therapeutin kommt, sondern es wird ihr deutlich gemacht, daß sie eine wunderbare Entwicklung für sich nachgeholt hat und zudem fähig ist, das Resultat dieser Entwicklung, das sichere Wissen um das Vorhandensein einer auch guten Brust, für sich zu behalten und es damit vor der eigenen und der möglichen fremden Destruktivität zu beschützen.

Williams gibt eine weitere therapeutische Anweisung: Die Analysandin, der Analysand habe als existierendes Wesen bestätigt zu werden, aber immer nur auf seine oder ihre eigene Initiative hin. Das würde heißen, daß sie im Grunde genommen in einer sehr vorsichtigen Weise die narzißtische Störung angeht und sie behandelt. Sie achtet aber auch darauf, daß sie in ihren therapeutischen Absichten letztlich nicht beeinträchtigt wird.

Judith Hubback[86] beschreibt im Zusammenhang mit dem Umgang mit primärem Neid in der Therapie den Fall eines Mannes, bei dem Besserung erst eintrat, als es ihm gelang, daran zu glauben, daß er von ihr, der Analytikerin, wertvolle Dinge bekam, und er diese Erfahrung auch dann in sich aufrechterhalten konnte, wenn die Analytikerin nicht anwesend war oder wenn er den Eindruck hatte, daß sie ihm gerade nichts Wertvolles gab. Wie es zu diesem entscheidenden Wandel kam, beschreibt Hubback leider nicht. Sie bringt aber im Zusammenhang mit der Gier den wichtigen therapeutischen Anstoß, diese nicht direkt anzusprechen, sondern nach der Angst zu fragen, die hinter der Gier steckt. Möglicherweise fragt sie auch nach der Angst in einer Neidsituation und spricht die Angst und nicht den Neid an. Es ist meistens entlastend und damit auch kommunikationsöffnender, wenn man die Angst ansprechen kann und nicht die daraus folgende destruktive Haltung und Handlung. Möglicherweise ist das der Weg von Hubback, mit dem Neid im therapeutischen Prozeß umzugehen.

Was verändert werden muß – und das ist auch die Ansicht von Murray Stein –, ist die negative Haltung gegenüber diesem hungrigen oder auch gierigen, das heißt neidischen Ich, damit die gestörte Verbindung vom Ich zum Selbst wiederhergestellt werden kann. Für Murray Stein ist ein Individuationsprozeß, in dem das Ich einen dem Selbst gleichberechtigten Status bekommt, die einzige Möglichkeit, den Neid zu überwinden.[87] Das ist sicher als Idee richtig – aber auch er spricht nicht davon, wie das therapeutisch geschehen kann.

Es stellt sich die Frage, was diese Autoren und Autorinnen, die sich mit dem Neid intensiv beschäftigt haben, in der jeweiligen schwierigen therapeutischen Situation wirklich tun. Man gewinnt den Eindruck – ähnlich übrigens wie bei Melanie Klein –, daß alle diese Autorinnen und Autoren davon überzeugt sind, daß die – trotz aller destruktiven Versuche, die analytische Beziehung zu zerstören – konstante, interessierte, wohlwollende Anwesenheit des Analytikers oder der Analytikerin letztlich doch das Vertrauen in das Gute im Leben stimuliert. Das hieße also: Läßt der Analytiker, die Analytikerin sich in seiner oder ihrer Verbindung zum Archetypus der «guten Brust», der lebensspendenden Fülle, der Lebendigkeit, des positiven, lebensfördernden Mutterarchetyps nicht verunsichern oder gar zerstören, sondern allenfalls blockieren, bleibt der Analytiker oder die Analytikerin bei sich selbst, läßt er oder sie sich weder zu grandiosen Ansprüchen noch zu grandiosen Verurteilungen seiner oder ihrer selbst hinreißen, bleibt er oder sie sich selbst gewiß in der Verbindung zum ursprünglich positiven Mutterarchetyp – inmitten aller Zerstörung –, dann wird der Analytiker oder die Analytikerin stellvertretend einen Weg weisen, wie mit diesem Neid, der alles Lebendige töten will, umgegangen werden kann. Das heißt: sich letztlich weder den Glauben an die Zukunft noch an die Kreativität rauben zu lassen, auch nicht in der Behandlung von solchen

Fällen. Ganz ähnlich wie beim Umgang mit dem bösen Blick geht es darum, sich liebevoll, entschieden und dennoch empathisch abzugrenzen, sich auf das eigene Zentrum und auf das Vertrauen in die eigene Lebendigkeit und die Lebendigkeit des Lebens zu konzentrieren, sich also nicht von sich selbst zu entfremden, sondern mit Empathie sich selbst wieder zu zentrieren und zu wissen, daß der Analysand, die Analysandin sehr gefährdet ist, alles, was wächst, wieder zerstören zu müssen.

Das ist die grundsätzliche, überdauernde therapeutische Haltung und Fähigkeit im Umgang mit Neid. Dazu käme dann – gewissermaßen analog, wenn auch viel alltäglicher – in der jeweiligen therapeutischen Situation der Umgang mit den projektiven Identifizierungen, insbesondere der dritte Schritt[88], bei dem der Therapeut oder die Therapeutin das psychische Problem, das der Analysand sozusagen bei ihm oder bei ihr deponiert hat, «entgiftet», wodurch es wieder in das System des Projizierenden integriert werden kann[89], weil es nun annehmbar ist. Dabei muß deutlich werden, wie schwierig diese projizierten Gefühle zu ertragen sind, aber auch, daß man sich von diesen Gefühlen nicht alles zerstören lassen muß.

In der Terminologie der Jungschen Komplextheorie heißt projektive Identifizierung, daß der Komplex kollusiv polar aufgespalten ist, das heißt in den Erwachsenen- und in den Kindanteil, und daß der eine oder andere Pol an die Analytikerin oder an den Analytiker delegiert wird. Es ist das Wesen der kollusiven Aufspaltung, daß Analytiker oder Analytikerinnen sich unbewußt zunächst gemäß der Delegation verhalten oder zumindest entsprechend empfinden. Werden sie sich dann aber dessen bewußt und gehen sie mit sich selbst empathisch um – sich selber verstehend in dieser schwierigen Situation und sich nicht primär kritisierend –, spüren sie als Gegenübertragungsgefühl, was alles mit diesem Komplexanteil verbunden ist. Sie können aber auch modellhaft ihre Form des Umgehens mit ihren Gefühlen dem Analysanden oder der Analysandin anbieten. Das wäre dann die Entgiftung, und aus diesen Situationen heraus scheint neues Erleben, neues Verhalten, bessere Kommunikation möglich zu sein.[90]

Es muß bei dieser «Entgiftung» darum gehen, beide Pole des Komplexes zu erleben, das Leiden an ihnen verständlich zu machen und sich auch zu distanzieren, besonders von dem stereotypen Verhalten, das beide Pole bewirken. So könnte etwa eine Analytikerin sagen bei einer speziellen Neidprojektion: «Ich fühle mich wie die zerstörerische Mutterimago, die ungeheuer viel von Ihnen will und Sie gleichzeitig blockiert. Ich möchte sie aber nicht sein, doch dann werde ich zum hilflosen Kind, das macht mich noch ärgerlicher, das ruft in mir sofort wieder die überfordernde Mutter auf den Plan.»[91] Ich kann mich aber auch etwas distanzieren: «Ich spüre diese Mutterimago in mir – ich spüre ihre Angst, daß das Leben nicht wirklich gelebt werden kann –, ich spüre, daß sie deshalb antreibt. Ich spüre das Kind, das ja gefallen möchte, das aber so ausgehungert ist, so gierig, so blockiert, daß nichts gut genug wäre. Aber ich weiß, das ist nicht alles an mir, das macht mich letztlich nicht aus, es gibt andere Mutterimagines, es gibt andere Kindimagines und andere Mutter-Kind-Beziehungen in mir.»

Zu diesem Formulieren des Konflikts und einem entgifteteren Umgang damit – das heißt, einer Verarbeitung der kollusiven Komplexübertragung oder der projektiven Identifizierung – käme dazu, was immer zur Therapie einer frühen Störung, dem Erleben eines zu wenig tragenden Mutterfeldes gehört: daß wir diesen Menschen Interesse entgegenbringen, ihnen Aussagen und Gefühle über sich selbst bestätigen – sie aber nicht von uns aus damit überschwemmen.[92]

Von der Jungschen Psychotherapie aus bietet sich zusätzlich das Arbeiten mit Märchen an, die sehr oft von Neid und Eifersucht und von deren Bewältigung handeln. In der Identifikation mit den unterschiedlichen Gestalten einer Märchengeschichte gelingt es, die verschiedenen Darsteller auf der Neidszene zu erfahren: etwa die neidische, eitle Mutter im Schneewittchen, die ihre Tochter verderben möchte. In der Identifikation mit dieser Gestalt wird deutlich, daß neidische Anteile in uns die Zukunft verhindern möchten. In der Identifikation mit dem naiven Schneewittchen, das diesen Attacken immer wieder ausgeliefert ist, weil es nicht zur Kenntnis nehmen will, wie gefährlich diese neidische Haltung ist, wird deutlich, daß Neid einen letztlich fast umbringt. Erst als es wie tot ist, ist es vor den Heimsuchungen der neidischen Muttergestalt sicher, nicht mehr interessant. Dieses Wie-tot-Sein, dieses Sich-in-gar-nichts-mehr-verwickeln-Wollen, bringt dann aber die Lösung, bringt das neue Leben in Gang. Nun sind neue Entwicklungskräfte in der Psyche zu erwarten, die das Neidproblem zu einem guten Ende bringen. Schneewittchens Mutter (oder Stiefmutter) muß in feurigen Schuhen sich zu Tode tanzen, für mich ein Bild dafür, daß diese Gestalten, die die Neidprojektion tragen, sich in eine glühende Lebensleidenschaft verwickeln müssen, damit der Neid in sich zusammenfällt.

Die Märchen geben einen weiteren Hinweis auf therapeutisches Handeln: Man darf dieser neidischen und grandiosen Mutterimago in sich kein Gehör schenken, man darf sie auch in ihrer Boshaftigkeit auf gar keinen Fall unterschätzen.

Geschwisterrivalität und Neid

Edith Jacobson hat im Rahmen ihrer objektbeziehungstheoretischen Entwicklungspsychologie[93] über die Entwicklung von Neid und Rivalitätsgefühlen in der frühen Kindheit gearbeitet. Für sie sind Neid und Rivalitätsgefühle von großer Wichtigkeit zum Aufbau der eigenen Identität. Neid und Rivalitätsgefühle werden von ihr gesehen als Aggression, und diese wiederum sei wichtig für die Abgrenzung, die Selbstbehauptung, für das Sich-wehren-Können – alles wesentliche Aspekte der Identität. Das Feld, auf dem diese Aggression geübt wird, ist natürlich das Geschwisterfeld, denn unter Geschwistern wird Aggression ganz allgemein ausprobiert in den Geschwisterkämpfen, in den Rivalitäten.

Edith Jacobson vertritt nämlich die interessante These, daß das kleine Kind nicht mit der Pflegeperson rivalisiert, sondern daß in der Mutter-Kind- beziehungsweise Vater-Kind-Beziehung vom Kind aus eher die Identität gepflegt und erlebt wird. In ihrer Sicht identifiziert sich das kleine Kind zuerst ganzheitlich mit der Mutter, während in der Auseinandersetzung mit den Geschwistern der Anreiz zur Individuation, zur Selbstwerdung, zur Autonomie, zur Unterscheidung kommt. Der Anreiz zur Entwicklung stammt also nach Jacobson aus dem Rivalisieren, aus der ständigen Auseinandersetzung mit Brüdern und Schwestern.

Jacobson geht in ihrer Theorie auch davon aus, daß die Geschwister zueinander eine ambivalente Beziehung haben. Ambivalent heißt in diesem Zusammenhang, daß Liebe und Haß füreinander erlebt werden und daß die Liebe ein wenig stärker ist als der Haß, etwas über den Haß dominiert. Im Alltag ist das durchaus sichtbar, etwa wenn Geschwister sich gegenseitig üble Ausdrücke anwerfen, im nächsten Moment aber den Bruder oder die

Schwester gegen Angriffe von außen entschieden schützen. Gelegentlich wird diese Ambivalenz direkt geäußert: «Ich ärgere mich ja nur so sehr über dich, weil ich dich auch lieb habe.»

Jacobson spricht nicht nur von Neid, bei ihr gehen Neid, Rivalität und Eifersucht ineinander über. Da wird zwar von Geschwisterneid gesprochen, vom Neid zum Beispiel auf bestimmte Fähigkeiten, Besitztümer, auf das Aussehen. Rivalität wird bei ihr so verstanden, daß aus dem Neid heraus der Impuls kommt, es so gut wie möglich dem Geschwister gleich zu tun oder das Geschwister gar zu übertreffen. Rivalität wird also auch hier verstanden als produktiver Neid, als tätiger Neid. Neid und Rivalität unter Geschwistern sind aber auch sehr nah bei der Eifersucht anzusiedeln. Eigenschaften, Fähigkeiten, die die Geschwister haben und die man ihnen neidet, werden oft in Zusammenhang mit deren Beziehung zu den Eltern gesehen. So sagte einmal eine Frau, die neidisch war auf die Schönheit ihrer Schwester: «Wenn man eine bessere Beziehung zu den Eltern hat, dann ist man auch schöner.» Hier wird nicht nur Schönheit geneidet, hier wird der Neid deutlich in einen Zusammenhang gebracht mit einer Eifersuchtssituation und dem damit verbundenen Gefühl des – zumindest partiellen – Ausgeschlossenseins. Sprechen wir also von Geschwisterrivalität, dann geht es nicht mehr nur um Neid; Neid, Rivalität und Eifersucht sind verwoben und bedingen einander teilweise.

Bei der Geschwisterrivalität, so nimmt man üblicherweise an, geht es aber nicht nur um Individuation, das heißt, um «rivalisierende Weiterentwicklung», es geht auch um Identifikation. Die Wichtigkeit der Identifikation zwischen Geschwistern hat schon Freud ausgedrückt in seinem Buch von 1921 *Massenpsychologie und Ichanalyse*.[94] Für Freud ist das Thema der Entthronung eines Kindes sehr wichtig. Er selber ist durch einen Bruder entthront worden, der dann allerdings mit neun Monaten starb, als Freud selber neunzehn Monate alt war. Es wird immer wieder erzählt, daß er, obwohl Ältester, nachher nicht mehr entthront worden sei – obwohl er sechs Geschwister hatte[95] – und eine Favoritenrolle in der Familie einnahm. Er hatte ein eigenes Zimmer, nur der

Vater hatte auch ein eigenes Zimmer, er durfte die Mahlzeiten allein einnehmen und dazu lesen (und das 1880!).

Theoretisch aber war das Thema der Entthronung für Freud sehr zentral. Seine Argumentationskette: Weil das Kind, das ein Geschwister bekommt, aus der alleinigen Liebe von den Eltern verdrängt wird, fühlt sich das ältere Kind nicht mehr geliebt. Es entwickelt daher eine feindselige Einstellung gegen das jüngere Kind, will etwa, daß es «zurückgebracht» wird. Das Kind merkt dann aber, daß diese feindselige Einstellung ihm nichts bringt, im Gegenteil, ihm zum Schaden gereicht, weil die Eltern es dann auch noch zusätzlich tadeln – es verliert noch mehr Liebe. Dadurch wird das ältere Kind gezwungen, die Gefühle der Frustration zu überwinden und sich mit dem jüngeren Kind zu identifizieren, sich also verstehen zu lernen als das Kind der gleichen Eltern. Freud vertritt daher die Idee, daß die Entthronung die Grundlage für das Gemeinschaftsgefühl bilde und daß die Überwindung dieses ersten Neides der Anfang des sozialen Gewissens und des Pflichtgefühls sei. «Das soziale Gefühl ruht also auf der Umwendung eines erst feindseligen Gefühls in eine positiv betonte Bindung von der Natur der Identifikation.»[96]

Betrachten wir Gruppierungen, die eigentlich zusammenhalten müßten, dann ist das allerdings durchaus nicht immer der Fall. Auch wenn eine gemeinsame Aufgabe erfüllt werden soll, wird kräftig geneidet und rivalisiert. Das Erfüllen der gemeinsamen Aufgabe ist dadurch nicht selten in Gefahr. Die Bereitschaft zur Identifikation liegt jeweils im Streit mit dem Wahrnehmen von Einzelinteressen, mit dem Rivalisieren. Es ist zwar durchaus so, daß die Identifizierung uns hilft, mit dem Neid umzugehen, damit ist die Teilhabe am Neiderregenden möglich, das Gemeinsame einer Sache steht im Vordergrund. Bloß: Der Neid verunmöglicht oft gerade die Identifizierung. Diese Polarität von Identifikation und Individuation ist unterdessen gut erforscht.

Lange haben Geschwister in der psychologischen Forschung nur eine marginale Rolle gespielt. Es gab zwar den Ausdruck «Geschwisterkomplex» als Ausdruck davon, daß im Zusammenhang mit Geschwistern komplexhafte Erfahrungen gemacht werden, im Zusammenhang mit Neid wurde auch von «Kainkomplex» gesprochen.[97] Im Gefolge der familientherapeutischen Konzepte wurden auch die Geschwister interessanter für die Forschung. Eines der ersten Bücher zu diesem Thema – dem unterdessen schon sehr viele nachgefolgt sind – ist von den Amerikanern Bank und Kahn geschrieben worden und 1989 auf deutsch herausgekommen. Bank und Kahn zeigen differenziert auf, daß die Identifikationen unter Geschwistern sehr verschieden aussehen können. Je nach der Art dieser Identifikationen ist dann auch das Bedürfnis nach Individuation etwas anders gelagert, wird sich Neid qualitativ anders zeigen und kann man auch mit Neid anders umgehen. Diese Identifikationen haben meines Erachtens zudem einen großen Einfluß auf die Art der Partnerschaft, die im späteren Leben gewählt wird. Ich bin der Ansicht, daß sehr oft die Geschwisterbeziehungen die Partnerschaften maßgebend beeinflussen, entweder analog einer befriedigenden Geschwisterbeziehung oder als Gegensatz bei einer nicht positiv verlaufenen Beziehung zwischen Geschwistern.

Bei der Bestimmung der verschiedenen Formen der Identifikationen gehen Bank und Kahn davon aus, daß Geschwister sich sowohl als verschieden voneinander erleben als auch als gleich. Das unterscheidet die Geschwisterbindung von anderen Bindungen, macht sie einzigartig und, wenn sie schwierig ist, auch einzigartig schwierig. Geschwister bleibt man, was immer auch geschieht.

Das Gefühl, voneinander verschieden zu sein, bewirkt Distanz und die Überzeugung, ein eigenes Schicksal zu haben, obwohl man ein Geschwister in einer Geschwisterreihe ist. Das ist auch der Impuls zur Individuation: die werden, die man letztlich ist, der werden, der man letztlich ist. Im Gefühl des Gleichseins zeigt sich eine Nähe durch Ähnlichkeit, für die man nichts tun muß, Geborgenheit in einem «Wir». Wer keine Geschwister hat, sucht sich Freundinnen und Freunde, die wie Geschwister sind, die möglichst ähnlich sind – und dennoch sind sie nicht Geschwister. Dieses «Ich bin wie du» unter Geschwistern kann auch Lükken in der Selbstakzeptanz füllen. Ist man sich unsicher, ob gewisse Eigenheiten gut oder schlecht sind, und man stellt fest, daß die Schwester oder der Bruder sie auch hat, dann fühlt man sich damit sicherer. Es ist eine Art Überzeugung durch die «große Zahl» des Vorkommens bei Menschen, die «gleich» sind. Dieses «Ich bin wie du» bildet die Grundlage für den Glauben an die Verläßlichkeit unter Geschwistern und die große Enttäuschung, wenn diese Verläßlichkeit nicht erlebbar ist.

Dieses Gleichsein und doch Anderssein ist aber auch der Nährboden für die Neidentwicklung, denn der Neid entwickelt sich ja besonders dort, wo Menschen in vergleichbaren Lebensumständen leben.

Bank und Kahn unterscheiden drei Prozesse von Teil-Identifikation zwischen Geschwistern und zwei Prozesse von geringer Identifikation. Ich werde diese Identifikationsmöglichkeiten darstellen und durch die Überlegungen ergänzen, welche Rolle der Neid dabei spielt und welchen Einfluß diese Identifikationen auf spätere Beziehungen haben.

Bei den drei Prozessen von Teil-Identifikation handelt es sich um:

- «loyale Akzeptanz – gegenseitig abhängige Beziehungen»[98]
- «konstruktive Dialektik – dynamische und unabhängige Beziehungen»[99]
- «destruktive Dialektik – feindselig abhängige Beziehungen»[100].

Die Prozesse geringer Identifikation sind:

- «polarisierte Ablehnung – starr differenzierte Beziehung»[101]
- «De-Identifizierung – verleugnete Beziehung»[102].

Bank und Kahn führen jeweils einen Satz an, der Ausdruck dieser Teil-Identifikation ist und den ich im folgenden vorstelle.

Die loyale Akzeptanz

Bei der loyalen Akzeptanz würde man folgenden Satz für sich und seine Geschwister als zutreffend empfinden: «Wir sind uns in vieler Hinsicht ähnlich. Wir werden uns immer brauchen und füreinander sorgen, trotz aller Verschiedenheit.»[103]

Hier wird eine Beziehung definiert, innerhalb deren die Geschwister ihre Verschiedenheit akzeptieren, ohne diese notwendigerweise zu schätzen. In den Vordergrund gestellt werden die grundsätzlichen Gemeinsamkeiten und die Überzeugung, daß die gegenseitige Abhängigkeit und die gegenseitige Hilfsbereitschaft unauflösbar sind.

In solchen Systemen, so stellen die Autoren fest, werden die Kinder warm und großzügig, aber die Beziehung ist statisch, wenig veränderbar, es ist für alle wenig Entwicklungsmöglichkeit vorhanden. Gibt es große Unterschiede in Erfolg oder Ansehen, dann werden die Erfolgsloseren abhängig vom Erfolgreichen, das erfolgreiche Kind wird zum Wohltäter. Die Erfolgloseren werden allenfalls zu Helferinnen und Helfern. Durch Unterschiede kommt keine Rivalität in Gang, der Platz in der Geschwisterreihe ist ein für alle Mal festgelegt und akzeptiert. Die mit der schlechteren Position verhalten sich loyal, respektvoll – sie dürften etwas langweilig sein. Es ist wenig Streit, wenig Rivalität, wenig Neid vorhanden.

Diese Teil-Identifikation ergibt sich nach Bank und Kahn vor allem dann, wenn ein Kind auf eine sehr einfühlsame Weise Elternfunktion übernehmen mußte. Es ist also eine Teil-Identifikation, die sich in einer Notsituation ergibt, in der die Geschwister so etwas wie eine Notgemeinschaft bilden. Als Beispiel erwähnt er eine Situation, in der der älteste Sohn den hirngeschädigten Vater auf eine für die Geschwister sehr einfühlsame Art und Weise vertrat.

Die konstruktive Dialektik

Dynamischer ist die konstruktive Dialektik. Der Kernsatz für diese Art der Teil-Identifikation heißt: «Wir sind uns ähnlich, aber wir sind auch verschieden. Das ist eine Herausforderung und gibt uns die Möglichkeit zu wachsen.»[104]

Bei dieser Art der Identifikation werden deutlich die Ähnlichkeit und die Verschiedenheit gesehen. Auch die Konkurrenz wird bereits angesprochen, als Herausforderung, der zu begegnen eine Möglichkeit zu Wachstum für alle Beteiligten beinhaltet. Die Ähnlichkeit unter den Geschwistern beruht wesentlich darauf, daß sich alle stark fühlen und sich grundsätzlich als eine attraktive Geschwistergemeinschaft verstehen. Damit ist die Idee der Gleichberechtigung, aber auch der Gleichgewichtigkeit angesprochen, gleichberechtigte und gleichgewichtige Beziehungen sollten möglich sein unter Geschwistern, sind sie doch in der Regel die Kinder der gleichen Eltern.

In diesem System gibt es viel Konkurrenz, viel Rivalität. Der Neid wird erlebt und kommentiert, aber meistens in Form von produktivem Neid verarbeitet. Es wird also nicht versucht, die Geschwister auf das eigene Niveau herunterzuzerren, sondern «es ihnen zu zeigen». Der Neid wirkt in diesem System eher schöpferisch. Aus den Forschungen[105] ergibt es sich, daß solche Kinder von Eltern stammen, die emotional vorhanden und «zu gebrauchen» sind, die Gezänk aushalten können und auch einmal Schiedsrichter spielen. Diese Eltern kennen das Gefühl des Neides, und sie versuchen, fair zu sein, Fairneß ist für sie sehr wichtig.

Fairneß ist überhaupt ein ganz wichtiges Prinzip in den Abhandlungen von Bank und Kahn. Da es letztlich nicht möglich ist, den Kindern wirklich gerecht zu werden, und dieses Gerechtwerden von den Kindern und von den Eltern aus auch unterschiedlich aufgefaßt wird, ist es eigentlich nur möglich, optimal fair zu sein. Das bedeutet, sich immer wieder einzufühlen in das, was bei den Streitereien geschieht. Zum einen ist es wichtig, die in den Zänkereien zum Ausdruck kommende Abgrenzung zu sehen und zu respektieren, zum anderen gilt es aber auch, sich in das einzelne Kind einzufühlen und notfalls Schiedsrichter oder Schiedsrichterin zu spielen. Diese konstruktive Dialektik wird meines Erachtens etwas idealtypisch beschrieben, ist aber als Utopie bedeutsam. Sie setzt allerdings voraus, daß alle Kinder auf ihre Weise stark sind oder daß es gelingt, den jeweiligen Kindern, Knaben und Mädchen, ihre ganz besondere Stärke bewußt zu machen und sie auch anzuerkennen.

Auf die Paarbeziehungen könnte sich diese Form der Geschwisteridentifikation so auswirken, daß gleichgewichtige Beziehungen gesucht werden, in denen beide einander herausfordern, miteinander rivalisieren – und vielleicht gelegentlich einen Schiedsrichter oder eine Schiedsrichterin brauchen.

Die destruktive Dialektik

Der Kernsatz dieser Teil-Identifikation heißt: «Wir sind in vieler Hinsicht sehr verschieden. Wir mögen uns nicht besonders, aber wir brauchen uns.»[106]

Trotz des Erlebens einer deutlichen Verschiedenheit und einer eher fehlenden Sympathie wird eine große Abhängigkeit erlebt und auch akzeptiert. Es geht hier um Geschwister, die sich prügeln, sich quälen und dann doch sehr unglücklich sind, wenn so ein Quälgeist nicht mehr da ist. Es sind beispielsweise Geschwister, die sich prügeln, aber wenn der prügelnde Bruder im Ferienlager ist, ganz unglücklich sind und diesen herbeisehnen. Ist er dann aber wieder da, wird sogleich weitergeprügelt.

Hintergrund für diese Form der Identifikation sind nach Bank und Kahn Eltern, die emotional nicht verfügbar sind, gleichgültige Eltern, die die Kinder vernachlässigen. Die Kinder projizieren die Bedrohung und die dadurch besonders erlebten abgelehnten, verdrängten Anteile von sich selbst auf die Geschwister, auf die Menschen, die eben anwesend sind und auf die man sich verlassen können muß, weil man sich auf die Eltern nicht verlassen kann.

Persönlichkeitsanteile von einem selbst – vor allem aggressive Anteile – werden auf Brüder und Schwestern projiziert. Beim Bruder oder bei der Schwester müssen diese Anteile dann auch kontrolliert, bekämpft, in Schach gehalten werden – mittels der projektiven Identifikation. In diesem System geraten die Geschwister leicht in die paranoid-schizoide Position (siehe Seite 95 ff.), denn da ist sehr viel Neid, und dieser Neid kann nicht produktiv verarbeitet werden. Das ist kein Neid, der in konstruktives Rivalisieren überführt werden könnte, der herausfordern könnte. Es ist ein Neid, der im Grunde genommen tödlich ist, der aber schon gar nicht geäußert werden darf, weil man sonst die einzige Beziehung, auf die man sich halbwegs verlassen kann, verlieren würde. Das Gefühl der Konkurrenz ist extrem groß, von außen vermittelt diese Konkurrenz den Eindruck sadomasochistischer Quälerei. Die Rollen, die eingenommen werden, sind festgeschrieben. Aus dieser unerfreulichen Situation befreien sich Kinder nur dann, wenn sie Beziehungen außerhalb der Familie eingehen können. Sie erhalten dann die Haßbeziehung zum Bruder oder zur Schwester aufrecht, haben aber eine zusätzliche Beziehung zu einem Freund oder einer Freundin, die «von Projektionen entlastet» ist.

Ähnlichkeiten unter den Geschwistern werden nicht gesehen oder nicht akzeptiert – der Bruder oder die Schwester ist ein Schattenbruder, eine Schattenschwester, Träger oder Trägerin der Eigenschaften, die wir eigentlich auch hätten, die wir aber nicht akzeptieren können. Der eigene Schatten wird in der Projektion belassen, weil der Ichkomplex sonst zu sehr bedroht würde.[107] In der Adoleszenz gibt es unter diesen Geschwistern – falls sie es nicht vorziehen, sich weiter zu quälen – ganz harte Brüche. Dennoch kommen sie nicht wirklich los voneinander, beklagen sich immer noch bitterlich über Geschwister, die sie zum Beispiel zwanzig Jahre lang nicht gesehen haben.

Ist einmal der Schatten auf einen Menschen projiziert, dann wird man diesen Menschen nicht los, denn ein Teil von einem selbst ist mit diesem Menschen verbunden. Erst wenn der Schattenanteil bewußt wird, wenn er zurückgenommen werden kann, als Anteil der eigenen Persönlichkeit gesehen und akzeptiert werden kann, ist eine Ablösung möglich, damit aber meistens auch eine neue Form der Beziehung.

Auf der Ebene der Paarbeziehung würde diesem System der Identifikationen die sadomasochistische Kollusion entsprechen, eine Paarbeziehung, in der es um ständige Streitereien geht, wobei er sich ständig über sie beklagt und die beiden dennoch zusammenbleiben, obwohl man von außen den Eindruck hat, daß alles besser wäre als diese Form der Beziehung.[108]

Die polarisierte Ablehnung

Der Kernsatz, der eine polarisierte Ablehnung verrät, könnte etwa heißen: «Du bist ganz anders als ich. Ich will nicht von dir abhängig sein und nie so werden wie du.»[109] Der Unterschied zur destruktiven Dialektik besteht darin, daß man nicht abhängig voneinander ist, also weniger projektive Identifikationen gemacht hat, dafür ist hier eine große Einsamkeit erlebbar. Dabei sind auch in diesem System die Opfer- und die Aggressorrolle klar verteilt. Das Opfer gewinnt etwas durch seinen Status, in dem es sich dem Aggressor gegenüber moralisch überlegen fühlt und daher bei diesem Schuldgefühle auslösen kann, die allerdings oft in weiteren aggressiven Akten, auch in Verbalangriffen, gleich wieder abgewehrt werden. Das Beziehungskonto hat also immer einen Rückstand. Geneidet wird von beiden Seiten, mehr aber von der Opferseite. Immerhin setzt man sich – wenn auch ablehnend – mit dem Geschwister als Du auseinander.

Bei dieser Geschwisterbeziehung werden Brüder und Schwestern verzerrt wahrgenommen, holzschnittartig, und die Wahrnehmung ist kaum zu korrigieren. Daraus ergeben sich festgefahrene Beziehungsformen, die sich wiederum leicht in Partnerschaften reproduzieren können. Diese Form der Geschwisterbeziehung ergibt sich leicht in Familiensystemen, in denen viel Angst durch Härte und Grausamkeit abgewehrt wird.

Diese Form der Geschwisterbeziehung geht nahtlos über in eine De-Identifizierung.

De-Identifizierung oder die verleugnete Beziehung

Der Kernsatz dazu könnte heißen: «Wir sind absolut verschieden. Ich brauche dich nicht, ich mag dich nicht, und es ist mir egal, ob ich dich je wiedersehe oder nicht.»[110]

Diese De-Identifizierung wird als Abwehr gesehen gegen den «Kainkomplex», gegen mörderische Impulse, den Bruder oder die Schwester zu töten, und das eben aufgrund eines ungeheuer großen Neides.[111]

Von einem «Kainkomplex» spricht man dann, wenn die Entthronung, die Zurücksetzung sehr weh getan hat und wenn die Eltern immer wieder diese Zurücksetzung praktizieren, so daß die Impulse einer mörderischen Wut auf Bruder oder Schwester kaum zurückgehalten werden können. Hier hilft nur noch eine Abspaltung, man will nichts mehr mit dem Geschwister zu tun haben. Diese Situation tritt in Familiensystemen auf, in denen ein Kind sehr bevorzugt wird, die anderen benachteiligt. Die Benachteiligten sind dann selbstverständlich sehr neidisch dem Bevorzugten gegenüber, das Rivalisieren ist jedoch zum vornherein zum Scheitern verurteilt. Es ist deshalb auch ein hilfloses, destruktives Rivalisieren, das über destruktives Verhalten dazu führt, daß die Wichtigkeit der Geschwisterbeziehung geleugnet wird; als Kompensation ist eine übertriebene Selbstidealisierung zu beobachten.

Die De-Identifizierung oder Verleugnung von Beziehung findet vor allem dort statt, wo in den Elternsystemen deutlich unterschieden wird zwischen guten und bösen, gesunden und kranken, schnellen und langsamen Kindern, in Systemen also, in denen bereits Neid bestimmend ist und in denen mit dem Abwehrmechanismus der Spaltung die unguten Gefühle wenigstens einigermaßen in Schach gehalten werden. Es sind in der Regel sogenannte narzißtische Systeme, in denen das bevorzugte Kind den Eltern zu einem guten Selbstwert verhelfen sollte, Kinder, die nicht «gut» sind (aus dem Wertsystem der Eltern betrachtet), den Selbstwert der Eltern massiv bedrohen. Kinder werden ausgespielt gegeneinander, auch in dem Sinne, daß eines immer wieder als Vorbild hingestellt wird. Die Geschwister haben keine Möglichkeit, sie selbst zu sein, müssen also selber wieder zu narzißtischen Kompensationen Zuflucht nehmen, wobei eine davon – zu meinen, man brauche niemanden auf der Welt – bevorzugt wird.

Hier wird also das Thema der Individuation auf die Spitze getrieben von Menschen, die das Prinzip der Teilhabe nicht kennen, also keine Grundlage des Vertrautseins mit anderen Menschen schaffen können. So besehen wird die Verpflichtung zur Individuation zu einer großen Überforderung.

Die Ablehnung der Geschwister untereinander ist bedeutend stärker als bei der destruktiven Dialektik oder der polarisierten Ablehnung, die Beziehungen werden im Erwachsenenleben in der Regel immer abgebrochen. Aber auch wenn die Beziehungen zu den Geschwistern abgebrochen werden, bedeutet das nicht, daß der mörderische Neid, die mörderische Wut und die mörderischen Impulse auch verschwinden. Diese werden oft auf andere Menschen übertragen.

Sowohl Geschwister mit dem Typus der Identifikation, der polarisierten Ablehnung, als auch die mit der De-Identifikation haben einige Schwierigkeiten, in einer Partnerschaft wirklich Nähe und Abhängigkeit zu erleben und zuzulassen. Sie werden eher Menschen wählen, die sie narzißtisch stabilisieren können – wenn sie sich überhaupt auf Beziehungen einlassen.

In der Adoleszenz rivalisieren die jungen Menschen – in der Art, wie sie mit ihren Geschwistern rivalisiert haben – immer mehr mit Kolleginnen und Kollegen aus ihrer Altersgruppe. Diese Rivalität bezieht sich, wie auch unter den adoleszenten Geschwistern, auf Leistung, soziale Beziehungen, Sexualität und Schönheit. Die Rivalität unter den Geschwistern wird weniger in dem Maße als diese getrennte Wege gehen. Kommen sie aber wieder näher zusammen, bringt es die Sorge um die alten oder sterbenden Eltern mit sich, daß die Geschwister als Geschwister wieder gefragt sind, werden die alten Neid-, Rivalitäts- und Eifersuchtsmuster wiederbelebt.

Diese Systeme der Identifizierung, wie sie von Bank und Kahn beschrieben sind, zeigen, auch wenn sie in dieser generalisierten Form zu schematisch anmuten, daß die Beziehung zu den Geschwistern einen wesentlichen Einfluß auf die Neidentwicklung und den Umgang mit Neid hat. Zudem wird deutlich: Je mehr Teilhabe aneinander in diesen Systemen möglich ist – das Anzeichen für ursprünglich positive Mutter- und Vaterkomplexe[112] –, um so eher wird Neid als Stimulans verstanden. Je mehr Identifikationsmöglichkeiten vorhanden sind auf der Basis des Gefühls von Stärke – und das heißt auf der Grundlage der wohlwollenden Akzeptanz des jeweiligen Kindes –, um so weniger destruktiv wird der Neid erlebt. Je mehr das Prinzip der Individuation im Vordergrund steht, um so neidischer werden die Kinder und um so schlechter können sie mit dem Neid umgehen.

Natürlich hängen diese Identifizierungssysteme nicht nur vom Verhalten und von den Persönlichkeitseigenschaften der Eltern ab. Selbstverständlich spielt dabei auch die jeweilige Eigenart eines Kindes eine Rolle, die Stellung in der Geschwisterreihe, das Geschlecht und manches mehr. Altersunterschiede spielen ebenfalls eine wichtige Rolle; bestehen große Altersunterschiede zwischen den Geschwistern, werden diese Identifikationen erschwert.[113] Kinder mit acht Jahren Altersunterschied haben zum Beispiel nicht mehr eine vergleichbare Geschwisterkarriere. In acht Jahren können sich auch die Eltern bereits sehr gewandelt haben.

Zudem läßt diese Systematisierung außer acht, daß es immer auch innerhalb einer Geschwisterreihe gewisse Geschwisterkonstellationen gibt, die eine andere Form der Identifikation ermöglichen. So ist es durchaus denkbar, daß zwei Geschwister miteinander eine Identifikation von der Art der loyalen Akzeptanz eingehen, eines davon aber mit einem anderen Geschwister eine vom Typus der konstruktiven Dialektik.

Diese eher grundsätzlichen Identifikationsmöglichkeiten sind noch zu ergänzen durch die speziellen Geschwisterkomplexe, durch Komplexe, die sich im Laufe der Kindheit und Jugend ausformen durch sehr typische Zusammenstöße mit einzelnen Geschwistern, die immer wieder von vergleichbaren Gefühlen und deren Abwehrstrategien, aber auch von gleichen Bildern begleitet sind und die die jeweilige Form der Identifikation zusätzlich mit schwierigen Lebensthemen füllen, Lebensthemen, die dann sehr leicht in der Beziehung zu anderen Menschen wiederbelebt werden.[114]

Die Neidgeschichte der Eltern

Die Neidgeschichte der Eltern scheint zusätzlich zu den Identifizierungen mit den Geschwistern eine große Rolle zu spielen. Das wurde bereits deutlich in den narzißtischen Systemen, in denen die Kinder das Problem des Umgangs mit dem Neid bereits «erben». Aber auch in weniger schwierigen Systemen spielt der Neid der Eltern eine große Rolle. Eltern neiden den Kindern oft etwas, das ihnen fehlt. Wo Eltern aber den Kindern etwas neiden, da werden Werte im allgemeinen zu Unwerten erklärt. Das Kind soll sich ändern, soll also einen Teil des wahren Selbst opfern.

Beispiel:
In einer sehr «introvertierten» Familie wird die Introversion kultiviert. Alles Laute ist von Übel, die Fenster sind geschlossen und verhängt, Kontakte werden auf das Allernotwendigste – und das ist wenig – beschränkt. Muß etwas entschieden werden, wird es zunächst lange und gründlich im Herzen bewegt, bis viele der Entscheidungen gar nicht mehr getroffen werden können, was dann wiederum ein Beweis dafür ist, daß man den anderen Menschen

nicht trauen kann... Massive Kontaktprobleme und Entscheidungsprobleme werden als «Introversion» maskiert, und diese Lebenshaltung wird idealisiert, das Anderssein wird positiv vermerkt. Niemals wird die große Angst angesprochen, die in diesem Familiensystem herrscht.

Nun hat diese Familie ein zweitältestes Kind, ein freundliches, vielleicht eher extravertiertes Kind (dies zu bestimmen ist ja eine Frage des Standpunktes). Dieses Kind öffnet Vorhänge und will «die Sonne hereinlassen». Es stellt fest, daß andere Menschen Einladungen machen, und schlägt vor, sie könnten doch auch einmal... Macht die Familie einmal einen der seltenen Ausflüge, schaut dieses Kind die Menschen an, lächelt ihnen zu – und es wird zurückgelächelt, denn das Kind ist ein sonniges Kind, das lustig aussieht. Es wird gerügt: «Was biederst du dich mit allen möglichen fremden Menschen an.» Dieses Kind schlägt auch vor, man könnte einmal ins Kino gehen. Die Eltern finden es grauenhaft extravertiert, gewöhnlich, aufdringlich, primitiv, mühsam und legen ihm immer wieder nahe, doch das ältere Geschwister, das sehr ängstlich und aggressionsgehemmt wirkt, als Vorbild zu nehmen.

Das Kind, das so freundlich auf die Welt zuging, geht immer auffälliger auf die Welt zu, es quält Mitschüler und Mitschülerinnen, besonders wenn sie auf dem Weg zu irgendeiner interessanten Unternehmung sind. Der Lehrerin fällt diese Veränderung rasch auf, sie zieht den Schulpsychologen bei. Diesem erzählen die Eltern, sie hätten dieses Kind schon immer bremsen müssen, sie hätten es wohl zu wenig gebremst. Der Schulpsychologe fragt darauf, was denn in ihnen am Verhalten dieses Kindes so sehr Angst ausgelöst habe, daß sie den Eindruck hätten, es so sehr bremsen zu müssen. Es kommen dann einige Argumente, unter anderem auch, daß man das Kind ausfragen könnte. Nach längerem Gespräch formuliert die Mutter ihren Neid: Es hätte sie einfach gestört, daß dieses Kind glücklicher sei als alle anderen in der Familie, und sie, die anderen, könnten ja nicht lernen, was dieses Kind könne, denn so etwas «müsse einem doch angeboren sein».

Wo Eltern den Kindern oder einem Kind etwas neiden, Werte zu Unwerten erklärt werden, leiden die Kinder enorm, sie sind irritiert: Etwas, was sich für sie richtig und gut anfühlt, was auch Freude bereitet, ängstigt oder ärgert die Eltern. Die Kinder fühlen sich dann in einem Bereich krank, wo sie eigentlich sehr gesund, sehr echt sind.

Neid besteht aber auch oft generalisiert als Neid auf die besseren Lebensmöglichkeiten einer neuen Generation, darauf, daß diese «es» so viel leichter haben. Auch Lehrende sind von diesem Neid nicht ausgenommen. Ist es ihnen nicht bewußt, dann verlangen sie unbewußt (?) ungeheuer viel von dieser «neuen» Generation. Sie soll beweisen, daß sie soviel kann, wie man sich selbst im Laufe des Lebens erarbeitet hat, und wenn möglich noch ein wenig mehr, selbstverständlich ohne daß die neidenden Lehrenden dies auch bewußt wahrnehmen oder gar zeigen. Wenn Prüfungssysteme immer wieder verschärft werden, dann müßte auch geprüft werden, welchen Anteil daran der Neid der Prüfenden hat.

Eltern können auch neidisch sein auf sich selbst – als Eltern. Hätten sie selber solche Eltern gehabt, wie sie es sind, was hätte nicht alles aus ihnen werden können!

Nun ist es aber so schlimm doch nicht: Die meisten Eltern und die meisten Prüfenden sind – wenn Neid ein Thema ist – ambivalent. Sie sind nicht nur neidisch, sie sind auch stolz auf die nächste Generation. Stolz meistens, solange sie das Gefühl haben, am Erfolg auch mitbeteiligt zu sein. Menschen zu fördern löst bei den meisten Fördernden Freude aus. Der Neid gewinnt die Oberhand – außer bei den generalisierend Neidischen, die immer neiden –, wenn die Jungen das Gefühl vermitteln, sie hätten es «trotz der Anstrengungen der Alten» so weit gebracht, wenn sie das Prinzip der Teilhabe verleugnen und den Älteren die Identifizierungsmöglichkeit versagen. Jüngere Menschen scheinen das aber gelegentlich zu brauchen, um ihre eigene Identität zu betonen und auch zur Abwehr der befürchteten totalen Vereinnahmung ihrer Leistung durch die ältere Generation. Solange das Prinzip der Teilhabe erlebbar ist, solange Solidarität erlebbar ist, auch durch die gemeinsame Freude am Erreichten, solange wird der Neid, wenn er denn überhaupt auftritt, ein freundlicher Neid sein.

Der Bereich des Neides der Eltern auf die Kinder – und auch der Kinder auf die Eltern – ist ein tabuierter Bereich; würde dieser Neid thematisiert, es würde vieles in den Beziehungen zwischen Eltern und Kindern geklärt, die Aggression und die Bewunderung müßten dann nicht mehr verschoben werden.

Beruht die Beziehung zwischen den Generationen auf den Stärken, sieht also jede Generation in der anderen die Stärken und nicht die Schwächen, dann können die Generationen miteinander rivalisieren, lassen sich Kinder von den Eltern herausfordern, Eltern aber auch von den Kindern – und dadurch werden beide Seiten in ihrer Identität auch abgegrenzter von der anderen Generation, was eine gute Voraussetzung ist für eine Beziehung.

Das auserwählte Kind, der Neid und die Eifersucht

Immer wieder tauchten im Zuge meiner Ausführungen Kinder auf, die besonders sein mußten und dann auch besonders Neid erregten, oder auch Kinder, die einseitig bevorzugt wurden und die Neid und Eifersucht unter ihren Geschwistern auslösten.

Das Thema des Auserwähltseins oder zumindest die Projektion des Auserwähltseins ist im Zusammenhang mit Neid und Eifersucht zentral. Eine eindrückliche Geschichte des Auserwähltseins ist die Geschichte von Josef und seinen Brüdern im Alten Testament, mit allen Implikationen und Folgen.[115] Josef war der elfte Sohn des Jakob, ein Sohn seiner Lieblingsfrau Rahel. Jakob hatte ihn von all seinen Söhnen am liebsten, weil er ihm im Alter geboren wurde, sagt die Bibel. Jedenfalls ließ er ihm ein prächtiges Gewand machen, und die Brüder, die sahen, daß der Vater ihn mehr liebte als sie, wurden neidisch und sprachen kein freundliches Wort mehr mit ihm. Josef indessen erzählte seinem Vater jeweils, was seine Brüder so trieben.

Josef hatte dann zwei Träume. Im einen stellten sich die Garben der Brüder um seine Garbe, die in der Mitte war, und verneigten sich. Die Brüder wurden wütend über diesen Traum, verstanden ihn so, daß Josef wohl König über sie werden wolle, und sie haßten ihn noch mehr. Und er träumte wieder: «Ich sah die Sonne, den Mond und zwölf Sterne, und alle verneigten sich tief vor mir.» Da wurde sogar der Vater unwillig und herrschte ihn an, ob er glaube, Vater, Mutter und Brüder müßten sich vor ihm in den Staub werfen.

Als seine Brüder einmal unterwegs Schafe hüteten, schickte ihn sein Vater zu ihnen, um zu schauen, ob alles in Ordnung sei. Die Brüder sahen ihn von weitem kommen und entschlossen sich, ihn zu töten, denn ihm waren doch wohl seine Träume zu Kopfe gestiegen. Ruben, der Älteste, bestand darauf, daß er nicht getötet, sondern lediglich in eine Zisterne geworfen wurde, darin gerade kein Wasser war. Und als Kaufleute vorbeikamen, verkauften sie ihn, dem Vater aber brachten sie das blutbefleckte Gewand. Jakob fiel in tiefe Trauer und war nicht zu trösten, Josef wurde in Ägypten an Potifar, einen Hofbeamten des Pharaos, verkauft.

Josef ist einer der Auserwählten. Bevorzugt von seinem Vater, ausgezeichnet, dadurch aber auch gezeichnet. Er ist zudem bevorzugt von seinen Träumen, also im biblischen Verständnis ausgezeichnet von Gott, und damit auch wieder gezeichnet. – Er hat ein auserwähltes Schicksal.

Zunächst ist er identifiziert mit den Plänen und den Idealen des Vaters, ohne daran zu denken, daß seine Brüder neidisch werden könnten. Der Vater schürt den Zwist und schickt ihn ins Verderben. Josef tritt also nicht als eigenständige Persönlichkeit auf, sondern als der von den Vätern Ausgezeichnete. Seine Gefühle kennen wir nicht, um so mehr aber die seiner Brüder: Sie sind voll Haß, Neid, Eifersucht, und sie wollen sich rächen, sie haben Todeswünsche. Sie grenzen sich bewußt von ihm ab, scheinen aber untereinander eine lebendige Beziehung zu haben. Das treibt Josef noch mehr in die Arme des Vaters.

Seine Situation ist indessen tatsächlich eine schwierige. Wie hätte er damit anders umgehen können? Hätte er seine Träume zurückhalten müssen? Hätte das geholfen? Wohl kaum. Hätte es geholfen, wenn Jakob seinen Sohn nicht für sein eigenes Wohlbefinden, für die eigenen Größenideen eingespannt hätte? War Jakob mit seinem eigenen Leben, seiner eigenen «Auserwähltheit» vielleicht zu wenig zufrieden, daß er nun seinen Sohn so sehr auszeichnen mußte – und dann doch auch selber neidisch wurde, als deutlich wurde, welcher Art die Träume von Josef waren?

Hätte dieser sich nicht zurückhalten können, bis die Auserwähltheit von selber zutage getreten wäre? Die Dynamik der Entwicklung war wohl nicht zu vermeiden. Josef, der Neiderreger, muß den Brüdern aus den Augen geschafft werden. Ruben, der Älteste, möchte dem Vater seinen Sohn zurückbringen, vielleicht um selbst wieder mehr Anerkennung zu bekommen. Das gelingt nicht, Josef gelangt in einen anderen Lebensraum. Und damit ist auch die Trennung vom Vater vollzogen, die für Josef sehr wichtig ist, damit er sich selbst werden kann.

Er hat nun ein eigenes Leben, er kann sich selbst werden – und sein Schicksal als Auserwählter nimmt seinen Lauf. Allerdings immer wieder mit Heimsuchungen. So wird er etwa von der Frau des Potifar verleumdet und muß ins Gefängnis. Weil er aber als einziger die Träume des Pharaos über die fetten und die mageren Jahre zu deuten versteht, wird er aus dem Gefängnis geholt und mit der Vorsorge für die «mageren Jahre» betraut. In der großen Hungersnot erweist er sich dann als Wohltäter seinen Brüdern und seiner Familie gegenüber und ermöglicht damit das Überleben seiner Familie und damit ganz Israels. Jetzt erweist es sich, daß er ein Auserwählter ist, und als Auserwählter ist er auch einer, der für die anderen sorgen muß.

Betrachtet man diese Geschichte als Mythos, dann wird deutlich, daß ein Held, der auserwählt ist, immer wieder in Frage gestellt wird, damit es sich erweist, ob er auch wirklich besonders ist. Ist er nicht besonders, kann er mit Bedrohungen und Tiefschlägen nicht umgehen, dann ist er eben kein richtiger Held.

Auch Märchen erzählen uns ähnliche Geschichten. Im Zigeunermärchen «Der Eisenmann»[116] ist der Vater König ungeheuer neidisch auf den Sohn, der eine wunderschöne Frau bekommen hat, Zeichen seiner Auserwähltheit. Der König will seinen vom Schicksal bevorzugten Sohn verderben und dann dessen Frau für sich nehmen. Um ihn zu verderben, stellt er ihm unmögliche Aufgaben, etwa, das ganze Heer mit einem Kohlkopf zu sättigen oder den Trauring zurückzuholen, den er seiner Frau achtzehn Jahre vorher mit ins Grab gegeben hat. Der beneidete Sohn kann mit Hilfe seiner Frau und ihres Bruders, des Eisenmannes, alle diese Aufgaben lösen. Als letztes verlangt der König, daß der Eisenmann vor ihn gebracht werde. Das geschieht, dieser tötet den König und verschwindet dann auch selber. Jetzt kann weder der König noch er irgend jemandem schaden.

Der Beneidete ist auch hier der Auserwählte. Und diese Position bringt ihn dazu, Aufgaben lösen zu müssen, die eigentlich gar nicht lösbar sind, die aber durchaus notwendig sind, will er in einem System ohne besonders ausgeprägten Neid weiterleben, das heißt: will er überhaupt leben. Der Beneidete muß sich – von den Neidern her gesehen – opfern, muß helfen, muß vielleicht sogar erlösen. Vom eigenen Anspruch her müßte er aber eigentlich nur das ihm Aufgetragene gestalten. Gelänge ihm das nicht, wäre er eben kein Auserwählter.

Der Neid der anderen Menschen macht das Besondere sichtbar, macht einen Menschen zu einem auserwählten Menschen, setzt einen Menschen auf den Weg, dieses Auserwähltsein auch in die Realität umzusetzen. Immer aber sind diese Wege verbunden mit der Notwendigkeit zu helfen und zu erlösen.

Das Schicksal des Auserwähltseins bringt es mit sich, daß der oder die Auserwählte zunächst scheinbar zum Opfer der Neider und Neiderinnen wird, dann aber mit dem Mut der Verzweiflung – und Helfern und Helferinnen – zu den besonderen Kräften findet, die notwendig sind, um das Besondere in die Wege zu leiten. Dieses Besondere aber dient nicht primär dem

Ansehen des Helden oder der Heldin, sondern ist und bringt etwas, das im ganzen System gemangelt hat.

Zum Thema des Neides gehören also die archetypischen Felder von Auserwähltheit, Opfer und Erlösung. In den Märchen erfolgt die Erlösung dadurch, daß bearbeitet wird, was ansteht, daß gestaltet wird, was gestaltet werden muß. Würde statt dessen die Idee der Erlösung im Vordergrund stehen, müßten die Helden und Heldinnen wohl untergehen, das heißt: Würden sie sich mit der Größenidee identifizieren, die auf sie projiziert wird, so fehlten ihnen die Sammlung und die Energie, um ihre Aufgabe zu erfüllen.

Die Neider und die Neiderinnen dürfen die Größenidee zwar projizieren, das hat durchaus eine dynamische Wirkung, es kommt dadurch etwas in Gang, vielleicht sehen sie sogar etwas, was dem Neiderreger oder der Neiderregerin selbst nicht klar war. Diese dürfen sich aber nicht mit der Größenidee identifizieren, denn dann sind sie im Neidsystem gefangen, erwarten von sich das Unmögliche und sind gelähmt.

Eifersucht

Einleitung

Was ist Eifersucht?

Von Eifersucht sprechen Menschen leichter als von Neid, aber auch nicht allzuleicht. Eifersucht ist etwas weniger unangenehm – vielleicht, weil sie eher im Dienste der Erhaltung der alten Zustände steht. Oft wird im alltäglichen Sprachgebrauch auch anstatt des Wortes Neid der Ausdruck «Eifersucht» gebraucht. Neid und Eifersucht haben viel miteinander gemeinsam. Hat ein Mensch eine schwere Neidproblematik, dann kommt oft Eifersucht noch dazu.

Das *Wörterbuch der philosophischen Begriffe* definiert Eifersucht folgendermaßen:

> «Eifersucht ist die quälende bis zu leidenschaftlichem Haß sich steigernde Furcht, die Neigung einer geliebten Person oder den Besitz eines Wertes oder Gutes mit einem anderen teilen zu müssen oder zu verlieren.»[117]

Interessant ist der Ausdruck «quälende Furcht». Eifersucht wird hier also zunächst als Angst erfaßt. Die Angst ist deutlich bestimmt: Es handelt sich insbesondere um die Angst vor Liebesverlust, aber auch vor Verlust überhaupt. Diese Angst oder auch Furcht kann sich zu leidenschaftlichem Haß steigern, oder anders ausgedrückt: Diese Furcht wird mit leidenschaftlichem Haß abgewehrt. Die involvierte Leidenschaft zeigt deutlich, welche Verzweiflung durch den drohenden Verlust ausgelöst wird. Denn es ist ja nicht nur Haß, der in der Eifersucht erlebt wird, es ist auch Liebe. Die «normale» Ambivalenz, die wir einem uns sehr nahen Menschen gegenüber empfinden, nämlich die Tatsache, daß wir den gleichen Menschen, den wir lieben, auch hassen, daß aber unsere Liebe stärker ist als der Haß und diesen im Zaume halten kann, so daß wir die Menschen, die wir lieben, nicht zerstören, diese Ambivalenz spaltet sich in der Eifersucht auf: Wir werden zwischen Liebe und Haß hin- und hergerissen, bald dominiert die Liebe, bald der Haß.

Sind wir von Eifersucht erfaßt, dann befürchten wir, daß ein anderer oder eine andere uns etwas wegnimmt, was uns anscheinend gehört, worauf wir ein Anrecht haben oder zu haben meinen. Es kann dabei um eine Position gehen, um einen Partner oder eine Partnerin, um etwas, das bisher einen Aspekt unseres Selbstverständnisses ausgemacht hat – etwa in einem Bereich der Beste zu sein –, aber auch um etwas, wovon wir denken, daß es uns zusteht. Wenn wir uns in der Phantasie eine von uns ersehnte Beziehung vorstellen – auch ohne konkrete Schritte dazu zu unternehmen – und wir nun einen anderen Menschen treffen, der offenbar eine solche Beziehung zustande gebracht hat, können wir mit Eifersucht reagieren.

Mit dem Gefühl der Eifersucht verknüpft ist die Vorstellung, daß das, was mir gehört oder zusteht (auch in der Phantasie), ein anderer oder eine andere bekommt, und daß ich das, worum es geht, verloren habe. Eifersucht stellt sich in Situationen ein, in denen drei Menschen beteiligt sind oder zwei Menschen und ein attraktives Gut. Es geht also immer in irgendeiner Weise um eine Dreiecks-Situation.

Im Erleben der Eifersucht sind verschiedene Emotionen beteiligt: Da ist einmal der Schmerz, der körperlich meistens als Schmerz im Bauchraum, im Zwerchfell, im Oberbauch beschrieben wird. Der Schmerz trifft uns offensichtlich zentral, hervorgerufen durch das Gefühl, vernichtet zu werden. In ihm drückt sich das Problem des Verlassenwerdens und des Ausgestoßenwerdens aus. Das schmerzhafte Gefühl, verlassen oder ausgestoßen zu werden, real oder in der Phantasie, ist ein Aspekt der Eifersuchtsreaktion. Damit verbunden sind Angst und Wut. Aber auch Trauer, Gefühle der Ohnmacht und der Scham gehören zu dieser

Reaktion und bewirken ein verunsichertes Selbstwertgefühl, den Selbstzweifel.

Man kann sich fragen, ob all diese Emotionen zusammen die Erfahrung «Eifersucht» ausmachen oder ob die Eifersucht die Sucht ist, immer wieder das Gespräch auf diese Situation der Zerstörung der bis anhin «glücklichen Zweierbeziehung» zu führen (wobei es sich nicht nur um zwischenmenschliche Beziehungen handeln muß; wie ich schon ausgeführt habe, kann es auch um die Beziehung zu einem Wert oder einer Sache gehen), ob Eifersucht die Unfähigkeit ist, diese Situation zu vergessen, das Bedürfnis, sich immer wieder als Opfer der Ungerechtigkeit und der Böswilligkeit des Partners oder der Partnerin hinzustellen, wie es etwa Hildegard Baumgart[118] unter anderem auch zu bedenken gibt.

Redewendungen, die wir in Situationen der Eifersucht gebrauchen, sind sehr aggressiv und enthüllen vieles: Da «bricht jemand aus», ein anderer oder eine andere «bricht ein» – das Bild eines Geheges, das jetzt nicht mehr ein schützendes Gehege ist, drängt sich auf –, man ist «betrogen» worden.

Eifersucht ist die Emotion des doppelten Zweifels: des Zweifels an sich selbst und des Zweifels am anderen Menschen.

Der Selbstzweifel ist evident: Wenn wir verlassen werden, wird uns suggeriert, daß wir nicht liebenswert sind, nicht attraktiv oder weniger attraktiv als ... Diese «Erkenntnis» nährt Gefühle der Wertlosigkeit, aus denen heraus dann eine Neidbereitschaft erwächst. Der Selbstzweifel kann aber noch weitergehen: Dürfen wir überhaupt einen Menschen für uns haben wollen, eine Position beanspruchen, haben wir ein Recht darauf? Es können sich Zweifel einstellen, ob man denn überhaupt an etwas oder an einem Menschen festhalten darf.

Der Fremdzweifel äußert sich darin, daß wir uns fragen, ob unsere vorherige Sicht dieses Menschen richtig war. Denn wenn sie richtig war, ist eigentlich nicht zu verstehen, warum er oder sie uns das antut. Dieser Fremdzweifel äußert sich in einer Entwertung des Partners oder der Partnerin, noch häufiger allerdings des Dritten oder der Dritten.

Spricht man von Eifersucht, so thematisiert man sehr oft nur die erotische und sexuelle Eifersucht, die Außenbeziehung, es geht um das Thema des erwünschten-unerwünschten Dritten. Es muß sich bei Eifersuchtsreaktionen aber keineswegs um konkrete Außenbeziehungen handeln, die vielen phantasierten Außenbeziehungen sind mindestens so eifersuchtsträchtig wie die konkreten. Die häufige Einschränkung der Eifersucht auf die Liebesbeziehungen ist verständlich, wenn wir an die vielen Dreiecksgeschichten denken, die wir in unserem Leben schon erlebt haben. Diese Dreiecksbeziehungen oder Beziehungsdreiecke hatten von Kindheit an im wesentlichen mit Zuneigung und Verlust von Zuneigung und meistens im Zusammenhang damit mit Vorteilen zu tun, die man je nachdem aufgeben mußte oder die sich neu ergaben. Denken wir etwa daran, daß wir immer einmal die Eltern oder einen Elternteil mit irgend jemandem oder mit etwas teilen mußten, denken wir aber auch daran, wie weh es tat, wenn sich zum Beispiel die beste Freundin plötzlich so sehr für ein anderes Mädchen interessierte, wenn ein sicher geglaubtes Zugehörigkeitsgefühl dem Gefühl des Ausgestoßenseins weichen mußte.

Der Umgang mit diesem Gefühl

Eine Form der Reaktion ist der Rückzug, der Rückzug in eine innerliche Abwesenheit, aber auch in Phantasien, Phantasien darüber, in welch herrlicher Inszenierung man zurückgeholt und wieder in die alte Position eingesetzt werden könnte. Auch Rachephantasien können erfolgen oder psychosomatische Reaktionen.

Wer sich nicht zurückzieht, wird eher angreifen, wird deutlich machen, daß er oder sie zurückhaben will, was ihm oder ihr gehört, denn da gibt es Wut auf den Eindringling. Diese Menschen sind sehr übergriffig und eindringend, wollen alles wissen, wollen wenigstens so noch die Kontrolle behalten. Dabei wird meistens das eigene Ich idealisiert, der oder die Eifersuchtsauslösende entwertet. Die Hoffnung ist, diese Störenfriede in irgendeiner Form zu überführen.

Eine andere Form des Umgangs mit Eifersuchtsgefühlen stammt aus dem Abwehrsystem der Identifikation mit dem Angreifer: Man macht eifersüchtig, um nicht selbst eifersüchtig sein zu müssen; man inszeniert Situationen, die den Partner oder die Partnerin verunsichern, um nicht selbst in diese Situation zu geraten. Dies wird als sehr manipulativ und quälend erlebt. Dahinter steckt eine große Angst, ausgestoßen zu werden, ins zweite Glied gestellt zu werden, in die Bedeutungslosigkeit zu versinken. Dieses «Spiel» wird dann gespielt, wenn ein Mann oder eine Frau mit einem Eifersucht erregenden Elternteil oder Geschwister unbewußt identifiziert ist. Dieses Verhalten sollte den Partner oder die Partnerin dazu bringen zu zeigen, wie sehr er oder sie den Eifersucht auslösenden Menschen liebt. Dies allerdings gelingt selten, denn das Spiel des Eifersüchtigmachens spielt nicht im Raum der Liebe, sondern im Raum der verhinderten Liebe: Es geht um geleugnete Ohnmacht und vermeintliche Macht.

Als weitere, konstruktive Form der Reaktion gäbe es auch ein «gutes Abwarten», einen Rückzug, bei dem man sich die Trauer über den Verlust oder den vermeintlichen Verlust gestattet, wobei man diese Situation als Anlaß nimmt, sich mit der Frage des Verlassenwerdens auseinanderzusetzen, vor allem auch mit den daraus folgenden Konsequenzen: sich auf sich selbst zu besinnen, mit sich selbst Kontakt aufzunehmen, auch zu erkennen, daß man in dieser Situation nicht erfolgreich gewesen ist, oder aber auch, sich selbst kritisch zu konfrontieren mit einer Haltung des Festhaltens von Menschen und Dingen, die gar nicht festzuhalten sind.

Von der Schwierigkeit, sich zu Eifersucht zu bekennen

In der Eifersucht wird einem unabweisbar klar, daß man einen Rivalen oder eine Rivalin hat. Das wissen wir zwar theoretisch, es gibt immer irgendwo auf der Welt einen Rivalen oder eine Rivalin in bezug auf alles, was für uns einen Wert darstellt und von dem wir denken, daß es einen Teil unserer Identität ausmacht, daß es zu uns gehört.

Man kann nun progressiv mit solchen Rivalen und Rivalinnen umgehen, falls man genug Selbstvertrauen hat. Man kann sich herausfordern lassen, sich entwickeln, sei es, daß man entwickelt, was der Rivale oder die Rivalin verkörpert – der Rivale oder die Rivalin verkörpern nicht selten abgespaltene oder verdrängte Anteile der ursprünglichen Beziehungsperson –, sei es, daß man die Beziehung zu sich selbst mehr aktiviert.

Man kann in dieser Situation sich auch regressiv verhalten, gerät dann aber in eine destruktive Dynamik, die darin gipfeln kann, daß es dem Eifersüchtigen unabdingbar zu sein scheint, daß einer von beiden untergehen muß, verzichten muß, notfalls sterben muß. Das ist bittere Realität: Es vergeht kaum eine Woche, in der in der Zeitung nicht über einen Eifersuchtsmord berichtet wird oder über ein Eifersuchtsdrama mit Selbstmord. Das ist die tödliche Konsequenz einer destruktiven Dynamik. Es sind zu einem hohen Prozentsatz Männer, die aus Eifersuchtsgefühlen heraus morden.

Wir scheinen sehr große Schwierigkeiten zu haben, uns zu unserer Eifersucht zu bekennen. Menschen, die eifersüchtig sind, sprechen meist nicht über ihre Eifersucht, sondern davon, daß sie besorgt sind um die Beziehung, oder sie sprechen lange über Treue und Treulosigkeit. Es ist verständlich, daß wir nicht gerne zu unserer Eifersucht stehen, denn da stehen wir als Verlierer oder Verliererinnen da, zudem noch als schlechte. Deshalb ist es einfacher, zum Beispiel über Wut auf den Partner oder die Partnerin zu sprechen oder darüber, daß man in der Beziehung dafür sorgt, daß diese auch gut funktioniert.

Beispiel

Ein 29jähriger Mann kam in Therapie, weil er unter Konzentrationsschwierigkeiten, Mangel an Energie, an großer Erschöpfbarkeit, schlechtem Schlaf und für ihn unerklärlichen Stimmungsschwankungen litt. Sieht man diese Symptome in einem Zusammenhang, so könnte man an eine Depression denken. Der Mann war verheiratet und hatte drei Kinder. Irgendwann kam die Rede darauf, daß er an der Treue seiner Frau zweifle, und er sagte von sich – ohne daß ich ihn gefragt hätte –, daß er selber sehr treu sei. Auf meine Bemerkung hin, Treue sei offenbar ein Thema, erzählt er, seine Frau erlebe es als sehr schwierig, daß er sie so oft kontrolliere.

Ich lasse ihn erzählen, wie er denn seine Frau kontrolliere: Er frage sie zum Beispiel, wenn sie ohne ihn das Theater besucht habe, am Morgen danach nach ihrem Billett. Er wolle auch immer sexuell mit ihr verkehren, bevor sie in die Stadt gehe, dann sei sie weniger ansprechbar auf Verführungen. Sie habe das schon verschiedentlich als «lästig» bezeichnet, und gerade das mache ihn stutzig.

Seine Partnerin wird von ihm als lebenslustig beschrieben. Sie tanzt «fürs Leben gern», er tanzt nicht. So tanzt sie natürlich mit anderen Männern, und er schaut zu und verschlingt den jeweiligen Tanzpartner mit seinen Augen. Er wird sofort sehr wütend, wenn dieser seiner Meinung nach etwas zu eng tanzt, überlegt sich auch gelegentlich, ob er eine Schlägerei anfangen soll, verwirft diesen Gedanken aber regelmäßig, er fühlt sich nicht sehr kräftig. Vor der Ehe hatte seine Frau zudem verschiedene Freunde, mit denen sie immer noch lockeren Kontakt hat. Das macht ihm zu schaffen. Auch er hatte verschiedene Freundinnen, bevor er seine Frau kennenlernte, aber «das ist etwas ganz anderes, das ist normal». Ihm macht es zu schaffen, daß seine Frau ganz offen zeigt, daß sie andere Männer auch mag.

Und sie hatte «in der Tat» eine Außenbeziehung im dritten Jahr ihrer Ehe (die beiden sind jetzt acht Jahre verheiratet). Damals bereitete er sich auf zusätzliche Prüfungen vor und hatte wenig Zeit für seine Frau, und da ging sie immer wieder mit einem Freund von ihm aus. Über diesen Freund spricht er lange und ausführlich. Er erlebt ihn als «lebensfroher, banaler, feuriger, vielleicht auch intelligenter» als sich selbst. Er berichtet weiter, die beiden hätten behauptet – und seine Frau behaupte es noch –, es sei «nichts zwischen ihnen gewesen». Sie habe immer wieder betont, sie hätten sich gern, hätten beide Zeit gehabt, und es sei schön gewesen, miteinander auszugehen, aber mehr sei nicht gewesen. Er glaubt das nicht, das kann er sich nicht vorstellen.

Seither habe er das Vertrauen verloren. Er habe auch Fehler gemacht, er habe sehr inquisitorisch nachgefragt und damit auch seinen Freund vergrault, den er nur noch selten sieht – was er bedauert, dieser Freund war einer seiner wenigen Freunde. Nach der Zusatzprüfung fand er, «es sei wohl das beste», Kinder zu haben. Die kamen dann auch, aber «das beste» war es für ihn nicht. Die Frau habe zu den Kindern ein so inniges Verhältnis, er komme da einfach nicht dazwischen. Er habe ihr immer wieder erklärt, es sei doch unreif, so mit den Kindern herumzuschmusen, sie sehe das aber überhaupt nicht ein.

Dieser Analysand ist massiv eifersüchtig auf mögliche Außenbeziehungen der Frau und auf ihre Beziehung zu den gemeinsamen Kindern. Er spricht lange und gern darüber, was in ihm geschieht, wenn seine Frau ausgeht. Er spricht über seine Phantasien, wie sie mit blitzenden Augen mit einem ganz tollen Typen tanze. «Ich male mir erotische Szenen aus, ich sehe, wie die beiden schlafen miteinander, und das macht mich total fertig. Es zerreißt mich fast. Ich habe dann eine ungeheure Wut, möchte den Kerl in der Luft zerfetzen, aber ich habe auch Schuldgefühle wegen meiner Phantasien. Ich komme mir vor wie der letzte Dreck, ich hasse diese Männer, ich hasse meine Frau, gleichzeitig liebe ich sie, ich hasse mich selbst, ich könnte mich umbringen. Und ich kann das alles nicht vergessen. Bei jeder Auseinandersetzung wärme ich alles wieder auf. Ich sage ihr, wie furchtbar es für mich ist, nicht zu wissen, ob sie fremdgeht. Ich erwarte jedes Mal, daß sie mir sagt, es tue ihr furchtbar leid, und sie wolle mir das auf gar keinen Fall antun.» Sie denkt aber gar nicht daran, so etwas zu sagen, sie sagt ihm ultimativ, wenn er wolle, daß sie bei ihm bleibe, solle er aufhören, diese alte Geschichte aufzuwärmen und seine Phantasie als einzige Realität gelten zu lassen. Diese Bemerkung versteht er als Androhung einer Trennung, sie schürt selbstverständlich seine Eifersucht.

Während dieser Gespräche über seine Eifersucht, die sich über Wochen hinzogen, fiel nie das Wort eifersüchtig. Und als ich ihn offen mit dem Thema der Eifersucht konfrontierte, sagte er empört, seine Frau spreche auch immer von Eifersucht, er sei nicht eifersüchtig, er sei bloß sehr besorgt um die Beziehung.

Was geschieht psychodynamisch? Der Analysand bezieht sein Selbstvertrauen weitgehend aus der Beziehung zu seiner Partnerin, er fühlt sich bloß liebenswert und in Ordnung, wenn ein anderer Mensch ihn für liebenswert hält. Diese Zuwendung kann er aber nicht verinnerlichen als wachsende Gewißheit, daß er liebenswert ist, sondern er muß das immer wieder gesagt und gezeigt bekommen. Das heißt, er muß wenn immer möglich ausschließen, daß er verlassen wird, weil das bei den ständig drohenden Einbrüchen des Selbstwerts zu einer ernsthaften Selbstwertkrise führen könnte. Das negative Selbstbild eines Menschen, der sich nicht für liebenswert hält, der zudem voll Haß und voll Neid ist, den er nicht annehmen kann, vermag depressive Verstimmungen auszulösen.

Da der Selbsthaß nicht auszuhalten ist, wird er auf einen möglichen Rivalen projiziert. Wir haben hier wieder die paranoid-schizoide Position von Melanie Klein (siehe S. 95 ff.) vor uns, diesmal aber im Zusammenhang mit Eifersucht. Weil mit dieser Position, wie ich schon dargestellt habe, die projektive Identifizierung verknüpft ist, muß sehr viel kontrolliert werden. Man projiziert ja bei der projektiven Identifizierung Teile von sich selbst auf einen anderen Menschen und muß sie dort unter Kontrolle halten.

Im Alltagsleben heißt das, daß man spioniert, kontrolliert, verfolgt, und je weniger in der Realität zu finden ist, um so belebter wird die Phantasie über die Rivalen. In unserem Beispiel waren es denn auch vor allem die Rivalen, auf die der Analysand projizierte. Dabei wird der Selbstwert immer schlechter, man behaftet sich ja auch auf den schwächsten Seiten, die man hat, behaftet sich dabei, ein Versager zu sein. Die Eifersucht wird immer quälender, das Selbstwertgefühl noch schlechter, und daher wird das Bedürfnis nach Kontrolle, die Illusion, etwas in dieser Situation in der Hand behalten zu können, immer größer. Statt Liebe wird Zwang erlebt, der befürchtete Verlust wird immer wahrscheinlicher. Außerdem findet eine deutliche Spaltung statt: Die Partnerin ist potentiell böse, der Analysand ist gut, doch kann er sie nicht verstoßen, denn er weiß, daß er von dieser «bösen» Frau abhängig ist. Sein Wunsch zu hören, daß sie es ihm nie antun würde, ihn zu verlassen, zeigt seine Verlassenheitsängste – aber auch seine Wünsche, sie möge ihn verlassen. Die Ambivalenz ist voll erlebbar, er wehrt sie aber ab und wird statt dessen depressiv, unkonzentriert, reizbar.

Die ganz normale Eifersucht

Freud unterscheidet die konkurrierende, normale Eifersucht von der projizierten Eifersucht und der wahnhaften Eifersucht.[119] Freud hält den Affekt der Eifersucht für normal, wo er fehlt, denkt er an Verdrängung. Die normale Eifersucht setzt sich nach Freud aus dem Schmerz und der Trauer um das verloren geglaubte Liebesobjekt zusammen, aus der narzißtischen Kränkung, den feindseligen Gefühlen dem Rivalen gegenüber und aus einer mehr oder weniger großen Selbstkritik. Das Eifersuchtsgefühl wurzelt im Ödipuskomplex oder im Geschwisterkomplex.[120]

Die projizierte Eifersucht – Eifersucht dort, wo kein äußerer Anlaß dazu besteht – sieht er als Ausdruck der eigenen Untreuephantasien, die verdrängt werden und die in der analytischen Arbeit bewußtgemacht werden können.

Auch die wahnhafte Eifersucht geht aus Untreuephantasien hervor, aber die Untreue meint nach Freud einen gleichgeschlechtlichen Partner, Eifersucht wäre also zugleich Abwehr und teilweise Befriedigung einer verdrängten Homosexualität[121], denn der Mann liebt doch die Frau und kann sich dennoch intensiv mit dem männlichen Rivalen beschäftigen. Freud formulierte diesen interessanten Gedanken nur vom Mann aus.

Themen im Rahmen der Eifersucht

Die Angst, verlassen zu werden

Die Angst, verlassen zu werden, wurzelt in kindlichen Erfahrungen und Ängsten vor Verlassenheit, und zwar in Situationen, in denen das Kind selber zu wenig auf Menschen zugehen konnte, um diese Verlassenheit aufzuheben oder zu mildern. Steht die Angst vor Verlassenheit bei der Eifersucht im Vordergrund, so werden oft komplexhaft entsprechende Kindheitserfahrungen wiederbelebt, ungeachtet dessen, daß im Leben eines erwachsenen Menschen Möglichkeiten bestehen, nach einem Verlust in vielfältiger Weise wieder Kontakte aufzunehmen.

Dieses Gefühl des Verlassenwerdens – und allenfalls die Trauer darüber – wird oft in Berichten über Eifersucht als Verlust eines Gefühls der Zugehörigkeit geschildert. Eine fraglose Zugehörigkeit zu jemandem oder auch zu etwas ist frag-würdig geworden. Das Gefühl der Zugehörigkeit ist eine wichtige Basis der sozialen Identität. Das Ausgestoßenwerden aus der Zugehörigkeit wird dann als besonders hart erlebt, wenn der Mensch, der Eifersucht erregt, zudem deutlich ausstoßende Tendenzen dem angestammten Partner oder der Partnerin gegenüber hat, aber auch, wenn ein Mensch nur dann Zugehörigkeit erleben kann, wenn es sich um eine exklusive Zweierbeziehung handelt.

Die narzißtische Kränkung

Manchmal scheint die Angst, verlassen zu werden, ausgeschlossen zu sein und allenfalls auch verlassen zu bleiben, zu dominieren, manchmal die narzißtische Kränkung, nicht mehr der wichtigste Mensch zu sein, nicht mehr der beste Mensch für einen anderen Menschen zu sein, oder aber, nicht mehr liebenswert zu sein. Viele Eifersuchtsreaktionen erfolgen aus der narzißtischen Kränkung heraus.

Eifersucht hängt wenig mit Liebe zusammen, obwohl wir dort eifersüchtig werden, wo wir überzeugt sind, geliebt zu haben, wo uns jemand oder etwas wichtig ist. Ob das allerdings Liebe ist, ist fraglich. Der sehr eifersüchtige Mensch ist selten ein Mensch, der liebt, sondern er ist meist ein Mensch, der vor allem geliebt werden muß, der von außen bestätigt haben muß, daß er liebenswert ist und daß er wichtig und bedeutsam ist. Verwies der Neid auf einen Mangel in unserer Selbstentfaltung und auf die notwendige Korrektur in unserem Selbstbild, so die Eifersucht auf einen Mangel im Selbstwert, auf das Fehlen der Überzeugung, grundsätzlich ein liebenswerter Mensch zu sein, ein Mensch, der der Liebe anderer und der Selbstliebe wert ist.

Es kann sich allerdings auch um eine Fehlwahrnehmung handeln in dem Sinne, daß man sich nur dann liebenswert fühlt, wenn man der einzige geliebte Mensch ist, der erste, der beste. Diese Selbstwertproblematik kann eine aktuelle sein: Man kann sich vorübergehend nicht liebenswert fühlen – etwa dann, wenn man unbewußte Trennungswünsche hat –, danach aber doch wieder davon überzeugt sein, daß man ein liebenswerter Mensch ist. Es kann aber auch eine durchgängige Überzeugung bestehen, eigentlich nicht liebenswert zu sein. Gerade dann, wenn viele Entthronungssituationen in einem Leben zusammengekommen sind, kann sich die Erwartung, immer wieder in die zweite Position zurückgestellt zu werden und damit natürlich auch die Botschaft zu bekommen, nicht sehr liebenswert zu sein, zu einer unkorrigierbaren Überzeugung verfestigt haben.

Daß eine Selbstwertproblematik hinter der Eifersucht steckt, wird von allen Autorinnen und Autoren, die sich mit Eifersucht beschäftigt haben, bestätigt. Besonders interessant erscheint mir in diesem Zusammenhang ein Artikel von Alfred Adler, den Frau

Pogorzelski-Oertli[122] gefunden und in ihrer Monographie zum Thema Eifersucht abgedruckt hat. Adler beschreibt die Eifersucht als «eine über das Normale hinaus gesteigerte Bestrebung, die geliebte Person ganz für sich in Anspruch zu nehmen». Die außerordentlich gesteigerten Mittel sind: Szenen, Tränen, Spionage, nervöse Anfälle, Verdächtigungen und anderes mehr. «Wir haben also den Versuch einer hoffnungslosen Person vor uns, mit allerlei künstlichen Mitteln zu ersetzen, was sie ihrer eigenen Kraft nicht zutraut, nämlich die Sicherstellung des Partners für die eigene Absicht, für die Liebesbeziehung.»[123]

Diese Sicht der Eifersucht enthält zwei wesentliche Aspekte: Der erste betrifft das Bestreben, eine Person «über das Normale hinaus» für sich in Anspruch zu nehmen, wobei dieses «Normale» von den verschiedenen Menschen sehr unterschiedlich definiert würde, möglicherweise auch von Frauen und Männern statistisch gesehen verschieden. Was «normal» ist an gegenseitigem Anspruch, ist etwas, das nicht ein für alle Mal feststeht. Es muß interaktionell definiert werden, muß zwischen den beteiligten Menschen definiert und auch immer wieder neu ausgehandelt werden.

Das zweite wesentliche Thema ist für ihn die «hoffnungslose Person», die mit «künstlichen Mitteln» zu erreichen versucht, was sie aus eigener Kraft nicht schafft – wobei natürlich auch diese künstlichen Mittel noch aus eigener Kraft ausgewählt und angewendet werden, aber nicht aus einer Position der Kraft, sondern der Kraftlosigkeit. Adler sieht, ganz auf der Linie seines theoretischen Ansatzes, die Eifersucht als Kompensation der Minderwertigkeit, und zwar der Minderwertigkeit im Herstellen einer dauerhaften Liebesbeziehung in der Überzeugung, einen Menschen für sich einnehmen und interessieren zu können.

Was da nun, folgt man dem Gedankengang von Adler, mit «künstlichen Mitteln» hergestellt wird, ist meines Erachtens keine Liebesbeziehung, sondern eine Pflegebeziehung, die ja oft eine ausschließlichere Beziehung ist als die Liebesbeziehung. Was mit den künstlichen Mitteln kompensiert wird, ist gerade das Fehlen der Liebe. Wir sind dazu angelegt zu lieben, und wir wollen auch geliebt werden. Kommt nun das Liebenkönnen abhanden und steht nur noch der Wunsch, geliebt zu werden, im Vordergrund, dann meine ich, werden diese Machtmittel – wirklich als Ausdruck einer «hoffnungslosen Person» – als letztes Verzweiflungsmittel eingesetzt, wenn das Geliebtwerden in Frage gestellt ist, um wenigstens vermeintlich wieder die alten Zustände herzustellen. Bei dieser Sichtweise wird besonders deutlich, daß eine Liebesbeziehung und der Umgang mit der möglichen Eifersucht nur aus einem guten Selbstwertgefühl, aus dem Vertrauen in die eigene Liebesfähigkeit und den eigenen Liebes-Wert heraus zustande kommen kann.

Trennungswünsche

Trennungswünsche innerhalb einer Partnerschaft müssen nicht bedeuten, daß man sich von diesem Partner oder dieser Partnerin endgültig trennen soll oder will. Trennungswünsche können bedeuten, daß sich ein Paar im Moment zu nah ist, daß es zu sehr das Gemeinsame lebt, beide sich zu wenig um sich selbst kümmern. In einer Partnerschaft geht es immer darum, das Gemeinschaftliche zu pflegen, aus dem letztlich so etwas wie ein «Gemeinschaftsselbst» entsteht[124], es geht aber immer auch darum, die eigene Individuation, das Selbstsein, nicht zu vernachlässigen. Wird das Selbstsein zu sehr vernachlässigt, dann kommen Trennungsphantasien auf, allenfalls auch Phantasien über eine Außenbeziehung. Diese Trennungsphantasien werden verdrängt, weil man die Liebe zu retten versucht, indem man nichts Trennendes zwischen sich und den geliebten Menschen kommen lassen will.

Viele Paare wissen nicht um die Dynamik in der Partnerschaft zwischen Phasen eines mehr gemeinsamen Lebens und Phasen, in denen die Individualität im Vordergrund steht. Sie ist auch nicht ganz so einfach zu verwirklichen, haben doch beide Partner nicht synchron die gleichen Bedürfnisse. Liebe bedeutet unter anderem, sich mit dem Partner oder der Partnerin «ganz» zu fühlen, diese wunderbaren Gefühle der Ganzheit zu spüren, die wir in dieser Situation «Liebe» nennen und die es uns erlauben, unseren Partner, unsere Partnerin so ganz in seinen oder ihren Lebensmöglichkeiten zu sehen – und uns selbst damit auch. Diesen Zustand der Ganzheit möchten wir uns natürlich erhalten, vergessen aber, daß er, auch wenn wir in diesem Zustand bereit sind, alles auf ewig zu beschwören, sehr vorübergehend ist, im besten Falle sich immer einmal wieder einstellt.

Diese Intimität, die wir oft mit der Dyade der frühen Kindheit in Verbindung bringen, mit dem Verschmelzen mit der Pflegeperson – obwohl dieses Verschmelzen auch da nicht ein andauerndes sein dürfte –, ist eine Wunschphantasie, eine Utopie, der wir nachjagen. Sie ist vorübergehend immer wieder zu verwirklichen, aber nicht durchgehend, sonst würden wir uns selbst verlieren in einer Beziehung. Weil wir dieses Verschmelzen miteinander am ehesten in erotisch-sexuellen Begegnungen erleben, legen wir bei Außenbeziehungen so sehr Wert darauf, ob «die beiden» miteinander geschlafen haben oder nicht.

Die Intimität, die wir zu schützen versuchen, können wir nicht schützen, indem wir einander einsperren, im Gegenteil. Trennungsphantasien sind nicht zu vermeiden, aber man könnte sie weniger ängstlich wahrnehmen und sich fragen, was sie in der jeweiligen Beziehung bedeuten. In engem Zusammenhang damit steht der Rivale oder die Rivalin.

Der Rivale, die Rivalin

Der Rivale, die Rivalin beschäftigen die Phantasie der von Trennungsängsten Geplagten, ja sie besetzen das ganze Denken. Nach Freud, der von einer bisexuellen Anlage des Menschen ausgeht, wird der homosexuelle Anteil auf den Rivalen oder die Rivalin projiziert, mit ihm beschäftigt man sich intensiv – und dennoch gefahrlos. Diese Sichtweise korrespondiert mit Beobachtungen, daß in der Partnerschaft zunächst die gegengeschlechtlichen

Aspekte sehr wichtig sind, das Paar ist sich dann auch als Paar sehr nah. Darauf folgt eine Phase, in der das Interesse an gleichgeschlechtlichen Personen mehr im Vordergrund steht, traditionellerweise der Mann sich mehr einem Freund, die Frau sich mehr einer Freundin zuwendet. In einer dritten Phase stehen dann wieder mehr gegengeschlechtliche Interessen im Vordergrund. Diese Dynamik bezieht sich in anderen Worten wiederum auf die Dynamik von wechselnder Nähe und Distanz. Daß die projizierte Homosexualität nicht allein ausschlaggebend für eine Eifersuchtsreaktion ist, kann daraus geschlossen werden, daß auch unter Homosexuellen Eifersucht durchaus ein Thema ist.

Nach Melanie Klein wird das Böse (allenfalls auch das Gefühl, man sei böse wegen der Trennungswünsche) auf den Rivalen oder die Rivalin projiziert. Menschen, die zwei Liebespartner oder Liebespartnerinnen haben, die also in einer Dreieckssituation leben, sagen oft, die angestammte Partnerin und die Geliebte hätten «nichts» gemeinsam, sie wären geradezu das «Gegenteil» voneinander. Im Gegenteil steckt aber oft auch etwas sehr Ähnliches – ist es doch ein Gegen-Teil, oft das Gegenstück.

In der Terminologie der Jungschen Schule fragt man sich, ob der Rivale oder die Rivalin den Schatten des Partners oder der Partnerin verkörpere, Seiten der Persönlichkeit, die nicht gelebt werden und die sogar oft zu Beginn einer Beziehung vorhanden waren, aus irgendeinem Grunde aber verdrängt werden mußten oder zumindest keine liebende Antwort bekamen. Daher ist hier auch Grund für viel Schmerz. Da findet ein Mann nach dreißig Jahren Ehe eine Frau, die ihn sehr fasziniert. Auf die Frage, was diese denn habe, was sie, die Ehefrau, nicht habe, sagt der Ehemann: «Sie ist herrlich unkonventionell und spontan.» Darauf erwidert die Frau traurig: «Das hättest du bei mir auch haben können, aber vor dreißig Jahren hast du es mir aberzogen mit der Begründung, eine zukünftige Frau Direktor habe sich würdevoll und angepaßt zu benehmen.» Es ist tragisch, daß wir ohne böse Absichten in Partnerinnen und Partnern Persönlichkeitsaspekte abwürgen, die wir später vermissen, so sehr vermissen, daß wir sie von außen wieder hereinholen müssen.

Hinter dem Rivalen, der Rivalin stecken also nicht selten Persönlichkeitsanteile des ursprünglichen Partners, die, weil unerwünscht, zu Schattenseiten erklärt wurden (so sehr «fremd» gehen die meisten gar nicht, sie bleiben im angestammten System!). Das Umgehen mit der Eifersucht hat wesentlich damit zu tun, wie man mit dieser Schattenschwester oder diesem Schattenbruder umgehen kann.

Aber vielleicht geht es noch um mehr. Hinter der heftigen Ablehnung des Rivalen oder der Rivalin steckt gelegentlich auch eine Faszination. Das brachte Freud wohl darauf, von einer homosexuellen Faszination durch den Rivalen oder die Rivalin zu sprechen. In der Jungschen Terminologie würde man nicht nur von einer sexuellen Faszination sprechen, sondern von einer – ich spreche jetzt von der Frau aus – Animafaszination.[125] Es geht dabei um einen unbewußten, faszinierenden Anteil vom Typus der geheimnisvollen Fremden, welche wesentliche weibliche Anteile der eigenen Psyche verkörpert, die, wenn man mit ihnen in Kontakt kommt, sowohl die Ablösung von Elternkomplexen fördern als auch mehr zum eigenen, auch spirituellen Selbst, hinführen.

Ob Schattenanteil oder Anima- beziehungsweise Animusfaszination, die Frage ist, ob man mit diesen Anteilen in Kontakt kommen kann, oder ob diese Rivalen und Rivalinnen einfach abgelehnt und in ihrer Bedeutung für das eigene Leben verleugnet werden.

Rivalen und Rivalinnen stehen in einer Eifersuchtssituation im Zentrum des Interesses, sie werden entweder gnadenlos entwertet oder glühend beneidet – oder beides zusammen. Gerade indem man sie gnadenlos entwertet, zeigt man, daß man sie beneidet. Daß wir uns für den Rivalen oder die Rivalin so sehr interessieren müssen, könnte als große Herausforderung verstanden werden. Fremdgehen müßte nicht einfach negativ gesehen werden, es könnte auch sein, daß sich da ein Partner für die

Partnerschaft etwas erschließt, was zunächst fremd ist, was aber zu Eigenem werden kann.

Das Fremde erfüllt uns immer mit Faszination und mit Angst gleichzeitig. Im Fremdgehen, im Sich-neu-Verlieben, in der Sehnsucht nach einer neuen Beziehungsphantasie[126] kann sich zeigen, was in der etablierten Beziehung fehlt, was vielleicht in diese zurückgeholt werden kann, vielleicht aber auch nicht. Und vor letzterem haben wir natürlich Angst. Dennoch müssen wir uns die Frage stellen, ob es denn sinnvoll ist, eine Beziehung weiter aufrechtzuhalten, wenn zentrale psychische Bedürfnisse nicht mehr abgedeckt werden können, wenn innere Entwicklungen nicht mehr möglich sind.

Eine Außenbeziehung des Partners stört eine Beziehung auf, bricht Gewohntes auf, und die Frage ist, wie man mit diesem Rivalen oder dieser Rivalin umgehen kann, wie er oder sie auch seine oder ihre Rolle sieht. Gelingt es, die Rivalin oder den Rivalen nicht einfach zu verteufeln und damit die ganze Dynamik zu blockieren, die ja bereits im Gange ist, gelingt es uns, uns zu fragen, was denn der Rivale oder die Rivalin mit uns selbst zu tun hat, können wir etwas produktiver mit der Eifersucht umgehen. Das hängt allerdings immer auch davon ab, von wieviel Neid die Eifersucht unterlegt ist. Je mehr Neid evoziert wird in einer Eifersuchtssituation, um so weniger produktiv wird man damit umgehen können.

Gelingt es nicht, mit Eifersucht produktiv umzugehen, wird oft von Schuld gesprochen, dann wird ein Partner oder eine Partnerin auf «Treue» hin verpflichtet, und der Seitensprung, der Treuebruch, der Fehltritt wird über Jahre hinweg als Grund für fehlendes Interesse, Lieblosigkeit, Egoismus etc. als Ausrede gebraucht. Statt aus dem Seitensprung etwas zu lernen, werden Schuldgefühle anstelle der Liebe zu den zentralen Gefühlen eines Paares. Das ist eine Form der pervertierten Treue: man ist nicht den Liebesgefühlen treu, sondern den Schuldgefühlen, und das gibt dann auch ein Recht auf Mißtrauen anstelle des Vertrauens, der Kontrolle statt des Freilassens. Es ist möglich, daß in dieser

Atmosphäre keine neuen Seitensprünge mehr gewagt werden, es wird sich aber auch sonst nicht mehr viel ereignen.

Wenn Eifersucht immer wieder vorkommt, «normal» ist, dann muß sie einen Sinn haben. Es ist eine Störung, die ich als Aufstörung verstanden haben möchte, weil sie eine Beziehung aufstört und zeigt, daß sich etwas an der Beziehung verändern muß, damit aber auch bei den an ihr beteiligten Partnern. Natürlich löst das Angst aus.

Beispiel für eine aufstörende Funktion der konkurrierenden Eifersucht

Eine 52jährige Frau kommt in Therapie aufgrund einer Selbstwertkrise – wie sie sagt. Ihr um drei Jahre älterer Mann hat eine Beziehung zu einer «etwas jüngeren, außerordentlich emanzipierten Freundin» aufgenommen. Diese sagt sehr deutlich, sie wolle den Mann nicht für sich allein haben, aber sie würden sich jetzt lieben, und es müßte doch erlaubt sein, miteinander eine menschliche Beziehung zu haben. Die Ehefrau ist äußerst empört, zerstört, fühlt sich ganz «kaputt»: «Ich habe immer alles für ihn getan, ich ertrage alle seine Launen, ich habe alle meine eigenen Wünsche mein Leben lang zurückgestellt, seine Karriere war immer im Vordergrund, ich spielte genau die Frau, die er sozial brauchte (...) und das ist jetzt der Lohn!»

Der häufige Gebrauch von «alles» und «immer» zeigt, wie sehr diese Frau im Moment von ihren Gefühlen der Wut, des Unrechts, des grundsätzlich Bestraftseins überwältigt ist. Denn «alles» tut man nicht für einen Menschen, und schon gar nicht «immer alles». Das ändert aber nichts an der Tatsache, daß sie sich ausgenützt vorkommt, daß ihr einfällt, sie habe sich (zu sehr) ihrem Mann angepaßt, eigene Pläne zurückgesteckt und irgendwie gehofft, dafür einen ihr genehmen Lohn zu bekommen. Diese Hoffnung hat sich vorerst zerschlagen, und sie ist wütend. Die Wut richtet sich vor allem auf die «Emanze». Obwohl sie nichts weiß über diese Frau außer Alter und Beruf – ihr Mann weigert sich, ihre dahingehenden insistierenden Fragen zu beantworten –, kann sie während Stunden über diese Rivalin sprechen.

Zunächst fragte ich mich, ob sie eine Privatdetektivin engagiert habe, fand das aber unsinnig, denn ihr Mann hatte sie ja über die Beziehung informiert. Daran hatte sie aber gar nicht gedacht. Sie «wußte» einfach, wie diese Frau war, wie «diese Frauen» sind: Sie sind vor allem außerhalb ihres Berufes vollkommen untüchtig, «können kein Ei kochen», denken statt dessen Tag und Nacht darüber nach, wie sie noch verführerischer sein können, haben natürlich kein Schamgefühl... Sie wußte aber auch genau, wie teuer die Kleider dieser Frau waren, wie sie körperlich aussah, welche Vorzüge und Mängel sie hatte. Die Phantasien der Frau über ihre Rivalin wurden immer «realer» und immer phantastischer. Und natürlich wurde an dieser Frau kaum etwas als gut erkannt, es war fast alles abscheulich. Die Tatsache, daß ihr Mann sich keinen Satz über die Geliebte entlocken ließ, gab ihren Phantasien weiteren Auftrieb.

Eine Rivalin, aus der Phantasie geboren, war zentrales Interesse unserer Therapie – und doch gab es da auch eine konkrete Rivalin. Eine Realitätsprüfung ist außerordentlich wichtig, will man herausfinden, was es denn bedeutet, daß der Partner eine Beziehung gerade zu dieser Rivalin eingegangen ist, sie ist wichtig als Voraussetzung dafür, daß mit der Eifersucht produktiv umgegangen werden kann. (Die phantasierte Rivalin ist selbstverständlich auch eine sehr wichtige innere Gestalt.) Es ist aber nicht sinnvoll, zu früh eine solche Realitätsprüfung vorzuschlagen, weil zunächst ja sehr viel Wut, Haß und Entwertung es verunmöglichen, daß eine Rivalin auch nur einigermaßen neutral gesehen werden kann. Es ist wichtig, daß der Haß, die Wut, die verletzte Liebe ausgedrückt werden dürfen, bevor die Rivalin realer gesehen wird.

Vier Monate nach dem Beginn der Therapie äußerte die Frau den Wunsch, die Rivalin «zur Rechenschaft zu ziehen». Ich bestätigte ihr, daß ich es gut verstehen könne, daß sie die Frau, die sie so lange und intensiv beschäftigt habe, einmal sehen möchte. Ich habe das «Zur-Rechenschaft-Ziehen» in ein «Sehen-Wollen, Treffen-Wollen» umformuliert. Die «Emanze», die ein solches Treffen schon zu Beginn der «Außenbeziehung» vorgeschlagen hatte, war gerne bereit, sie zu treffen. Sie trafen sich auf «neutralem Terrain», in einem Café. Meine Analysandin fand die «Emanze» – so nannte sie sie vorerst – schrecklich, doch auch ein wenig interessant. Es beeindruckte sie, daß diese Frau, die nur wenig jünger war als sie, ihr selbst deutlich sagte, sie verstünde die ganze Aufregung nicht, sie wolle ihr ihren Mann ja nicht wegnehmen. Ob sie sich denn nie in einen anderen Menschen verliebt habe? Die «Emanze» war ihr zu direkt – und sie sah überhaupt nicht so aus, wie sie sie phantasiert hatte. Sie trug die «falschen» Kleider, hatte keine gefärbten Haare, war spürbar interessiert an ihr – also nicht das gefühllose Biest, das sie sich vorgestellt hatte. Die beiden trafen sich weiter. Nach dem sechsten Treffen sagt meine Analysandin: «Wenn sie nicht eine Frau wäre, würde ich fast sagen, ich hätte mich ein wenig in sie verliebt.»

Hier greift nun die Theorie von Freud: Die Rivalin ermöglicht es, homosexuelle Gefühle zu erleben. Die Emanze, die jetzt einen Namen bekommt, Luise, hat in der Ehefrau, in Martha, sehr viel bewegt. Diese schämt sich über das, was sie dieser Frau alles anprojiziert hat, und ist bereit, sich mit diesen frauenverachtenden Projektionen, die letztlich einer Verachtung ihrer selbst als Frau entsprechen, auseinanderzusetzen. Sie stellt fest, daß Luise Seiten an sich hat, die ihrem Mann etwas bedeuten mögen, nicht aber ihr. Diese Frau hat aber darüber hinaus eine Art, in der Welt zu stehen, die sie sehr attraktiv findet. Und auch ihre Art, emotionale Dinge spontan anzusprechen, sich selber so deutlich das Recht zuzugestehen, eine Liebe leben zu dürfen, findet sie attraktiv. Zudem brachte Luise sie dazu, vieles, das sie für selbstverständlich gehalten hatte, zu hinterfragen: Warum hatte sie so viele Wünsche aufgegeben – «für ihren Mann»? Warum hatte sie nicht gelegentlich mehr für ihre Wünsche gekämpft, ihr Mann hätte sie doch deshalb nicht verlassen?

Luise ist nicht mehr einfach eine Schattenschwester – das ist sie auch, sie hat in der Tat die Spontaneität, die ihrem Mann zu Beginn ihrer Ehe zuviel gewesen war –, Luise ist für sie auch die faszinierende Fremde, eine Animagestalt, die Faszination bewirkt. Und diese Verliebtheit bewirkt, daß sie weibliche Seiten durch die Beziehung zu Luise entdeckt, die sie zuvor an sich nicht gekannt hat. Sie sagt dann auch irgendwann zu ihrem Mann, sie könne gut verstehen, daß er sich in diese Frau verliebt habe, sie könne damit leben, sie müsse aber das Gefühl haben, auch geliebt zu sein, also: nicht *allein* geliebt zu sein, sondern *auch* geliebt zu sein.

Luise mußte ihm etwas Ähnliches gesagt haben, jedenfalls wurde jetzt er eifersüchtig und hatte den Eindruck, daß Ehefrau und Freundin sich zusammentaten und ihn «elegant ausbooteten». Zwar wurde er nicht mehr vorwurfsvoll behandelt, aber er fand eine Frau vor, die sich mehr veränderte, als ihm lieb war.

Die Rivalin verschwand natürlich nicht einfach, Rivalinnen und Rivalen sind nämlich nicht nur dazu da, festgefahrene Beziehungen wiederzubeleben, sie müssen in irgendeiner Form mitleben. Die Beziehung wurde in allen möglichen Konfigurationen gelebt, die drei haben immer wieder auch gemeinsam etwas unternommen, was viel Organisation erforderte, freischwebende Eifersucht auslöste. Die Themen: freilassen, loslassen, Diebstahl und Bereicherung waren immer wieder aktuell. Aber die Beziehungen wurden gepflegt.

Warum war hier ein konstruktives Rivalisieren möglich? Martha kann lieben, sie ist nicht eine der Frauen, die vor allem geliebt werden müssen und die das Gefühl, liebenswert zu sein, verlieren, wenn ihr Partner auch eine andere Frau liebt. Zumindest hat sie im Verlaufe der Therapie gelernt, daß sie liebenswert ist. Die Kränkung war nicht allzu einschneidend, sie fühlte sich von ihrem Mann nicht zusätzlich entwertet – und auch nicht grundsätzlich ausgestoßen.

Ausbrechende Partner und Partnerinnen gehen ja leider oft so mit ihren Schuldgefühlen um, daß sie dem angestammten Partner oder der angestammten Partnerin die «Schuld» daran geben, daß sie sich «außen jemanden haben suchen müssen». Dadurch wird der angestammte Partner, die angestammte Partnerin zusätzlich entwertet. Natürlich hat dieses Sich-Verlieben etwas mit der ursprünglichen Partnerschaft zu tun, aber nicht in dem Sinne, daß die eine Seite alle Schuld trüge und die andere ganz unschuldig wäre. Martha sagte deutlich, ihr Mann habe immer betont, daß für ihn ihre Beziehung sehr wertvoll sei, daß er sich ein Leben ohne sie nicht vorstellen könne – aber er habe sie natürlich vernachlässigt. Er ist also nicht einer Spaltung verfallen, die oft so viel zusätzliche Kränkung bringt, weil die neue Partnerin idealisiert, die alte entwertet wird, was dann wiederum Rivalität und Neid enorm fördert.

Dazu kommt bei Martha, daß sie im Laufe ihres Lebens gelernt hat, mit Kränkungen umzugehen. In der Art, wie die Eifersuchtsdramen in unserer Kindheit und in unserer Adoleszenz erlebt worden sind, werden sie meistens auch im späteren Leben erlebt. Als mittlere von fünf Geschwistern, als das letzte von drei Mädchen, wurde Martha mit zehn Monaten durch einen Bruder, den längst ersehnten Sohn, entthront. Sie ist mit dieser Entthronung oder dem Gefühl, nicht sehr bedeutsam zu sein, so umgegangen, daß sie eine intensive Beziehung zu einer Großmutter pflegte. Diese Großmutter gab ihr das Gefühl, bedeutsam zu sein. Opfern konnte sie auch die Vorstellung, Liebe sei nur dann Liebe, wenn man allein und ausschließlich geliebt werde. Das Drama der Eifersucht wurzelt ja in der Überzeugung, Liebe sei nur dann echt, wenn man in einer Zweieinigkeit lebe, die in keiner Weise geöffnet werden dürfe. Das ist aber eine Paradiesesillusion, das gab es nämlich nicht einmal in der frühen Kindheit.

Martha konnte die Herausforderung, die in der Eifersucht liegt, annehmen, dank einem hinreichend guten Selbstwertgefühl im Bereich des Liebenswert-Seins, dank ihrer Fähigkeit zu lieben und dank der daraus erwachsenen Möglichkeit, sich mit der Rivalin auseinanderzusetzen.

Martha ist geradezu klassisch mit ihrer Eifersucht umgegangen: Sie hat zunächst den Schatten auf die Rivalin projiziert, hat alles Böse auf diese projiziert und war monatelang von einer großen Wut erfaßt, die sie laut und deutlich zum Ausdruck brachte. Mit der Wut wehrte sie viel Neid ab. Aus der Wut heraus kam der Impuls, diese Rivalin zu treffen, das heißt also, das, was zunächst abgespalten war, wieder mit dem Ich zu verbinden. Die konkrete Begegnung zeigte ihr, daß es sich bei der Rivalin um eine Frau handelte, die in ihrer Psyche sehr viel auslösen konnte, die ihr wesentliche Impulse zur Selbstwerdung gab und die sie durchaus auch in einer gewissen Weise zu lieben begann. Erleichternd kam dazu, daß Luise, die Rivalin, nie den Mann von Martha für sich haben wollte; die Gefahr, verlassen zu werden, wurde von Martha subjektiv nie als groß eingeschätzt.

Daß sich eine Freundschaft zwischen den drei Menschen anbahnte, ist nicht so außergewöhnlich. Es gibt eine Untersuchung von Buunk[127] aus dem Jahr 1982 in Holland, bei der sich herausstellte, daß 65 % der Betroffenen wenigstens einmal mit dem Rivalen oder der Rivalin persönlich über ihre Situation gesprochen hatten und 44 % die dritte Person als zu ihrem Freundeskreis gehörig beschrieben. Buunk hat Menschen zwischen 27 und 46 Jahren untersucht.

Eifersucht entsteht dann, wenn psychologisch gesehen eine Triangulierung stattfindet. Das Wort Triangulierung, die Erweiterung einer Zweierbeziehung zu etwas Drittem hin, ist in der Psychologie mit dem Thema der Öffnung verbunden, das heißt mit Anreiz zu Entwicklung. Sie wird sogar in sich selbst als ein Entwicklungsfortschritt gesehen und ist auch die Voraussetzung dafür, daß der Mensch autonom und liebesfähig wird. Die erste Triangulierung setzt man dort an, wo die Mutter-Kind-Dyade geöffnet wird zum Vater hin, und das, meint man heute, ist sehr früh der Fall.

Betrachtet man die Eifersucht unter dem Aspekt der Theorie des Ödipuskomplexes, wie es Freud anregt, dann gilt es zu unterscheiden zwischen einem fixierten Ödipuskomplex und einem überwundenen Ödipuskomplex. Aus einem überwundenen Ödipuskomplex heraus könnte man sagen: «Wir beide lieben denselben Menschen und lieben auch uns.» Also vom Mädchen aus: «Wir beide (Mutter und ich) lieben den Vater, wir lieben aber auch uns.» Aus einem in dieser Weise «gelösten» Ödipuskomplex heraus müßte es uns möglich sein, mit Rivalen und Rivalinnen auch in einer Eifersuchtssituation konstruktiv zu rivalisieren, vorausgesetzt, wir haben nicht zuviel Angst, verlassen zu werden. Und das heißt wiederum, vorausgesetzt, unsere frühkindliche Basis des Selbstvertrauens ist gut genug. Es ginge also nicht um ein Für-sich-allein-Haben, sondern um «Sein», darum, in liebevollen Beziehungen zu stehen, die man gerade nicht «hat».

Leiden wir unter einem fixierten Ödipuskomplex, dann heißt unsere Devise: «Ich will den Vater endlich einmal für mich allein haben; du, störende Mutter, sollst weggehen.» Eifersüchtig zu sein hieße also, im Ödipuskomplex fixiert zu sein. Aber auch dann, wenn man die Beziehungsform des gemeinsamen Genießens gefunden hat, bleibt, daß man auf die Zweisamkeit immer wieder einmal verzichten muß, auf eine Form der Zweisamkeit, die es vielleicht wirklich nur in unserer Phantasie gibt: die Phantasie, für einen Menschen ganz und gar alles zu sein und einen Menschen zu haben, der oder die uns ganz und gar alles ist und bleibt.

Diese Phantasie der Ganzheit und der Einheit projizieren wir, wie früher erwähnt, am ehesten auf die erotisch-sexuelle Verschmelzung. Deshalb reagieren wir wohl auch so allergisch, wenn ein Partner oder eine Partnerin eine sexuelle Beziehung zu einem anderen Menschen hat. Bei einer Gefühlsbeziehung ohne Sexualität, die an sich mindestens so «gefährlich» ist für die ursprüngliche Partnerschaft, reagieren wir meistens viel gelassener.

Sein statt Haben

Erschwerend kommt zur konstruktiven Bewältigung der Eifersucht das Prinzip Haben hinzu oder das sexuelle Exklusivrecht, das wir zu haben meinen. Im «Prinzip Haben» sieht Fromm die

Erklärung für die sexuelle Eifersucht.[128] Seine Theorie möchte ich jetzt noch anfügen. Fromm geht davon aus – wie viele andere auch –, daß wir Menschen Individuen, das heißt getrennte Wesen, sind und daß es deshalb im Leben darum geht, sowohl Nähe herzustellen als auch getrennt zu bleiben, unabhängig zu sein. Er nennt es das Dilemma der Menschen, daß sie immer nach Nähe suchen und dennoch immer auch unabhängig sein wollen. Die Nähe braucht der Mensch, um sich geborgen zu fühlen, Unabhängigkeit, damit er sich entwickeln kann, damit er individuieren kann. Dieses Suchen nach Nähe und zugleich nach Unabhängigkeit ist ein Grundthema der Liebe.

Für Fromm gibt es zwei Formen der Liebe: die Liebe im Modus des Seins und die Liebe im Modus des Habens.[129] Liebe im Modus des Seins versteht Fromm als «produktives Tätigsein».[130] Darunter versteht er sowohl die Eigenaktivität als auch die Möglichkeit des Verstehens. Das ist eine etwas eigenwillige Sprachgebung. Lieben im Modus des Seins hieße dann: sich für jemanden oder um etwas – es geht auch um Liebe zu Dingen und Ideen, nicht nur zu Menschen – zu sorgen, auf jemanden oder etwas einzugehen, jemanden oder etwas gründlich kennenzulernen, zu bestätigen und sich daran zu erfreuen. Ziel dieser Liebe kann ein Mensch sein, ein Baum, eine Idee. Zusammenfassend sagt Fromm, Leben im Modus des Seins heiße, sie oder ihn «zum Leben zu erwecken, seine/ihre Lebendigkeit zu steigern».[131] Das ist auch die Hauptthese seines Buches *Die Kunst des Liebens:* Liebe ist gegeben, wenn man die Lebendigkeit eines anderen Menschen steigern kann. Liebe wird von Fromm prozeßhaft gesehen, sie ist ein Prozeß, der den geliebten Menschen und den liebenden Menschen immer wieder erneuert und wachsen läßt.

Für mich müßte allerdings zu diesem Lieben im Modus des Seins noch der romantische Aspekt dazukommen, die ursprüngliche Faszination, die auch immer einmal wieder aufblitzen muß, von der ich meine, daß sie das ist, was diese Liebe als produktives Tätigsein auch ermöglicht und in Gang hält. Denn wenn man Fromms Beschreibung in die Praxis umsetzt, wird deutlich, welch anspruchsvolles Programm er hier in die Welt setzt: Sich um einen Menschen zu sorgen, sich wirklich für einen Menschen so sehr zu interessieren, daß man ihn oder sie auch wirklich kennenlernt, auf einen Menschen eingehen, ihn oder sie bestätigen – das kann man sehr gut, solange man verliebt ist, vorausgesetzt, man ist nicht zu narzißtisch, also wirklich am anderen Menschen interessiert und nicht nur an seiner oder ihrer Wirkung auf einen. Ist man aber nicht mehr verliebt, dann ist das harte Beziehungsarbeit, «liebenswert zu sein und Liebe zu erwecken».[132] Und genau das meint Fromm, er meint, zu dieser harten Arbeit seien wir ein Leben lang verpflichtet.

Tun wir das nicht, weil wir zum Beispiel den Eindruck haben, wir hätten ja jetzt einen Menschen für uns gewonnen, dann handelt es sich um Liebe im Modus des Habens. Liebe aber, so meint Fromm, hat man nicht, Liebe muß man immer wieder im Lieben vollziehen. Wenn man meint, man habe die Liebe, wird man versuchen, den Menschen, den man liebt, einzuschränken, zu kontrollieren, und dann «wirkt Liebe erwürgend, lähmend, erstikkend, tötend statt belebend»[133] und verdient den Namen Liebe natürlich nicht mehr. Hier, meint er, sei das Exklusivrecht auf den Körper des anderen Menschen anzusiedeln. Wenn wir also nicht mehr lieben, sondern die Liebe als Zustand betrachten, den wir erreicht haben, dann beharren wir auf dem Exklusivrecht auf den Körper des geliebten Menschen. In diesem Zusammenhang ist auch die Gefängnisterminologie zu sehen, die im Umkreis der Eifersucht anzutreffen ist: Da bricht jemand in eine Beziehung ein, der oder die andere bricht aus. Dann fühlt man sich betrogen, will bestrafen, gibt aber den anderen auch nicht frei. Fromm merkt weiter an, die gesellschaftliche Situation, die wir heute (1976) hätten, würde das Prinzip Haben enorm fördern auf Kosten des Prinzips Sein. Das sei insofern problematisch, als das Prinzip Sein den Selbstwert sehr viel deutlicher stabilisieren würde.

Selbstverständlich ist das Prinzip Sein im Sinne von Eigenaktivität von Anfang an im Menschen angelegt, das Prinzip Haben aber scheint als wertvoller betrachtet zu werden. Die Frage ist natürlich, warum denn diese Eigenaktivität eingeschränkt wird, warum dieses Lebensgefühl, etwas bewirken zu können, etwas gestalten zu können – auch im zwischenmenschlichen Bereich –, so unwichtig zu sein scheint.

Der Ansatz von Fromm ist mir deshalb besonders wichtig, weil er von seinem Konzept des Liebens im Modus des Seins ausgehend der Ansicht ist, daß man dieses Lieben lernen kann. Er würde nicht der Idee zustimmen, daß jemand, der oder die in der Kindheit nicht geliebt worden ist, dann in der Folge auch nicht lieben kann und infolgedessen anfälliger ist für Eifersuchtsreaktionen.

Mit der Liebe im Modus des Habens verbinden wir Gedanken des Eigentums. Was wir haben, das kann uns aber auch genommen werden. Nun ist es natürlich keineswegs so, daß wir, gelingt es uns, mehr im Modus des Seins zu lieben, weniger Trennungsängste hätten, wir würden nur anders damit umgehen, nicht so vorwurfsvoll, nicht so sehr beim «schuldigen» Menschen Schuldgefühle erzeugend, sondern verständnisvoll, ohne die Trauer wegzudiskutieren. Jetzt wird aber auch deutlich: Lieben im Modus des Seins setzt ein zumindest hinreichend entwickeltes originäres Selbst voraus. Doch es stimmt wohl auch das Gegenteil: Versuchen wir, im Modus des Seins zu lieben, trotz aller Rückschläge, so leben wir eine liebevolle, lebendige Beziehung und entwickeln dabei auch immer mehr unser originäres Selbst.

Lassen wir uns unseren Selbstwert durch einen Menschen garantieren, den wir zu haben vermeinen, kommt zum Trennungsschmerz das Gefühl hinzu, auch uns selbst verloren zu haben. Das macht uns in einer Beziehung enorm manipulierbar: Auf die leiseste Drohung einer möglichen Trennung sind wir bereit nachzugeben. Das ist aber kein produktiver Umgang mit Eifersucht, das ist viel eher der Versuch zu verhindern, daß etwas Produktives in einer Beziehung entsteht. Das Produktive an der Situation kann dann sein, daß ein solcher Mensch sich verlassen oder ausgestoßen vorkommt, depressiv wird und durch eine Therapie erfährt, daß er oder sie einen Wert in sich selbst hat.

Schuldgefühle

Schuldgefühle sind ein weiteres Thema im Rahmen der Eifersucht. Weil im «Prinzip Haben» einen Menschen zu lieben bedeutet, daß dieser Exklusivbesitz ist, kann ein solcher Besitz gestohlen werden. Es gibt einen Dieb, eine Diebin und eigentlich auch einen Komplizen oder eine Komplizin, und die sind schuld daran, daß ein gutes Lebensgefühl verdorben ist, daß man sich dermaßen elend fühlt.

Nun ist es natürlich so, daß immer dann, wenn eine Zweierbeziehung geöffnet wird, das Gefühl der Intimität gestört wird. Dieses Klima der Intimität stammt aus der Zeit der ersten Verliebtheit, in der man sich so ganz aufeinander eingelassen hat und dadurch diese wunderbaren Gefühle des Glücks, der Beschwingtheit, der Lebendigkeit erlebt hat, die Gefühle der Ganzheit, die auch eine große Sicherheit vermitteln. Natürlich möchte man diese Gefühle so oft als möglich erleben und sie möglichst lange sich erhalten, aber sie ändern sich auch, wenn die Beziehung nicht geöffnet wird. Und im übrigen ist jede Form der Intimität zwischen zwei Menschen jeweils eine ganz spezielle. Verändern sich diese Gefühle der Intimität, erleben wir einen Verlust, und statt zu trauern, werden wir vorwurfsvoll: Jemand muß schuld sein, und meistens ist das der «andere» Mensch.

Im Zusammenhang mit den Schuldgefühlen spielen die eigenen Trennungsphantasien eine große Rolle. Trennungsphantasien haben den Sinn, das Eigenleben wieder mehr in den Vordergrund zu stellen. Es geht dabei noch nicht um Trennungsphantasien, die mit projizierter Eifersucht zu tun haben, sie sind aber – auch phantasiemäßig – die Vorstufen dazu. Meistens hört man sie heraus, wenn Menschen einem mit großen Schuldgefühlen erzählen, sie hätten zwar mit ihrem Partner oder ihrer Partnerin lustvolle Sexualität gehabt, dabei aber an einen anderen Menschen gedacht. Das wird als Treuebruch empfunden, als Betrug, aber da man meistens nicht davon spricht, löst er kaum Konsequenzen aus. Sprechen aber die beiden davon und haben beide dieselbe Erfahrung gemacht, dann wird ihnen deutlich, daß sie nicht nach außen hin fremdgegangen sind, sondern sozusagen nach innen, in ihre Psyche. Guggenbühl[134] spricht in diesem Zusammenhang davon, es gebe eine Paarsexualität, eine Sexualität, die Partner beide miteinander gestalten, und es gebe eine individuelle Sexualität. Und diese individuelle Sexualität, die sich nicht mit dem Partner teilen läßt, hat den Sinn, daß neue Anteile der Persönlichkeit mit ins Spiel kommen, sind es doch in der Regel sexuelle Phantasien mit einem «Traumpartner» oder einer «Traumpartnerin». Insofern geht man wirklich in die eigene Psyche fremd beim Phantasieren eines anderen Partners oder einer anderen Partnerin, die wir in der Regel als Wunsch nach einem realen anderen Partner oder einer realen anderen Partnerin verstehen. Im Grunde genommen ist es eine Verführung zu mehr Tiefe und Weite der eigenen Persönlichkeit.

Die Trennungsphantasien haben viele Funktionen, sie stehen meistens im Dienste der Individuation, des Selbst-sein-Müssens. Sie lösen aber auch Trennungsangst aus, die bewirkt, daß wir die Trennungsphantasien nicht zu leichtfertig in die Realität umsetzen. Die Trennungsangst sorgt dafür, daß man nicht jeder Faszination, die sich bietet, erliegt, sondern meistens nur den Faszinationen, die unausweichlich sind. Setzt man nun diese Trennungsphantasien aber in die Realität um, so wird aus einem «inneren» potentiellen Partner plötzlich ein konkreter äußerer Rivale oder eine Rivalin für den Partner oder die Partnerin. Und dann wird die Schuld ausgesprochen, dann ist der ausbrechende Mensch schuldig geworden, der «treue» Mensch ist schuldloses Opfer. Der ausbrechende Mensch hat aber oft gar keine wirkliche Wahl: Entweder wird er schuldig an der angestammten Beziehung oder an sich selbst.

Aus einer moralischen Sicht auf die Eifersucht wird immer wieder vermittelt, die Menschen könnten doch alle in ihren einmal gewählten Beziehungen bleiben, würden sie sich nur genug Mühe geben, wären sie nur nicht so lustbesessen. Sie könnten, wenn sie wollten. – Diese Denkweise, natürlich aus der Angst geboren, gibt dem freien Willen einen viel zu großen Spielraum, nimmt nicht ernst, daß immer wieder auch neue Persönlichkeitsanteile in unserer Psyche belebt werden und daß diese uns oft in einer faszinierenden Gestalt der Außenwelt entgegenkommen. Es ist nicht möglich, jede Faszination einfach zu verdrängen, oft zeigt sich in einer Faszination das Lebendigste in unserer Psyche. Eine Verdrängung der Faszination kann dann zu Depressionen, körperlichen Krankheiten und anderen Symptomen führen. Das gilt natürlich nicht für Menschen, die eifersüchtig machen, um nicht selber eifersüchtig sein zu müssen. Falls solche Menschen Schuldgefühle spüren, dann haben diese den Sinn, sie dazu zu drängen, ihr Eifersuchtsproblem in die eigene, bewußte Verantwortung zu nehmen. Vom «verlassenen» Partner oder von der Partnerin aus ist meistens klar, wer der oder die Schuldige ist. Gerade dieses Festschreiben des Schuldigen oder der Schuldigen bewirkt aber, daß die Gefühle der Eifersucht schlecht verarbeitet werden können.

Es geht bei der Eifersucht um die Verarbeitung eines Verlustes – eines faktischen oder eines vermeintlichen. Verluste können wir verarbeiten, indem wir uns auf die verschiedenen Gefühle der Trauer einlassen. Im Trauerprozeß organisieren wir uns vom Beziehungsselbst wieder auf unser individuelles Selbst zurück. Das geschieht, indem man zunächst die verschiedenen Gefühle, die mit der Trauer verbunden sind, zuläßt. Und die führen dann in einen psychischen Prozeß, bei dem es darum geht, für sich herauszuarbeiten, was die Quintessenz der Beziehung gewesen ist, was ein Partner, eine Partnerin in einem geweckt hat und was man nicht verloren geben muß, auch wenn man den Menschen, der das alles ausgelöst hat, verloren hat. Dies ist ein langwieriger, schmerzhafter Prozeß.[135]

In einer Eifersuchtssituation hat man möglicherweise die Partnerin oder den Partner nicht endgültig verloren, aber die Beziehung ist nicht mehr die, die sie vorher war. Die Gefühle des Trauerns würden auf alle Fälle die notwendige Selbstbesinnung bringen. Nun kann gerade diese Selbstbesinnung verhindert werden, wenn man den Trauerprozeß durch die Projektion der Schuldgefühle blockiert. Wozu soll man denn trauern, wenn doch der Partner oder die Partnerin so eindeutig schuld ist? Schuldgefühle, die projiziert werden, blockieren den Trauerprozeß, weil damit ausgeschlossen ist, daß man nach dem eigenen Anteil an dieser Situation fragt. Das ist auch der Grund, warum gewisse Formen von Eifersucht therapeutisch nicht angehbar sind: Will jemand in der Therapie nur bestätigt bekommen, daß er oder sie schuldlos, der Partner oder die Partnerin aber schuldig ist, bleibt dieses Verhaftetsein im Vorwurf, und der oder die Schuldige sitzt im Schuldgefängnis – möglicherweise lebenslänglich. Aber auch der Partner, der die Schuld «verschreibt», sitzt letztendlich in diesem Schuldgefängnis mit drin, denn die Beziehung kann sich so nicht mehr entwickeln. Der eigene Anteil, der dazu geführt hat, daß eine Eifersuchtssituation entstand, ist so nicht sichtbar, daher kann auch die Herausforderung zur Entwicklung, die in jeder Eifersuchtssituation steckt, nicht aufgenommen werden. Auch bleibt man (meistens lustlos) in einer Beziehung gebunden, die eigentlich keine mehr ist. Möglicherweise leben die beiden in einer Schuldgemeinschaft: Der Vorwurf der Schuld und das Bewußtsein der Schuld halten sie zusammen und bilden eine gute Abwehr gegen die Trennungsangst und gegen Trennungsgelüste.

Bei Schuldgefühlen kann man sich immer fragen, welche Angst und welche Aggression in ihnen gebannt sind. Die Angst ist, wie schon mehrfach erwähnt, die Trennungsangst, die Aggression ist das Energiepotential, das zur Veränderung der Beziehung notwendig wäre. Bleibt ein Paar in einer gegenseitigen Schuldverklammerung, dann wird es sich nicht mehr trennen, aber auch nicht wirklich finden – es lebt in einem Beziehungsgrab.

Der Umgang mit der Frage der Schuld wird komplizierter, geht man von der Liebe im Modus des Seins aus, wie Fromm anregt. Hier stellt sich nicht mehr die Frage, wer einen Vertrag gebrochen hat, wer gegen eine Abmachung gehandelt hat, sondern, wie man aufeinander eingewirkt hat, daß es zu dieser Situation gekommen ist. Verantwortung müßte für diese Situation von beiden übernommen werden. Beginnen die Partner so aufeinander einzugehen, wird in vielen Beratungssituationen deutlich, daß über vieles nicht gesprochen wurde – aus Trennungsangst. Um zu verhindern, daß Auseinandersetzungen entstehen, in denen sich zwei liebende Menschen auf getrennten Positionen gegenüberstehen – was es ja auch ermöglichen würde, daß man sich nachher wieder mehr als Einheit verstehen kann –, spricht man viele Probleme und Wünsche gar nicht an.

Je mehr diese alltäglichen Trennungen vermieden werden, je weniger wir uns selbst sein dürfen in einer Beziehung, um so eher wird sich die Beziehung auch zu anderen Menschen hin öffnen müssen, gelegentlich auch in der Art, daß die ursprüngliche Beziehung wirklich gefährdet wird. Verschmelzen und wieder mehr sich selbst sein, Verbundenheit und Betonung der Individualität, das gehört einfach zum Menschsein. In engen Beziehungen, in denen man sich wirklich aufeinander einlassen will, wird immer einmal mehr das Beziehungsselbst im Vordergrund stehen, ein andermal mehr das individuelle Selbst. Dieses Sich-mehr-auf-das-individuelle-Selbst-Zurückziehen wird als Trennung erlebt, es sind aber gerade solche Trennungen, die erlauben, daß auch wieder Nähe entstehen kann.

Schlußgedanken

Hat man so richtig eifersüchtige Menschen vor sich, die deutlich zum Ausdruck bringen, daß der Partner oder die Partnerin auf gar keinen Fall auch einem anderen Menschen gehören darf, vielleicht sogar sich nicht einmal für einen anderen Menschen interessieren darf, sich von keinem anderen Menschen anregen lassen darf, dann vermeine ich den Satz zu hören: «Ich bin der Herr, dein Gott, du sollst keine anderen Götter neben mir haben.» Und es stellt sich mir die Frage, wie weit wir dieses alttestamentliche Liebesverhältnis von Gott zu seinem Volk verinnerlicht haben. Sind so viele Menschen in ihrem Selbstwert so sehr verunsichert, daß sie meinen, für andere Menschen etwas wie ein Gott sein zu müssen? Oder ist es die Idealisierung, die mit der Verliebtheit einhergeht und die den Partner, die Partnerin und auch uns selbst sehen läßt, wie «Gott uns gemeint haben könnte»?[136] Dennoch, auch wenn wir diese Idealisierung und die damit verbundenen romantischen Gefühle der Liebe retten möchten, gibt dies uns das Recht, einen geliebten Menschen zu beschneiden?

Dem Neid und der Eifersucht ist gemeinsam, daß sie um so besser gedeihen, je schlechter unser Selbstwertgefühl ist, und daß diese schlechten Gefühle mit Größenideen kompensiert werden müssen. Können wir diese moralisch-ideologisch untermauern – als Gebot einer etwas problematisch verstandenen Treue –, muß eine solche Haltung gar nicht mehr hinterfragt werden.

Es gäbe aber eine Chance, mit der Eifersucht umzugehen. Gefühle der Eifersucht sind nicht zu vermeiden. Könnten Eifersuchtssituationen als Aufstörung, als Herausforderung verstanden werden, auch als Anruf des Lebens, mehr wieder das individuelle Selbst zu betrachten, es wäre besser damit umzugehen. Auch gelänge es, nicht so sehr aus dem Prinzip Haben heraus zu reagieren, sondern aus dem Prinzip Sein heraus. Möglicherweise wäre dann sogar weniger Anlaß zur Eifersucht, denn dann würde eine Beziehung als Ort der ganzheitlichen Begegnung gesehen, bei der sich jeder um das Lebendigsein und die Entwicklung des anderen, aber auch seiner selbst bemüht.

Neid, Eifersucht, Rivalität entwickeln sich deutlich auf dem Boden des Habenwollens und des Behaltenwollens und nicht auf der Ebene des Sich-entwickeln-Wollens. Die irreführende Idee steht dahinter, daß der Mensch ein gutes Selbstwertgefühl hat und sich wohl fühlt, wenn er etwas besitzt, was er sein eigen nennen kann. Die Idee, daß der Mensch ein besseres Selbstwertgefühl hat, der immer wieder neue Situationen im Leben sich erschaffen kann, der sich immer wieder neu auf eine Beziehung – mit allen Krisen – einlassen kann, Menschen auch immer wieder für sich interessieren kann, müßte dringend verbreitet werden. Allerdings fordert uns dieser Lebensstil viel «Arbeit» und viel Entwicklung ab – und er fordert uns heraus, uns immer wieder mit den falschen Vorstellungen, die wir uns von uns machen, zu konfrontieren.

Anmerkungen

NEID

Einleitung

1 Kant, Metaphysik der Sitten, zit. in Schoeck, 1971, Der Neid und die Gesellschaft, S. 148 f. (Zitiert wird immer nach Ausgabe 1977)
2 Kast, 1990, Die Dynamik der Symbole. Grundlagen der Jungschen Psychotherapie, S. 44 ff.
3 In der Folge von Bollnow, v. Uslar etc. Bollnow, 1956, Das Wesen der Stimmungen
4 Schoeck, 1977, Der Neid und die Gesellschaft, S. 267 ff.
5 Krüger, 1989, Der alltägliche Neid und seine kreative Überwindung, S. 171
6 Briggs/Peat, 1990, Die Entdeckung des Chaos, S. 232
7 Kast, 1982, Trauern. Phasen und Chancen des psychischen Prozesses
8 Kast, 1994, Sich einlassen und loslassen. Neue Lebensmöglichkeiten bei Trauer und Trennung
9 Metamorphosen von Publius Ovidius Naso, Hrsg. Rösch, 1964, Liber II, 760–800
10 Kast, Positiver Mutterkomplex, in: Vater-Töchter, Mutter-Söhne. Wege zur eigenen Identität aus Vater- und Mutterkomplexen, 1994, S. 51 ff.
11 Kast, 1992, Die beste Freundin. Was Frauen aneinander haben, S. 155 ff.
12 Kast, 1991, Freude, Inspiration, Hoffnung, S. 86 ff.
13 Schopenhauer, 1991, Parerga und Paralipomena II, § 114
14 Kast, 1991, Freude, Inspiration, Hoffnung, S. 77 f.
15 Kast, 1994, Vater-Töchter, Mutter-Söhne. Wege zur eigenen Identität aus Vater- und Mutterkomplexen, S. 13 ff.
Kast, 1990, Die Dynamik der Symbole, Grundlagen der Jungschen Psychotherapie, S. 68 ff.
16 Fromm, 1941 a, Die Furcht vor der Freiheit, in: Gesamtausgabe Bd. 1, Analytische Sozialpsychologie, 1989, S. 285 f., § 116 f.
17 Kast, 1994, Vater-Töchter, Mutter-Söhne, Wege zur eigenen Identität aus Vater- und Mutterkomplexen, S. 197 ff.
18 Fromm, 1959, Der kreative Mensch, in: Fromm, Gesamtausgabe Bd. 9, 1989, S. 406, § 53
19 Kast, 1990, Die Dynamik der Symbole. Grundlagen der Jungschen Psychotherapie, S. 9 ff.
20 Kast, 1994, Vater-Töchter, Mutter-Söhne. Wege zur eigenen Identität aus Vater- und Mutterkomplexen, S. 13 ff.
21 Schoeck, 1977, Der Neid und die Gesellschaft, S. 289
22 Schoeck, 1977, Der Neid und die Gesellschaft, S. 24

23 Handwörterbuch des Deutschen Aberglaubens, 1927, Bd. 1, S. 685 ff.
24 Schwarzenau, 1984, Das göttliche Kind. Der Mythos vom Neubeginn.
25 Kernberg, 1978, Borderline Störungen und pathologischer Narzißmus, S. 270
26 Es geht dabei um eine Form der kollusiven Übertragung und Gegenübertragung oder auch der projektiven Identifizierung, siehe S. 103 ff. in diesem Buch
27 Matussek, 1967, Psychodynamische Aspekte der Kreativitätsforschung, in: Der Nervenarzt, 4, S. 143–151
28 DSM-III-R, 1989, S. 281
29 Wurmser, 1993, Das Rätsel des Masochismus, S. 211
30 Grant/Hazel, 1980, Lexikon der antiken Mythen und Gestalten, S. 153
31 Eine solche Idee findet sich heute z. B. in der Gaya-Theorie von Lovelock. Briggs/Peat, 1990, Die Entdeckung des Chaos, S. 244 f.
32 Schoeck, 1977, Der Neid und die Gesellschaft, S. 237 ff.

Neidbiographien

33 Kast, 1994, Vater-Töchter, Mutter-Söhne. Wege zur eigenen Identität aus Vater- und Mutterkomplexen, S. 230
34 Krüger, 1989, Der alltägliche Neid und seine kreative Überwindung, S. 17
35 Kast, 1994, Vater-Töchter, Mutter-Söhne. Wege zur eigenen Identität aus Vater- und Mutterkomplexen, S. 178
Kast, 1990, Die Dynamik der Symbole. Grundlagen der Jungschen Psychotherapie, S. 59 f.
36 Ebenda, S. 44 ff.
37 vgl. Martin, Neid und Eifersucht. Biblische Diagnosen und Perspektiven ihrer Überwindung, in: Pflüger (Hrsg.), 1982, Neid, Eifersucht, Rivalität, S. 108

Theorien zur Entstehung des Neides

38 Klein/Rivière, 1937, 1989, Seelische Urkonflikte
39 Kernberg, 1988, Innere Welt und äußere Realität
40 Mahler, 1972, Symbiose und Individuation
41 Jacobson, 1973, Das Selbst und die Welt der Objekte
42 Segal, 1964, 1983, Melanie Klein. Eine Einführung in ihr Werk, S. 61
43 Ebenda, S. 62
44 siehe ebenda, S. 61 ff.
45 Kernberg, 1988, Innere Welt und äußere Realität, S. 24
46 Segal, 1964, 1983, Melanie Klein. Eine Einführung in ihr Werk, S. 13
47 Ebenda
48 Ebenda, S. 45
49 Ebenda, S. 63
50 Kernberg, 1988, Innere Welt und äußere Realität, S. 25

51 Stern, 1992, Die Lebenserfahrung des Säuglings, S. 343 f., Kernberg, 1988, Innere Welt und äußere Realität, S. 48
52 Stern, 1992, Die Lebenserfahrung des Säuglings, S. 252
53 Kruse, 1991, Emotionsentwicklung und Neurosenentstehung, S. 96 f.
54 Grosskurth, 1993, Melanie Klein. Ihre Welt und ihr Werk. S. 525
55 Stern, 1992, Die Lebenserfahrung des Säuglings, S. 341 ff.
56 Ebenda
57 Kast, 1990, Die Dynamik der Symbole. Grundlagen der Jungschen Psychotherapie, S. 196 ff.
58 Izard, 1981, Die Emotionen des Menschen
Kruse, 1991, Emotionsentwicklung und Neurosenentstehung
59 Ebenda, S. 20
60 Segal, 1964, 1983, Melanie Klein. Eine Einführung in ihr Werk, S. 103
61 Subjektstufige Deutung meint, daß alles, was uns begegnet, auch ein Aspekt von uns selbst ist. Herauszuarbeiten ist, welcher Aspekt vor allem zu uns gehört.
62 Kast, 1994, Vater-Töchter, Mutter-Söhne. Wege zur eigenen Identität aus Vater- und Mutterkomplexen, S. 56
63 Ebenda, S. 197 ff.
64 Ogden, 1979, On Projektive Identification, in: Int. J. Psychoanal. 60, S. 357–373
65 Kast, 1990, Die Dynamik der Symbole. Grundlagen der Jungschen Psychotherapie, S. 181 f.
66 Williams, 1974, Success and Failure in Analysis, in: The Proceedings of the Fifth International Congress for Analytical Psychology, S. 109–119
67 Rosenthall, 1963, Notes in Envy and the Contrasexual Archetype, in: J. Analyt. Psychol. 8, S. 1
68 Williams, 1974, Success and Failure in Analysis, in: The Proceedings of the Fifth International Congress for Analytical Psychology, S. 116
69 Laing, 1960, The Divided Self.
70 Stein, 1990, Sibling Rivalry and the Problem of Envy, in: J. Analyt. Psychol. 35, S. 161–174
71 Ebenda, S. 172
72 Freud, 1923, Die beiden Triebarten, in: GW/Bd. III, S. 307 ff.
73 Fromm, 1964 a, Die Liebe zum Toten und die Liebe zum Lebendigen, Gesamtausgabe Bd. 2, S. 179–198
74 Kernberg, 1988, Innere Welt und äußere Realität, S. 24
75 Kast, 1994, Vater-Töchter, Mutter-Söhne, Wege zur eigenen Identität aus Vater- und Mutterkomplexen, S. 56
76 Jacobson, 1973, Das Selbst und die Welt der Objekte, S. 72
77 Vergleiche auch: Bischof-Köhler, 1989, Spiegelbild und Empathie, S. 57
78 Ebenda, S. 148

Der Neid auf sich selbst

79 Krebs/Adinolfi, 1975, Physical Attractiveness, Social Relations and Personality Style, in: Journal of Personality and Social Psychology, 31, S. 245–253

Der Neid in der Therapie

80 Williams, 1974, Success and Failure in Analysis, in: The Proceedings of the Fifth International Congress für Analytical Psychology, S. 111

81 Kast, 1994, Vater-Töchter, Mutter-Söhne. Wege zur eigenen Identität aus Vater- und Mutterkomplexen, S. 199 ff.

82 Zur kollusiven Aufspaltung von Komplexen vergl. Kast, 1990, Die Dynamik der Symbole. Grundlagen der Jungschen Psychotherapie, S. 183 ff.

83 Stein, 1990, Sibling Rivalry and the Problem of Envy, in: J. Analyt. Psychol. 35, S. 170

84 Kast, 1994, Vater-Töchter, Mutter-Söhne. Wege zur eigenen Identität aus Vater- und Mutterkomplexen, S. 42

85 Williams, 1974, Success and Failure in Analysis, in: The Proceedings of the Fifth International Congress for Analytical Psychology, S. 117

86 Hubback, 1988, People who do things to each other, S. 114

87 Stein, 1990, Sibling Rivalry and the Problem of Envy, in: J. Analyt. Psychol. 35, S. 172

88 Ogden, 1979, On Projective Identification, in: Int. J. Psychoanal. 60, S. 357–373

89 Loch, 1981, Kommunikation, Sprache, Übersetzung, in: Psyche 35, S. 977–998

90 Kast, 1990, Die Dynamik der Symbole. Grundlagen der Jungschen Psychotherapie, S. 196 f., 205 f.

91 Es geht dabei nicht um die konkrete Muttergestalt, sondern um das Mutterbild, das einen Pol des Komplexes ausmacht und das einer generalisierten Erfahrung von tatsächlichen Erlebnissen, aber auch Phantasien, Befürchtungen usw. im Zusammenhang mit der Mutter entspricht.

92 Kast, 1990, Die Dynamik der Symbole. Grundlagen der Jungschen Psychotherapie: Narzißmustherapie

Geschwisterrivalität und Neid

93 Jacobson, 1973, Das Selbst und die Welt der Objekte

94 Freud, 1921, Massenpsychologie und Ich-Analyse, in: Freud Studienausgabe, Bd. IX, 1974, S. 111 ff.

95 Bank/Kahn, 1989, Geschwister-Bindung, zitiert nach Paperbackausgabe, 1994, S. 180 ff.

96 Freud, 1921, Massenpsychologie und Ich-Analyse, in: Freud Studienausgabe, Bd. IX, 1974, S. 112
97 Kain und Abel, 1. Mose 4 ff.
98 Bank/Kahn, 1989, Geschwister-Bindung, S. 89
99 Ebenda, S. 92
100 Ebenda, S. 94
101 Ebenda, S. 97
102 Ebenda, S. 99
103 Ebenda, S. 89
104 Ebenda, S. 92
105 Ebenda, S. 94
106 Ebenda
107 Kast, 1990, Die Dynamik der Symbole, Grundlagen der Jungschen Psychotherapie, S. 242 ff.
108 Willi, 1973, Die Zweierbeziehung
109 Bank/Kahn, 1989, Die Geschwister-Bindung, S. 97
110 Ebenda, S. 99
111 Kainkomplex: Kain ist der Erstgeborene, Abel der Zweitgeborene. Beide opfern. Gott nimmt das Opfer von Abel an, nicht aber das von Kain. Daraufhin tötet Kain Abel. Es geht bei dieser Geschichte auch um eine Auseinandersetzung zwischen Viehzucht und Ackerbau, es wäre also nicht einfach eine Neidgeschichte, sie wird aber immer wieder als Neidgeschichte rezipiert.
112 Kast, 1994, Vater-Töchter, Mutter-Söhne. Wege zur eigenen Identität aus Vater- und Mutterkomplexen, S. 89 ff.
113 Bank und Kahn beschreiben diese Aspekte differenziert.
114 Kast, 1990, Die Dynamik der Symbole. Grundlagen der Jungschen Psychotherapie, S. 44 ff.
115 1. Mose, Genesis 37
116 Der Eisenmann, in: Zigeunermärchen, Märchen der Weltliteratur, 1973

EIFERSUCHT

Einleitung

117 Hoffmeister, 1955, Wörterbuch der philosophischen Begriffe, S. 186
118 Baumgart, 1988, Liebe, Treue, Eifersucht. Erfahrungen und Lösungsversuche im Beziehungsdreieck
119 Freud, 1922, Über einige neurotische Mechanismen bei Eifersucht, Paranoia und Homosexualität, in: Studienausgabe Bd. VII, S. 219
120 Ebenda
121 Ebenda, S. 221

122 Pogorzelski-Oertli, 1988, Der Wandel im Verständnis des Ödipuskomplexes, mit besonderer Berücksichtigung von Rivalität und Eifersucht, S. 251
123 Ebenda
124 Kast, 1994, Sich einlassen und loslassen. Neue Lebensmöglichkeiten bei Trauer und Trennung
125 Kast, 1994, Vater-Töchter, Mutter-Söhne. Wege zur eigenen Identität aus Vater- und Mutterkomplexen
126 Kast, 1984, Paare. Beziehungsphantasien oder Wie Götter sich in Menschen spiegeln
127 Buunk, 1982, Strategies of Jealousy: Styles of Coping with Extramarital Involvement of the Spouse, in: Family Relations, 31, S. 13–17
128 Fromm, 1976a, Zum Verständnis des Unterschieds zwischen Haben und Sein, in: Gesamtausgabe Bd. 2, S. 284–331
129 Fromm, Haben oder Sein, S. 304, § 44, 45
130 Ebenda, § 44
131 Ebenda
132 Ebenda, § 46
133 Ebenda, § 44
134 Guggenbühl, 1976, Jungsche Psychologie und Psychopathologia Sexualis, in: Zeitschrift für analyt. Psychol. 7,2, S. 110–122
135 Kast, 1982, Trauern. Phasen und Chancen des psychischen Prozesses
136 Kast, 1984, Paare. Beziehungsphantasien oder Wie Götter sich in Menschen spiegeln.

Literatur

BAUMGART, H. 1988, Liebe, Treue, Eifersucht. Erfahrungen und Lösungsversuche im Beziehungsdreieck, Rowohlt, Hamburg

BANK, S./KAHN, M., 1989, Geschwister-Bindung, Junfermann, Paderborn

BISCHOF-KÖHLER, D., 1989, Spiegelbild und Empathie, Huber, Bern

BOLLNOW VON, O. F., 1956, Das Wesen der Stimmungen, Klostermann, Frankfurt/M.

BRIGGS, J./PEAT, D., 1990, Die Entdeckung des Chaos, Hanser, München

BUUNK, B., 1982, Strategies of Jealousy, Styles of Coping with Extramarital Involvement of the Spouse, in: Family Relations 31

COHEN, B., 1995, Der ganz normale Neid. Positiver Umgang mit einem verdeckten Gefühl, dtv, München

DSM-III-R, 1989, Diagnostisches und Statistisches Manual Psychischer Störungen, dt. Bearbeitung durch H. U. Wittchen u. a., Beltz, Weinheim, Basel

FREUD, S., 1921, Massenpsychologie und Ich-Analyse, in: Freud Studienausgabe Bd. IX Conditio humana, S. Fischer, Frankfurt/M.

FREUD, S., 1922, Über einige neurotische Mechanismen bei Eifersucht, Paranoia und Homosexualität, in: Freud Studienausgabe Bd. VII, Conditio humana, S. Fischer, Frankfurt/M.

FREUD, S., 1923, Die beiden Triebarten, in: GW/Bd. III

FROMM, E., 1941a, 1989, Gesamtausgabe Bd. 1 und Bd. 9, Analytische Sozialpsychologie, dtv, München

FROMM, E., 1964 a, Die Liebe zum Toten und die Liebe zum Lebendigen, in: Gesamtausgabe Bd. 2, dtv, München

FROMM, E., 1976 a, Haben oder Sein. Die seelischen Grundlagen einer neuen Gesellschaft, in: Gesamtausgabe Bd. 2, dtv, München

GRANT, M./HAZEL, J., 1980, Lexikon der antiken Mythen und Gestalten, dtv, München

GROSSKURTH, PH., 1993, Melanie Klein. Ihre Welt und ihr Werk, Verlag Internat. Psychoanalyse, Stuttgart

GUGGENBÜHL-CRAIG, A., 1976, Jungsche Psychologie und Psychopathologia Sexualis, in: Zeitschrift für analyt. Psychol. 7,2

HANDWÖRTERBUCH DES DEUTSCHEN ABERGLAUBENS, 1927, Walter de Gruyter, Berlin, Leipzig, Bd. I

HOFFMEISTER, J., 1955, Wörterbuch der philosophischen Begriffe, Meiner, Hamburg

HUBBACK, J., 1988, People who do things to each other, Chiron, Wilmette

IZARD, C. E., 1981, Die Emotionen des Menschen, Beltz, Weinheim, Basel
JACOBSON, E., 1978, Das Selbst und die Welt der Objekte, Suhrkamp TB Wissenschaft, Frankfurt/M.
KANT, I., Metaphysik der Sitten, in: Schoeck, 1971, Der Neid und die Gesellschaft, Herder, Freiburg, Basel, Wien
KAST, V., 1982, Trauern. Phasen und Chancen des psychischen Prozesses, Kreuz, Stuttgart
KAST, V., 1984, Paare. Beziehungsphantasien oder Wie Götter sich in Menschen spiegeln, Kreuz, Stuttgart
KAST, V., 1990, Die Dynamik der Symbole. Grundlagen der Jungschen Psychotherapie, Walter, Olten
KAST, V., 1991, Freude, Inspiration, Hoffnung, Walter, Olten
KAST, V., 1992, Die beste Freundin. Was Frauen aneinander haben, Kreuz, Stuttgart
KAST, V., 1994, Vater-Töchter, Mutter-Söhne. Wege zur eigenen Identität aus Vater- und Mutterkomplexen, Kreuz, Stuttgart
KAST, V., 1994, Sich einlassen und loslassen. Neue Lebensmöglichkeiten bei Trauer und Trennung, Herder Spektrum, Freiburg
KERNBERG, O. F., 1978, Borderline Störungen und pathologischer Narzißmus, Suhrkamp, Frankfurt/M.
KERNBERG, O. F., 1988, Innere Welt und äußere Realität, Verlag Internat. Psychoanalyse, München, Wien
KLEIN, M., 1957, Envy and Gratitude. A Study of Unconscious Sources, London
KLEIN, M./RIVIÈRE, J., 1937, 1989, Seelische Urkonflikte, Fischer Wissenschaft, Frankfurt/M.
KREBS, D./ADINOLFI, A. A., 1975, Physical Attractiveness, Social Relations and Personality Style; in: Journal of Personality and Social Psychology, 31
KRÜGER, W., 1989, Der alltägliche Neid und seine kreative Überwindung, Reinhardt, München, Basel
KRUSE, O., 1991, Emotionsentwicklung und Neurosenentstehung, Enke, Stuttgart
KUTTER, P., 1994, Liebe, Haß, Neid, Eifersucht. Eine Psychoanalyse der Leidenschaften, Vandenhoeck Transparent, Göttingen, Zürich
LAING, R. D., 1960, The Divided Self, Tavistock, London
LOCH, W., 1981, Kommunikation, Sprache, Übersetzung, in: Psyche 35
MAHLER, M. S., 1972, Symbiose und Individuation, Klett, Stuttgart
MARTIN, G. M., 1982, Neid und Eifersucht. Biblische Diagnosen und Perspektiven ihrer Überwindung, in: Pflüger, P.-M. (Hrsg.), 1982, Neid, Eifersucht, Rivalität, Bonz, Fellbach
MATUSSEK, D., 1967, Psychodynamische Aspekte der Kreativitätsforschung, in: Der Nervenarzt 4
OGDEN, T. H., 1979, On Projective Identification, Internat. J. Psychoanal. 60

PFLÜGER, P.-M. (Hrsg.), 1982, Neid, Eifersucht, Rivalität. Vom konstruktiven Umgang mit dem Bösen, Bonz, Fellbach

POGORZELSKI-OERTLI, CH., 1988, Der Wandel im Verständnis des Ödipuskomplexes, mit besonderer Berücksichtigung von Rivalität und Eifersucht, Dissertation Universität Zürich

RÖSCH, E. (Hrsg.), 1964, Metamorphosen von Publius Ovidius Naso, Liber II, Heimeran, München

ROSENTHALL, C., 1963, Notes in Envy and the Contrasexual Archetype, in: J. Anal. Psychol. 8

SCHELER, M., 1972, Das Ressentiment im Aufbau der Moral, in: Vom Umsturz der Werte, Franke, Bern

SCHOECK, H., 1977, Der Neid und die Gesellschaft, Herder, Freiburg, Basel, Wien

SCHOPPENHAUER, A., 1991, Parerga und Paralipomena II, § 114, Haffmans, Zürich

SCHWARZENAU, P., 1984, Das göttliche Kind. Der Mythos vom Neubeginn, Kreuz, Stuttgart

SEGAL, H., 1964, 1983, Melanie Klein. Eine Einführung in ihr Werk, Fischer Wissenschaft, Frankfurt/M.

STEIN, M., 1990, Sibling Rivalry and the Problem of Envy, in: J. Analyt. Psychol. 35

STERN, D. N., 1992, Die Lebenserfahrung des Säuglings, Klett-Cotta, Stuttgart

WILLI, J., 1973, Die Zweierbeziehung, Rowohlt, Reinbek

WILLIAMS, M., 1974, Success and Failure in Analysis, in: The Proceedings of the Fifth International Congress for Analytical Psychology, Putnam's Sons, New York

WURMSER, L., 1993, Das Rätsel des Masochismus, Springer, Berlin

ZIGEUNERMÄRCHEN, 1974, Märchen der Weltliteratur, Diederichs, Düsseldorf, Köln

Index

Abgrenzung, abgrenzen 24, 58, 130, 133, 139, 149 f.
Abgunst 21
Abhängigkeit, abhängig 44, 64 f., 101, 123, 138, 140, 142, 144
Ablehnung, ablehnen 37, 61, 113, 144, 174
–, polarisierte 137, 142
Ablösung, ablösen 26, 47, 78, 142
Abspaltung, abspalten 120, 123, 143, 162, 181
Abwehr, abwehren (s. a. Neid) 23, 30 f., 37, 46, 50, 56 ff., 61, 77, 79, 88, 104 f., 107 f., 114, 123, 143, 148, 157, 166, 189
– des bösen Blickes 56, 58 f., 124
– der Entwertung 61
– des Lebendigen 30
Abwehrgesten 58
Abwehrhaltungen 95
Abwehrmechanismen 76, 95 f., 99, 143
Abwehrprozeß 104
Abwehrrituale, kollektive 59
Abwehrstrategien 28, 146
Abwehrsystem 161
Achtsamkeit 103
Adler, A. 168 f.
Adoleszenz 76, 180
Ähnlichkeit 136, 139
Ärger 19, 22, 28, 52
Affekt 19, 29, 166
Aggression (s. a. Neid) 18, 35, 49, 93, 96, 120, 133, 149, 189
aggressionsgehemmt 31, 39, 42, 147
Aggressionstrieb 93
aggressiv 29, 31, 36, 41, 48, 52, 59, 109, 141 f., 159
Aggressor 142
Aggressorrolle 142
Akzeptanz 108 f., 116 f., 120, 145
–, loyale 137 f., 146
Ambivalenz, ambivalent (s. a. Neider) 33 f., 95, 101, 133 f., 148, 157 f., 166
Amulett 58
Analyse 126
Analytiker(in), Therapeut(in) 104 f., 122 ff., 126 ff.
Angst 22, 28 f., 40, 49, 62, 69, 86, 90, 94 ff., 99 ff., 128, 131, 142, 147, 157 f., 161, 175 f., 187, 189
–, depressive 95
–, paranoide 95
–, reale 98
–, sich zu verlieren 105
–, verlassen zu werden 168, 182
– vor Liebesverlust 157
– vor Neid 14, 59, 98, 104, 117, 120
– vor Rache 42
– vor Vernichtung 96
– zu kurz zu kommen 45
– zu versagen 69
– zu zerstören 101
Angstentwicklung 103
Anima/Animusfaszination 174
Animagestalt 179
Anpassung, anpassen 15, 78, 107

Anpassungsfähigste 25
Archetypus der guten Brust 129
– der phallischen Mutter 106
Aufspaltung, kollusive 130
Aufstörung, aufstören 46, 54, 176, 191
Auge 29, 56 ff., 106, 123, 151, 163
– Gottes 58 f.
Auserwähltsein, auserwählt 149 ff.
Ausgeschlossensein 134
Ausgestoßenwerden, -sein, ausgestoßen 158, 160, 168, 179
Außenbeziehung 160, 163 f., 171, 175, 178
Ausstoßen 121, 168
Autonomie, autonom 44, 47, 119, 123, 133, 181
Autonomieverlust 64
Autoritätsabhängigkeit 64
Autoritätsfiguren 64, 117

Bank, S. und Kahn, M. 136 ff., 145
Bauchraum 158
Baumgart, H. 159
Bedürfnisse 93, 97, 127, 175
Befriedigung 94, 166
Begegnung, ganzheitliche 192
–, erotisch-sexuelle 172
Begehren 14, 22, 25 f., 46, 89
beneiden 22, 30, 78, 113 ff., 124, 152, 173 f.
Beschwichtigungsmodelle 64
Besitz, besitzen 14, 18, 26, 66, 86, 94, 97, 134, 157, 184
Besitzende 42
Besitzlose 42
Besitzstreben 109
Besonderes, besonders 41, 43, 51, 54, 61 ff., 79, 82, 91, 152
Bestätigung, bestätigen 49 f., 91 f., 169
Beunruhigung, sinnvolle 34
Bewunderung, bewundern 20, 22, 30 ff., 37, 49, 58, 60 f., 70 f., 73, 149
Bewunderungsstrategien 88
Bewunderungstechnik 77
bewußt 148, 150
Bewußtheit 99
bewußtmachen 166
Bewußtsein 47
Bewußtwerden 108
Beziehung (s. a. Teil-Identifikation) 17, 30 ff., 47, 77, 84, 88, 91, 95 ff., 101, 105, 119, 123 f., 136 ff., 141 f., 144, 146, 149, 158 f., 162, 164 f., 170, 172 f., 175 ff., 179 f., 182, 184 ff., 193
–, ambivalente 133
–, analytische 122, 129
–, gleichgewichtige 139 f.
–, sadomasochistische 124
–, sexuelle 182
–, therapeutische 106, 124
–, verleugnete 137, 143
– zum ganzen Objekt 95
– zum Idealobjekt 96
– zwischen Ich und Selbst 107 f.
Beziehungsarbeit 184
Beziehungsdreieck 160
Beziehungsdynamik 122
beziehungslos 77, 79
Beziehungsphantasie 175
Beziehungsselbst 188, 190
Bild von sich selbst (u. von anderen) 18, 121
Bild, inneres 92, 113, 122, 125, 146
Bindung 135 f.
Bindungsfähigkeit 44
Biophilie 109
bisexuelle Anlage 172
Blick (s. a. Abwehr-) 56
–, böser 56 ff., 90, 106, 123, 130
–, neidischer 56 f., 59

Böse, das, böse (s. a. Brust; Gut und Böse) 94, 96, 104, 166, 173, 181
Borderline-Störungen 103
Bruder 70, 73 ff., 78, 80, 82, 85, 88, 91, 133 f., 137, 140 f., 149 ff., 180
Brust, böse 106
–, gute 96, 127 f.
–, gute und böse (Spaltung) 94 ff.
–, Primär-, Urobjekt 95 f.
–, als Quelle des Lebens 94
–, zurückhaltende 95
Buunk, B. 181

Choleriker 29

Dämon 57, 92, 105 f.
Dankbarkeit 101 ff., 106
Darwin, Ch. 25
Daseinsberechtigung 75, 79, 90
De-Identifizierung 137, 143 f.
Depression, depressiv 26, 31, 62, 85, 89, 163, 166, 185, 188
Destruktivität, destruktiv 41, 43, 98, 117, 125, 128, 145
Deutung, deuten 117, 151, 127 f.
–, subjektstufige 102 f., 117
Dialektik, destruktive 137, 140, 142, 144
–, konstruktive 137, 139 f., 146
Distanz, distanzieren 32, 43, 52, 58 f., 79, 88, 131, 136, 173
Dreiecksbeziehung 160
Dreieckssituation 173
Dyade der frühen Kindheit 172
Dynamik, destruktive 162
–, ekstatische 107

Eifersucht
–, Abwehr von 161
–, Auslöser von 161
–, Bekenntnis zur 161 f.
–, Entstehung von 181
–, erotische und sexuelle 160, 183
–, normale 166
–, produktiver Umgang mit 175, 177, 185
–, projizierte 166, 186
–, tödliche 162
–, Umgang mit 161, 180
–, wahnhafte 166
– als Abwehr 166
– als Angst 157
– als Emotion des doppelten Zweifels 159
– als Kompensation einer Minderwertigkeit 170
– auf den Partner (die Partnerin) 85
– und Neid 97, 134, 157, 169, 175, 180 f., 191 f.
– und Schuldgefühle 186 ff.
– und Selbstwertproblematik 169
– und Triangulierung (Ödipuskomplex) 181 f.
– unter Geschwistern 149 ff., 161
Eifersuchtsdrama 162, 180
Eifersuchtsmuster 145
Eifersuchtsproblem 188
Eifersuchtsqual 86
Eifersuchtsreaktion 158, 160, 169, 173, 185
Eifersuchtssituation 134, 174 f., 182, 188 f., 191
Eigenaktivität 183, 185
einfühlen 138 ff.
Eingebundensein 59
Einheit 182, 190
Einverleiben 121
Ekel 124 f.
Eltern 46, 61, 75, 81, 134 f., 139 f., 143 ff., 160 f.
–, depressive 85
–, nicht verfügbare 140
Elternkomplexe 64, 174
Elternsysteme 143

Emotion 69, 88, 100, 102, 158 f.
–, primäre 100
–, des doppelten Zweifels 159
Emotionsforschung 100
Emotionspsychologie 98
Empathie, empathisch 124 f., 130
Endlichkeit 91
Energie 26, 31, 43, 153, 189
«Entgiftung», «entgiften» 105, 130 f.
Entsagung 64
Entthronung 134 f., 143, 169, 180
entwerten 16, 21, 23, 33, 35 ff., 43, 48, 61 f., 75 f., 88 f., 91, 103, 112, 114, 116, 159 f., 174, 179
Entwertung 35, 37, 43 f., 50, 53, 88 f., 177
entwickeln 24, 47, 54, 63, 123, 126, 162, 183, 185, 189
Entwicklung 22 f., 45, 47, 54, 56, 71, 74, 90, 95, 98, 100, 107, 125 ff., 132 f., 151, 175, 181, 189, 192
Entwicklungsmöglichkeit 138
Entwicklungspsychologie, objektbeziehungstheoretische 133
entwicklungspsychologisch 64
Entwicklungsstillstand 54
Erfahrung 18, 26 f., 99, 127 f.
–, generalisierte 99
–, gute und böse 94, 98, 100 ff., 125
–, korrigierende emotionale 124
– der Befriedigung 94
– der Interaktion 99
Erlösung, erlösen 152 f.
Erregung, orgiastische 106
extravertiert 147

Fairbairn, R. 93
Fairneß 139
Familie 69, 74, 80, 84, 88, 135, 141, 146 f., 151
Familiensystem 74 f., 87, 142 f., 147
Faszination 174 f., 179, 183, 187 f.
–, homosexuelle 174
–, sexuelle 174
Feindseligkeit, feindselig 14, 22, 48 f., 102
Feuer 29
Frau 22, 33, 57, 74, 80, 85, 98, 112 f., 118 f., 134, 152, 161, 163 f., 166 f., 170, 173 f., 176 ff., 181
–, weise 59
Fremde 92, 175
–, faszinierende 179
fremdgehen 174 f., 187
–, in die eigene Psyche 187
Fremdzweifel 159
Freud, S. 134 f., 166 f., 172, 174, 178, 181
Freude, freuen 13, 23 f., 28, 30 f., 34, 86, 120 f., 123, 148 f.
–, Zerstörung (verderben) der 13, 41, 121
Freundschaft 33
Fromm, E. 44 f., 47, 108, 182 ff., 189
Fülle 86, 90, 107, 120, 129
Frustration 135
Funktion, schöpferische 106
Furcht s. Angst

Galle 29
Ganzheit 107, 172, 186
ganzheitlich 133
Geborgenheit, geborgen 93, 136, 183
Gefühl(e) 14 f., 19, 21, 45, 49, 61, 69, 75, 79, 94, 101, 125, 131, 143, 146, 148, 150, 175, 188
–, (nicht) bedeutsam zu sein 180
–, abscheuliche 14
–, aggressive 14
–, ambivalente 83

–, feindselige 135
–, homosexuelle 178
–, negative 101
–, projizierte 130
–, romantische 191
–, schlechte 55, 191
–, soziale 135
–, verachtete 14
–, vernichtet zu werden 158
–, wahre 39
– der Differenz 21, 136
– des Gleichseins 136
– des Selbstverlustes 185
– des Verschiedenseins 136
– der Wertlosigkeit 159
Gefühlsbeziehung 182
Gegenbild 92
gegengeschlechtlich 172 f.
Gegenübertragungsdeutung 125
Gegenübertragungsgefühl 124, 127, 130
Gegenübertragungsreaktion 124
Geiz 42, 45, 55
gelb vor Neid 29
geliebt werden 30, 135, 169, 171, 179 f.
Gemeinschaftsgefühl 135
Gemeinschaftsselbst 171
Gerechtigkeit 19, 66
Geschwister 133 ff., 161
Geschwisterbeziehung 133, 136, 142 f.
–, dynamische u. unabhängige (konstruktive Dialektik) 137, 139 f.
–, feindselig abhängige (destruktive Dialektik) 137, 140 f.
–, gegenseitig abhängige (loyale Akzeptanz) 137 f.
–, stark differenzierte (polarisierte Ablehnung) 137, 142 f.
–, verleugnete (De-Identifizierung) 137, 143 f.
Geschwisterbindung 136
Geschwisterfeld 133
Geschwisteridentifikation (s. Geschwisterbeziehung)
Geschwisterkomplex 136, 146, 166
Geschwisterkonstellationen 145
Geschwisterneid 134
Geschwisterreihe 138, 145
Gewissen, soziales 135
Gier 89, 91 f., 97, 128
Gleichberechtigung 139
gleichgeschlechtlich 173
Gleichgewichtigkeit 139
Gleichheit 66
–, Gefühl für 52
Glück 20, 23, 26, 31, 57, 65, 82, 85
Gott (s. a. Auge Gottes) 150, 191
Gottheit, zweigeschlechtliche 108
Grandiosität, grandios 79, 92, 125, 129
Grenze 58
Grenzüberschreitung 58
Größenidee 37 f., 71, 81, 89, 151, 153
–, Identifikation mit 23, 153
–, kompensierte 191
Größenphantasie 61 f., 79
Großeltern 70
Großmutter 70 f., 75, 80 f., 180
Grunderfahrung, «getönte» 99
Grundhaltung, aggressive 31
Grundkräfte des Lebens 108
Guggenbühl-Craig, A. 187
Gunst 20 f., 33
Gut und Böse (s. a. Brust) 96, 98 ff., 143, 166
Gute, das, gut (s. a. Bilder, innere) 96, 103, 107, 121 f., 125, 128, 144, 177

Haben (Prinzip, Modus) 86, 182 ff., 192

Habenwollen 192
Habsucht 109
Haltung, therapeutische 130
Hand 58
– der Fatima 58
Handeln, therapeutisches 102, 132
Haß, hassen 15, 39, 61, 63, 95, 97, 101, 127, 133, 150, 157 f., 164 f., 177
Haßbeziehung 141
Heidegger, M. 115 f.
Herausforderung, herausfordern 23 f., 32, 37, 41, 47 f., 60, 140 ff., 149, 162, 188, 191
Hexe 57
Hilflosigkeit, Gefühl von 22
Hippokrates 29
Homosexualität, homosexuell 166, 172 f.
Hubback, J. 128 f.

Ich (s. a. Beziehung zwischen Ich und Selbst) 95 f., 99 f., 107 f., 110, 117, 119 f., 129, 160, 181
–, Reifeprozeß des 100
Ichaktivität 41
Ichbewußtsein 118
Ichideal 75, 78, 89
Ichkomplex 45, 64, 78, 141
ichnahe 113
ichstark 78
Ideal 34, 48, 52, 150
Idealisierung, idealisieren 31, 36, 64, 73, 75 ff., 88 f., 91, 94, 102 f., 147, 160, 180, 191
Idealobjekt 96, 104
Identifikation 58, 71, 75, 123, 125, 131 f., 134 ff., 139, 142, 144 ff.
– mit dem Angreifer 50 f., 53, 161
Identifikationsfiguren 52
Identifikationsmöglichkeiten 137, 145 f., 148
identifizieren 45, 51, 62, 78, 104, 133, 135, 150, 161
Identifizierung 135, 145 f.
–, projektive 76, 100, 103 ff., 122, 130 f., 141 f., 165, 194
Identifizierungssystem 145
Identität 21, 27, 45, 47, 86, 122, 133, 148 f., 162, 168
Identitätsgefühl 24, 44
Identitätskrise 77
Individualität 171, 190
Individuation 47, 65, 107, 119, 133 ff., 144, 171, 187
Individuationsdrang 117
Individuationsprozeß 129
individuieren 183
Innenwelt, entleerte 122
Integration, integrieren 47 f., 78, 96, 101, 107, 117, 125, 130
Interaktion 30, 85, 99, 104, 108
interaktionell 99, 170
Interaktionsmuster 99
internalisieren 122
Interpretation 124
–, objektstufige 102
–, subjektstufige 102 f., 195
Intimität 172, 186
Introjektionen des Guten 94, 96
Introversion, introvertiert 146 f.
Invidia 28 f.

Jacobson, E. 93, 109, 133 f.
Jakob (biblischer) 149 ff.
Josef (biblischer) 149 ff.
Jung, C. G. 65

Kainkomplex 136, 143, 197
Kahn, M. (siehe Bank, S.)
Kant, I. 14
karmisch 65
Kategorisierung höherer Ordnung 98

Kernberg, Otto F. 93, 98, 103
Kind 27, 57 f., 61 f., 74 f., 79 ff., 83 ff., 89 f., 94, 97, 99 ff., 108 ff., 114 f., 122 f., 131, 133 ff., 138 ff., 143 ff., 163 f., 168
–, älteres 135
–, auserwähltes 109, 149
–, erfolgreiches 138
–, extravertiertes 147
–, göttliches 57
–, hilfloses 131
–, jüngeres 135
– mit Neidtendenz 79
Kindanteil 130
Kindheit 99, 146, 185
–, frühe 85, 133, 180
Kindheitserfahrung 168
Kindimagines 131
Kleider 81, 118
Klein, M. 85, 93 ff., 97 f., 103, 106, 108 f., 129, 165, 173
–, Theorie der Neidentstehung von 93 ff.
Körper 108, 112 f., 184
körperlich 28 f., 80, 87, 92, 94
Kohut, H. 107
Kollusion, sadomasochistische 142
Kommunikation 131
kommunikationsöffnend 128
kommunikationsverschließend 40
Kompensation, kompensiert 48, 53, 143, 170
–, narzißtische 144
Kompensationsstrategie 63
kompensatorisch 61, 77
Kompetenz 23 f.
Komplex (s. a. Geschwister-, Mutter-, Vaterkomplex) 44, 87 f., 99, 123, 125, 131, 146, 196
–, kollusiv polar aufgespaltener 130
Komplexanteil 130
Komplexerleben 88
komplexhaft 18, 168
Komplextheorie, Jungsche 99, 130
Komplexübertragung, kollusive 131
Konflikt 131
Konkurrenz 17, 25, 139, 141
Konkurrenzdenken 25
Kontrollbedürfnis 123
Kontrolle, kontrollieren 33, 76, 82, 89 f., 100, 104 f., 123, 141, 160, 163, 165 f., 175, 184
kontrollierbar 110
Kontrolltendenz 90
Kontrollzwang 76
Konzentration auf die eigene Mitte 59
Konzepte, familientherapeutische 136
Kooperation 25
Korrigierbarkeit 27
Kränkung, kränken 13, 21 f., 39, 89, 125, 179 f.
–, Abwehr der 46
–, narzißtische 166, 169
Krankheit, körperliche 188
Kreativität, kreativ 14, 41 f., 54, 59, 63, 87, 97 f., 101, 104, 119 f., 123, 129
–, Bewußtsein von 117
Kreativitätsforschung 63
Kreativitätshemmung 87
Krise 120, 192
Kritik, kritisieren 30, 36 ff., 40, 84, 103, 105, 117, 130
kritisch 76, 112
Krüger, W. 20

Laing, R. D. 107
Langeweile 16, 107
Leben 42 ff., 47 f., 56, 66, 69, 78, 80, 82, 85, 87, 95, 113, 131 f., 180, 183 f., 191 f.
–, eigenes 108, 125, 151, 174

–, gelingendes 52
–, neidbetontes 82
Leben im Modus des Seins 183
Lebendige, das, lebendig 89, 109, 114 f., 123
Lebendigkeit 54, 57, 59, 66, 107, 115, 120, 129 f., 183, 186
Lebendigsein 192
Lebensbaum 66
Lebensdeutung 63
Lebensfreude 86, 119
Lebensgefühl 74 f., 79, 109, 118, 185 f.
– der Fülle 51, 66, 108
Lebensgrundgefühl 109
Lebensintensität 107
Lebenskraft 30
Lebensleidenschaft 132
Lebenslust 59
Lebensthemen 146
Lebenstrieb 96, 108
Leere 15, 43, 62 f., 89, 107
Lehrende, neidende 148
Leidenschaft 56
Leistung 19, 27, 31 ff., 35 ff., 40, 43, 60 ff., 121, 144, 148
–, besondere 24, 32, 39, 41, 61 f., 124 f.
Leistungsdruck 74
Lernschwierigkeit 121, 123
Liebe 77, 79, 94, 97, 101, 103, 133, 135, 157 f., 164, 166, 171 f., 175, 178, 180, 183 ff., 191
– anderer 82, 169
–, ausschließliche 170
–, eigene 82
–, Fehlen der 170
–, verhinderte 161
–, verletzte 177
–, der Eltern 75
– im Modus des Habens 183 ff.
– im Modus des Seins 183, 185, 189
– zum Lebendigen 109
– zum Toten 109
lieben (s. a. geliebt werden) 45, 82, 158, 169 f., 173, 176, 179 ff., 184 ff., 190
Liebenkönnen 171
liebenswert 90, 159, 165, 169, 179 f., 184
Liebes-Wert 171
Liebesbeziehung 160, 170 f.
Liebesfähigkeit 171, 181
Liebesgefühl 175
Liebesobjekt 166
Liebesverhältnis 191
liebevoll 21, 70, 130, 185
Lob 58
Lustgeste 59

Macht 35, 61, 105, 161
– des bösen Blickes 57
Machtausübung 90
Machtgelüste 90
Mächtigkeit 59
Märchen 55 f., 131 f., 152 f.
–, arbeiten mit 131
– «Der Eisenmann» 152
– «Schneewittchen» 131 f.
Mahler, M. 93
Mangel 46, 69, 90, 94
–, Erfahrung von 48
–, Gefühl des 87
– an Energie 162
– im Selbstwert 168
– in unserer Selbstentfaltung 169
Mangelsituation 21, 92
Mann 20, 22, 74, 84, 114 f., 128, 161 ff., 167, 170, 173, 176 ff.
Margulis, L. 25
Melancholie, melancholisch 26, 28
Menschheits-Selbst 65 f.
Milch 94, 109
Minderwertigkeit 170

–, Gefühl der 22
Mißgunst, mißgünstig 19 ff., 28, 33, 55, 63, 80
Mißstimmung 84
Mißtrauen 50, 175
Mißvergnügen 19, 21, 49, 56
Mitte, eigene 58 f.
Modell zur Verarbeitung von Neid 104, 106
Modelle, beschwichtigende 63 ff.
–, die die Gesellschaft verändern wollen 63, 66 f.
–, die Selbstverwirklichung stimulierende 65 f.
Modellfunktion der Analytikerin 105, 127, 130
Moiren 65
Mutter 70, 72, 74, 84 ff., 95, 97, 100, 110, 125, 131 ff., 147, 150, 182
–, kritisierende 104 f.
–, phallische 108
–, störende 182
–, überfordernde 131
Mutter-Kind-Beziehung 97 f., 131
Mutter-Kind-Dyade 181
Mutterarchetyp 106, 129
Mutterbild 121, 196
Mutterbrust (s. a. Brust) 93, 99
–, gute 93 f., 101
Mutterfeld, negatives 122 f., 131
–, positives 103, 109, 124
–, primäres 122
Muttergestalt, archetypische 107
Mutterimago 131 f.
Mutterkomplex (s. a. Vater- und Mutterkomplex) 125
–, Mutter- und Kindpol des 123 f.
–, negativer 46, 123, 125
Mutterraum 85
Nähe 173, 183
narzißtisch 43, 60 f., 62, 66, 183
Naturgottheit, zweigeschlechtliche 106
Naturmutter, archetypische 108
Neid
–, abgespaltener 120
–, Äußerungen von 15, 117
–, aggressiver 37, 41 f.
–, aktiver 24
–, Angst vor 14, 59
–, Ausdruck von 28 ff., 41
–, auslösen von 23, 25 f., 35, 60, 64, 117
–, berechtigter 20, 67,
–, destruktiver 41, 67
–, Entstehung von 94 f.
–, entwertender 37
–, erregen von 22 f., 32, 35, 39, 52, 54, 56, 60 f., 63, 76, 96, 107, 113
–, Formen von 46 ff., 60
–, freundlicher 149
–, früher 96
–, Funktion von 24, 120
–, generalisierter 27, 148
–, giftiger 42
–, Heilung von 108
–, körperlicher Ausdruck von 28 ff.
–, kontrollieren von 33
–, maskierter 58
–, offener 77
–, permanenter 123
–, primärer 99, 106, 121, 123, 128
–, produktiver 134, 139
–, produktiver Umgang mit 32, 34, 37, 44, 63, 141
–, projizieren von 14 f., 56, 98
–, provozieren von 127
–, Psychodynamik 69
–, Qualität von 31, 44, 47
–, schöpferische Wirkung 139
–, tätiger 134

–, therapeutische Haltung
gegenüber 130
–, therapeutisches Handeln
gegenüber 132
–, tödlicher 57, 141
–, Umgang mit 20, 23, 28, 30 ff., 39,
52 f., 55, 63, 106, 108, 111, 113,
121, 129 f., 135 f., 145 f.
–, unbewußter 77
–, Verarbeitung von 95, 100 f.
–, verdeckter 79
–, verdrängen (siehe da)
–, verleugnen von 14
–, vermeiden von 54
–, versteckter 58
–, zulassen von 34, 103
–, zu erschließender 118 ff.
– als erster Ausdruck des
Todestriebes 100
– als Gift 29
– als Stimulans 145
– auf die Brust 94 ff.
– auf das andere Geschlecht 97
– auf bessere Lebensmöglich-
keiten 148
– auf sich selbst 111 ff., 117, 120, 148
– aus dem Gefühl des Mangels 92
– der anderen 23, 41, 50, 52, 54,
60, 62, 152
– der Eltern 83, 146 ff.
– der Frauen 20
– der Götter 23
– in der Therapie 121 ff.
Neidabwehr (s. a. Abwehr) 23, 56,
64, 112, 116, 124
Neidaggression 50
Neidattacke 16, 107, 124
Neidausbruch 116
Neidauslöser 26, 120
neidbegabt 90, 107
Neidbereitschaft 87, 159
Neidbewältigung 32, 63 f., 103
Neidbiographie 69, 74, 77, 87, 89 f.
Neiddynamik 17 f., 50
Neiden, Bereitschaft zum 79, 91
Neidenmüssen 55
Neidentwicklung 21, 23 f., 63, 71,
103, 107, 137, 145
Neider(in) 13, 18, 21, 26 f., 30 ff.,
34 f., 38 f., 42, 47, 49 ff., 55 f.,
58 ff., 62, 71, 74, 152 f.
–, aggressionsgehemmter 31, 39, 42
–, aggressiver 35, 37
–, ambivalenter 31, 33 f., 55
–, bewundernder 31 f.
–, offener 80, 88
–, rachsüchtiger 35
–, verdeckter 69, 74, 88
–, verleugnender 40
Neiderfahrung 30, 50
Neiderkrankung, primäre 122
neiderregend 59
Neiderregende 23, 30, 33, 35, 42,
48, 135
Neiderreger(innen) 13, 18, 24, 31 ff.,
39 ff., 42, 47 ff., 57 ff., 62, 75, 77,
92, 151, 153
–, narzißtischer 60, 72
Neiderwartung, generalisierte 50
Neidfreiheit, neidfrei 64, 82
Neidgeschichte der Eltern 146 ff.
Neidhaltung 32, 109
Neidinteraktion, bewundernde 32
Neidkonflikt, maskierter 114
Neidlosigkeit 34
Neidmotive 118
Neidpersönlichkeit 56
Neidpotential 36
Neidproblem 73, 82, 122, 132
Neidproblematik 88, 106, 124, 157
Neidprojektion 113, 131 f.
Neidreaktion 33, 47
Neidsituation 17, 128
Neidsystem 24, 91, 153

neidsystemimmanent 76
Neidthematik 122 f., 126, 153
Neidtherapie 98
Neidträume 113 ff.
Neidverhalten 80, 125
Nekrophilie 109
Nietzsche, F. 23

Oberbauch 158
Objekt 99
–, äußeres 103
–, beneidetes 109
–, böses 96
–, ganzes 95
–, gutes 101
–, ideales 96
–, inneres 96, 103
–, verfolgendes 96
Objektbeziehungen 95
Objektbeziehungstheorie 93, 99
Objektbeziehungstheoretiker 93
Objektivierung des Todestriebes 94
Objektstufe, objektstufig 102, 112
Ogden, T. H. 104, 106
Ödipuskomplex 166, 181 f.
Ohnmacht (-gefühle) 22, 87, 109, 158, 161
Omnipotenz 83
Opfer, opfern 30, 50, 142, 152 f., 159, 180
–, «begabte» 30
–, schuldlose 187
Opferrolle 142
Ordnung, göttliche 59
Ovid 28 f.

Paar 171, 173, 175
Paarbeziehung 140, 142
Paarsexualität 187
Paradiesesillusion 180
Partnerschaft 136, 142, 144, 171, 173, 175
Penisneid 97
Pflichtgefühl 135
Phantasie 38 f., 46, 81, 84, 94, 96, 98 f., 101, 108, 121 f., 158, 160, 164 f., 171 f., 177 f., 182
–, destruktive 18, 38, 94, 96
–, paranoide 39
–, sexuelle 187
–, unbewußte 105
Pogorzelski-Oertli, Ch. 170
Polarität von Identifikation u. Individuation 135
– von Lebenstrieb-Todestrieb 95
Pole des Mutterkomplexes 123, 130 f.
Position, depressive 95, 100 ff., 125
–, paranoid-schizoide 95 f., 100 ff., 141, 165
Primärobjekt 106
Prinzip der Individuation 120, 145
– der Teilhabe 144, 148
progressiv 162
Projektion 95 f., 104, 120, 122, 141, 149
–, frauenverachtende 178
–, des Auserwähltseins 149
– der Schuldgefühle 189
– des Selbst 108, 120
Projektionsempfänger 104
Projektionsträger(in) 98, 105
projizieren 14 f., 42, 50, 64, 76, 89, 92, 94 ff., 100 f., 103 ff., 109, 113, 123, 140 f., 153, 165, 172 f., 179, 182, 189
Prozeß, analytischer 124
–, psychischer 188
–, therapeutischer 129
Psyche 113, 132, 174, 187 f.
psychisch (seelisch) 14 f., 56, 89, 92, 94, 130
Psychotherapie 73, 85
–, Jungsche 131

Rache, rächen 15, 17, 35, 38 f., 42, 81, 92, 150
Rachephantasien 17, 19, 38 f., 160
Rachestrategien 87
Rachsucht, rachsüchtig 35, 49, 61
Reaktionen, psychosomatische 122, 160
Realität 15, 37, 79, 101, 112, 118, 152, 162, 165, 187
Realitätsprüfung 177
regressiv 162
Resignation, therapeutische 127
Rituale 59
Rivale, Rivalin 161 f., 172 ff., 187
Rivalisieren 24, 72, 133, 135, 140, 144, 149, 182
–, destruktives 143
–, konstruktives 17, 22, 60, 76, 141, 179
–, kreatives 107
–, neidvolles 116
–, offenes 79
–, spielerisches 24
Rivalität 24, 133 f., 138 f., 144, 180, 192
Rivalitätsgefühle 133 f.
Rivière, J. 93
Rosenthall, C. 106
Rückzug 160 f.

sadistisch 94, 109
Säugling 85, 93 ff., 98 f.
Säuglingsbeobachtung 100
Schadenfreude 30, 38
Scham, beschämen 63, 98, 124 f., 158
Schatten 141, 173 f., 181
Schattenbruder 141, 174
Schattenschwester 141, 174, 178
Scheelsucht, scheelsüchtig 21, 56
Schicksal 38, 53, 64 f., 152
–, auserwähltes 150 ff.
–, eigenes 65, 107 f., 136
Schicksalsgöttin 65
Schlafstörung 30
Schmerz 158, 166, 173
Schneewittchen 56, 131 f.
Schoeck, H. 54
schöpferisch 122
Schopenhauer, A. 38 f.
Schuld 175, 180, 187, 189
schuld sein 88, 109, 186, 189
Schuldgefühl 49, 51 f., 70, 84, 95 f., 98, 101, 103, 142, 164, 175, 179, 185 f., 188 f.
Schuldgemeinschaft 189
schuldig 31, 50 ff., 81, 84, 185, 187
Schuldige 188 f.
schuldlos 189
Schuldverklammerung 189
Schwester 80, 83, 86, 88, 111 ff., 133 f., 137, 141 ff.
Segal, H. 93
Sehnsucht 113, 175
Sein, (Prinzip, Modus) 86, 182 ff., 192
Selbst 45, 47, 96, 99, 103, 107 f., 120, 129
–, eigenes 66, 78 f., 107, 125
–, falsches 107
–, individuelles 188, 190, 191
–, originäres 26, 45, 47, 78, 120, 185
–, spirituelles 174
–, wahres 45 ff., 107
Selbstakzeptanz 45, 47, 91, 137
Selbstanteil 48, 107 f.
Selbstbewunderung 61
Selbstbewußtsein 83
Selbstbild 21, 165, 169
Selbsterleben 39, 79
Selbsthaß 165
Selbstidealisierung 76 f., 89, 143

Selbstkonzept 18, 27, 37, 44 f., 47 f., 52 f., 91, 108, 110, 120
–, Regulierung des 15
Selbstkritik, selbstkritisch 50, 166
Selbstliebe 44, 47, 82, 169
Selbstobjekt 107
Selbstsein 27, 47, 90, 113, 117, 120, 171
Selbstsucht, selbstsüchtig 45 ff.
Selbstüberschätzung 89
Selbstvertrauen 162, 165, 182
Selbstverwirklichung 45, 48, 63, 65
Selbstwerdung 181
Selbstwert 13, 24, 27, 36 ff., 44 f., 48 f., 64, 73, 75, 79, 82, 86, 89, 91, 126, 144, 165, 184 f., 191
Selbstwertbalance 13
Selbstwertgefühl 13 ff., 17, 22, 24, 27, 32, 38 ff., 43 f., 46 ff., 53, 64, 66, 71, 78, 87, 159, 165 f., 171, 180, 191 f.
Selbstwertkrise 165, 176
Selbstwertproblematik 49, 79, 169
Selbstwertregulierung 15, 41
Selbstzweifel 43, 74, 91, 159
Sexualität 82 f., 144, 163, 182, 186 f.
Sinn 86
– der Eifersucht 176
– des Neides 14
– des Traumes 112
– von Trennungsphantasien 186 f.
Spaltung 103, 166, 180
–, normale 95 f., 98
– als Abwehr 95, 143
– in Gut und Böse 98 ff.
– in ideales und verfolgendes Objekt 96
Spaltungsprozesse 95
Spaltungsvorgang, frühkindlicher 96, 99
Spiegel 57 f.
Spontaneität 59
Stein, M. 107 f., 129
Stern, D. 98 f., 107
Stimmung 19, 29, 35, 49
Stimmungsschwankungen 163
Störung 176
–, frühe 103, 131
–, narzißtische 63, 103, 128
Stolz, stolz 69, 71, 83 f., 115, 118, 148
subjektstufig 56, 119
Sublimierung 101
Symbol, symbolisch 38, 102
–, neiderregendes 106
– der Abwehr 58
– des Auges 106
– der Brust 106
– der Ganzheit 58, 107
– des Kindes 57
– des Körpers 58
– des Lebensbaumes 66
symbolisieren 110
System, narzißtisches 144, 146

Tätigkeit, schöpferische 101
Teil-Identifikation (s. a. Geschwisterbeziehung) 137 ff.
Teilhabe 25, 32 f., 42, 44, 75, 135, 145
Teilobjekt 95
Temperamentenlehre 29
Tendenz, exhibitionistische 61
Theorie 47
– von S. Freud über den Ödipuskomplex 181 f.
– von E. Fromm über Sein und Haben 182 ff.
– von M. Klein über den frühkindlichen Neid 93 ff.
– von E. Jacobson über Identität und Rivalität 133 f.
– von C. G. Jung über Individuation 65

– von der angeborenen Überlegenheit einer Elite 64
Theorien der Neidentstehung 93 ff.
Therapie 73, 77, 80, 104, 121 f., 125 f., 128, 131, 162, 176 f., 179, 185, 189
Tod, durch bösen Blick 56 f.
Todestrieb 96 f., 100, 107 f.
Trauer, trauern 19, 22, 25 f., 101, 125, 158, 161, 166 f., 185 f., 188
–, Abwehr von 26
Trauerarbeit 26, 127
Trauerprozeß 25, 189
Trauersituationen 44
Traum 111 ff., 126, 149 ff.
Traum-Ich 111, 113 f., 116 f., 119 f.
Traumdeutung 111
Träumer(in) 102, 112 ff., 116 ff.
traurig 102 f., 106
Trennung, trennen 151, 165, 171, 183, 185, 189 f.
Trennungsangst 171, 184, 186, 188 f.
Trennungsgelüste 189
Trennungsphantasie 171 f., 186 f.
Trennungsschmerz 185
Trennungswunsch 169, 171, 173
Treue, treu 162 f., 175, 187, 191
–, pervertierte 175
Treuebruch 186
Treulosigkeit 162
Triangulierung 181
triebtheoretisch 99
Trotzreaktion 50

Überforderung, überfordern 71, 79
Übergangssituationen 57
Überlegenheit, überlegen 22, 64, 72
Übertragung 124, 194
Unabhängigkeit 183
Unbewußtes, unbewußt 47, 60, 107, 117, 119 f., 123, 130, 148
Ungerechtigkeit 63 ff.
–, Gefühl der 19
Ungleichheit 66
Untreuephantasien 166

Vater 69 ff., 73 ff., 76 ff., 80, 84, 86, 88, 97, 116, 135, 149 ff., 182
– -Kind-Beziehung 133
Vaterkomplex 46, 78, 119
Vater- und Mutterkomplex 44, 47, 145
Veränderung 22, 66 f., 70, 84
Verantwortung 46 f., 52, 74, 188 f.
Verarbeitung, verarbeiten 44, 70, 102 f., 105, 113, 131
Verdauungssystem 29, 121
verderben 79, 94, 96 f.
Verdrängung, verdrängen 15, 17 f., 39, 121, 140, 162, 166, 171, 173, 188
Verfolger 96, 114
Verfolgungsangst 97
Verfolgungsträume 114
Verführung, narzißtische 55
Vergleich, vergleichen 13, 21 f., 27, 37, 46, 52, 60, 90
Verhalten 35, 41, 49, 55, 65, 75, 105, 147, 161
–, anprojiziertes 105
–, destruktives 15, 107, 143
–, stereotypes 131
Verlassenheit 168, 185
Verlassenheitsängste 166 f.
Verlassenwerden, verlassen werden 158, 161, 165 ff., 181 f.
Verleugnung, verleugnen 37, 39 f., 143
Verlust 26, 157, 161, 166 f., 186
–, Verarbeitung von 44, 70, 188
Versagungen, frühkindliche körperliche 87
Verschiedenheit 138 ff.

Verschmelzen 172, 190
–, erotisch-sexuell 172, 182
Verstimmung 112, 165
Vertrauen 171, 175
Verzweiflung, depressive 101
Vitalität 29, 89
Vormachtstellung, grandiose 90

Wachstum, wachsen 139, 183
–, Zerstörung von 28 f., 125
Wandlung, durch Deutung 128
Weiterentwicklung 123
–, «rivalisierende» 134
Weltdeutungen 63
Wesen, ureigenes 21
Wettkampf, -streit 24 f.
Widerstand 105
Wiedergutmachung 51, 101
Wiedergutmachungsstrategie 51
Wiedergutmachungstendenz 52
Wille, freier 188
Williams, M. 106, 108, 121 f., 127 f.
Wir-Bereich 75
Wir-Erleben 17, 25, 100
Wir-Gefühl 71, 75
Wochenbettdepression 85 f.
Wut 16, 28, 46 f., 88, 102, 109, 143 f., 158, 160, 162, 164, 176 f., 181
wütend 72, 81, 91, 102, 110, 118, 150, 176

zentrieren 58, 130
Zentrum, eigenes 59, 130
Zerstörung, zerstören 22 f., 29, 32 f., 41, 87 ff., 99, 101, 103, 105 ff., 109, 122, 125 f., 129 f., 158 f., 176
Zugehörigkeitsgefühl 32, 160, 168
Zukurzgekommene 20 f., 42
Zukurzkommen 46, 87 f., 92
–, Gefühl des 85 f.
–, Komplex des 87 f.
Zuneigung 160
Zuwendung, Gier nach 92
Zwang, zwanghaft 76, 123, 166
Zwangserkrankung 123
Zweierbeziehung, exklusive 168
–, geöffnete 186